国家社会科学基金教育学青年基金课题(CLA170277)成果

中小学健康教育课程实施与评价

徐　扬　著

中国科学技术大学出版社

内 容 简 介

当前，中小学生的健康问题日益成为社会普遍关注的热点，学校健康教育课程作为健康教育具体实施的载体，为学生健康成长奠定了知识、技能和行为实现的基础。本书介绍了健康教育课程实施模型的构建理论及三种模式类别的实践、应用和评价的具体策略，旨在帮助中小学构建具有特色的健康教育课程实施方案，提升学生群体的健康素养水平。

本书可为基础教育阶段学校健康教育管理者、研究团队、校长及一线中小学专职或兼职教师开发系列的健康教育课程提供参考，同时可以作为基础教育阶段教师教育培训的指导用书。

图书在版编目(CIP)数据

中小学健康教育课程实施与评价/徐扬著.—合肥：中国科学技术大学出版社，2024.5

ISBN 978-7-312-05877-6

Ⅰ.中…　Ⅱ.徐…　Ⅲ.心理健康—健康教育—教学研究—中小学　Ⅳ.G479

中国国家版本馆 CIP 数据核字(2024)第 042557 号

中小学健康教育课程实施与评价

ZHONG-XIAOXUE JIANKANG JIAOYU KECHENG SHISHI YU PINGJIA

出版　中国科学技术大学出版社
安徽省合肥市金寨路 96 号，230026
http://press.ustc.edu.cn
https://zgkxjsdxcbs.tmall.com

印刷　合肥华苑印刷包装有限公司

发行　中国科学技术大学出版社

开本　710 mm×1000 mm　1/16

印张　12.75

字数　257 千

版次　2024 年 5 月第 1 版

印次　2024 年 5 月第 1 次印刷

定价　60.00 元

前　言

一直以来，学校在提高学生健康素养的过程中充当着重要的角色，特别是课程作为教学理念付诸实践的重要载体，发挥着不可替代的作用。目前，在健康教育课程的探索中，一些学校已经在有意识地通过课程的设置来传递健康教育的思维理念，也有一些学校在无意识地探索课程实践中健康教育的元素。但是，不论采用何种方式和教育模式，基础教育阶段学校健康教育课程的实施与推进尚没有形成系统的、体系化的有效实施途径。因此，十分有必要在健康中国的背景下进行系统的、科学的、全面的研究，立体刻画学校健康教育推进的相关教育形态。

新中国成立70多年来，国家及社会十分关注儿童和青少年的健康，重视发挥学校对促进学生健康成长的责任和作用。党和国家立足于促进全民健康的宏伟蓝图，提出了“健康中国战略”。2016年8月26日，中共中央政治局审议通过《“健康中国2030”规划纲要》；同年，北京市也颁布了《“健康北京2030”规划纲要》。二者都强调要全方位、全周期保障人民群众健康，并将健康教育纳入国民教育体系，把健康教育作为所有教育阶段素质教育的重要内容。同时建议以幼儿园、中小学为重点，完善健康教育推进机制；构建相关学科教学与教育活动相结合、课堂教育与课外实践相结合、经常性宣传教育与集中式宣传教育相结合的健康教育模式。这些内在需求凸显了培养健康教育师资队伍以及开展教师职前和职后健康教育培训的重要性和紧迫性。而随着我国教育行政部门以及各个中小学开始逐步加强对健康教育的重视程度，未来学校健康教育工作也将更加系统化、科学化和规范化。

为扎实有效地落实“健康中国战略”及《“健康中国2030”规划纲要》《“健康北京2030”规划纲要》的具体要求，充分发挥“双减”背景下学校健康教育课程的重要作用与价值，同时使广大中小学教师更好地理解相关政策的实施理念，作者结合基地学校的实践探索，撰写了此书，希望广大中小学管理者、教师等相关教育领域人员通过本书全面理解学校健康教育的根本宗旨和目标，掌握学校健康教育课程设计及评价的具体方法，具备一定的实施健康教育课程能力，从而提升中小学教师的健康素养水平。

本书从更为广阔的国际视野，利用多学科融合等形式共同参与学校健康教育的具体实践，以学校健康教育课程的实施作为主要的研究方向，概述了我国中小学阶段健康教育发展的历程和现状以及健康教育由学校实施的重要性；分析了健康促进学校推进模式的探索经验，涵盖了健康教育课程设计开发与实施的推进情况；并依据北京市中小学健康素养分析平台的基础数据、学生体检数据分析等方面的数据统计结果，从整体把握、认识和理解学校健康教育模式在推进中存在的问题和解决方法。本书第一章、第二章侧重学校健康教育的发展和课程实践的相关理论研究；第三章和第四章通过具体的学生健康生活技能的训练、相应案例的具体分析，进一步帮助一线教师、学校管理者从理论视角转向具体的应用实践；第五章是对中小学健康教育未来发展的展望；附录部分是给教师提供的健康教育实施辅助工具，包括《北京市中小学健康教育指导纲要（试行）》解读、教学设计模板等，以期为其开展和实施健康教育提供支持。

本书在撰写过程中，得到了北京市教育委员会、北京教育学院数学与科学教育学院、北京市中小学健康教育研究中心、北京教育学院一级学科创新平台及团队的成员、北京师范大学附属中学、北京市和平街一中、海淀区羊坊店中心小学、北京市育才中学、北京市一六一中学、中国人民大学附属中学（朝阳分校）、中国科学院第四幼儿园、北京市大兴区魏善庄中学等学校以及教育同行的大力支持，特别是在前期问卷的研发、调研和后期基地学校的实践层面，在此表示衷心感谢。同时，本书为国家社会科学基金“十三五”规划 2017 年度教育学青年课题“健康中国背景下健康教育课程实践的问题及对策研究”（项目编号：CLA170277）研究成果，以本书内容为核心的研究成果（“基于健康素养的学校健康教育课程体系构建与实施”）获北京市 2021 年北京市基础教育教学成果一等奖。希望本书能够得到更好的推广，后期可以作为健康教育专题培训的教材，为教师实施健康教育提供支持。

本书难免存在缺点和不足之处，敬请读者指正。

徐　扬

2023 年 12 月

目　录

第一章 概 论

随着世界各国在健康促进学校和健康教育领域的发展和变革，新中国成立70多年以来，我国学校健康教育先后经历了探索期、基础期、发展期和优质变革期四个阶段，并逐步呈现出从单一化到多元化、专业化的发展趋势，实现了从关注个体健康到“健康生态观”及“人类命运共同体”内涵的转变。特别是“后疫情时代”背景下，我国健康促进学校和健康教育面临着新的挑战与机遇，健康教育的发展在学生、学校及家庭层面也发生着日新月异的变化。因此，更应践行具有中国特色的“健康中国行动”，向世界传递中国健康促进学校与健康教育行动的声音。

第一节 学校健康教育的发展历程及特征属性

健康是人类在自然界中生存和竞争的重要条件，同时也是人类社会发展的基石，更是一切学习活动的重要基础。早在1950年世界卫生组织(World Health Organization，WHO)就在积极协助世界各国在学校、社区、医院等人口聚集区开展和实施健康促进活动。而在不同健康促进实施的群体中，学生时期因其具有可塑性强的特点，被视为培养个体健康生活习惯和行为养成的关键时期。因此，世界各国的学校都一直致力于营造学生健康快乐的成长环境，旨在培养具有高水平健康素养的未来公民，同时非常注重健康促进学校和健康教育工作的建设与发展。

一、我国中小学健康教育的发展历程

世界卫生组织对“健康促进学校”(Health Promoting School，HPS)进行了如下定义：健康促进学校是指学校社区的全体成员共同合作，为学生提供具有整体性

与积极性的经验和组织，以此促进和保护学生的健康。① 2017 年，我国《健康促进学校规范》进一步具象化了这一概念，将其拓展到学校全员化的健康促进范畴，提出“健康促进学校”旨在通过制定促进师生健康的规章制度，为学校健康教育的实施与开展提供完整、积极的经验和知识结构，包括设置正式的和非正式的健康教育课程，营造安全健康的学校环境，提供适宜的健康服务，调动家庭、社区积极广泛地组织和参与活动，从而促进学校内所有成员维护师生健康，最终实现以“健康促进学校”来推动全社区至全国范围内的健康促进行动。新中国成立 70 多年以来，我国健康促进学校与健康教育领域发生了日新月异的变化，经历了从探索期到高质量变革期四个阶段的发展，并逐渐呈现出具有“中国特色”的属性特征，同时也面临着自身发展过程中的机遇与挑战。

（一）世界学校健康教育环境推动我国学校健康教育的发展与变革

健康促进学校作为一种学校健康教育实施的重要途径和工作模式，不断地推动着我国健康教育的实践与变革，并呈现出四个跨越式的发展阶段（如表 1.1 所示）。每一个发展阶段都立足本土特色，具象化为健康促进学校行动的目标落实，旨在保障不同阶段师生的共同健康。

表 1.1　新中国成立 70 多年以来学校健康教育发展的重要历程

阶　段	重要进展事件及内容
探索期② （1949—1980 年）	1951 年，中央人民政府政务院发布《关于改善各级学校学生健康状况的决定》； 1964 年，国务院批转教育部、体育运动委员会、卫生部《关于中小学学生健康状况和改进学校体育、卫生工作的报告》； 1978 年，教育部颁布《全日制十年制中小学教学计划（试行草案）》
基础期 （1981—1989 年）	1981 年，教育部颁布《全日制六年制重点中学教学计划试行草案》《全日制五年制中学教学计划试行草案的修订意见》，规定卫生教育纳入初三课程； 1984 年，教育部、卫生部、国家计划生育委员会发布《关于改进和加强中学生理卫生知识教育》的通知； 1986 年，国家教委转发《关于开展中小学卫生教育问题座谈会纪要》的通知

① 吕姿之.学校健康促进[J].中国健康教育，2003(9)：36-38.

② 陈云龙，吴艳玲，杨玉春.新中国成立 70 年来我国中小学健康教育的发展历程、特征与展望[J].基础教育课程，2019(21)：23-29.

续表

阶 段	重要进展事件及内容
发展期 （1990—2013年）	1990年，颁布《学校卫生工作条例》； 1992年，《中小学生健康教育基本要求（试行）》出台； 1995年，我国正式引入健康促进学校的理念，开始在北京和上海进行健康促进学校的建设试点； 2000年，我国香港地区开始实施《健康学校奖励计划》； 2008年，我国发布《中小学健康教育指导纲要》
优质变革期 （2014年至今）	2014年，我国开始健康促进县区试点，全面建设健康促进学校； 2015年，党的十八届五中全会提出“健康中国”的概念； 2016年，中共中央、国务院印发《“健康中国2030”规划纲要》； 2018年，全国校园开展“师生健康 中国健康”主题健康教育活动； 2018年，我国中小学通过不同途径建设的健康教育促进学校近1.5万所； 2019年，北京市教委发布《北京市中小学健康教育指导纲要（试行）》； 2019年，31个省区市和新疆生产建设兵团出台省级近视防控方案； 2021年，《2021年全国综合防控儿童青少年近视重点工作计划》出台； 2021年，教育部等五部门发布《关于全面加强和改进新时代学校卫生与健康教育工作的意见》； 2022年，教育部办公厅发布《关于开展2022年“师生健康 中国健康”主题健康教育活动的通知》

（二）探索期：世界学校健康教育环境改变，关注学生体质健康

自1950年世界卫生组织成立以来，世界健康促进学校运动进入萌芽阶段。这标志着人类社会开始从学校视角转向关注学生的健康成长。特别是新中国成立之初，我国在面临诸多困难的情况下，仍然提出要首先解决和改善各级学校学生健康状况的问题，改善当时学生体质差和营养不良的现状。而此后的30年，世界各国逐渐进入健康促进学校与健康教育的探索阶段，并通过一系列的健康促进学校与健康教育领域的改革措施，探究其学校健康教育可实现的路径，如：美国早期的体育卫生模式①、日本《中等学校保健计划实施纲要》的出台等②，标志着世界各国都在依据本国的文化背景及实际需求，寻找其适合的发展道路。

（三）基础期：合作与特色并存，关注学校健康教育的价值

1980年，伴随着世界范围内“综合性学校健康计划”（Comprehensive School Health Program，CSHP）的开展，学校作为健康促进中心的概念才被提出，世界各国开始更加关注学校在健康促进整体行动中的价值和作用。我国健康促进学校和

① 王建平．美国学校健康教育的问题与对策研究[M]．北京：首都师范大学出版社，2004：2.

② 卢伯春．中、美、英、日基础教育阶段健康教育课程内容标准比较[D]．扬州：扬州大学，2006：20.

健康教育也逐步进入基础期。1981年，为进一步发挥学校在健康促进和卫生教育过程中的作用，教育部发布了《全日制六年制重点中学教学计划(试行草案)》《全日制五年制中学教学计划(试行草案)的修订意见》，在初中三年级开设每周两个课时的生理卫生课程教学，首次将健康教育纳入课程体系，标志着我国健康促进学校与健康教育的发展进入基础期。

1986年，第一届健康促进国际研讨会发布《渥太华健康促进章程》(《Ottawa Charter for Health Promotion》)，提出了学校健康促进要创造健康支持性环境、重新定位健康服务方向等五项行动策略①，更加具体地描述了学校在健康促进过程中的价值。这一时期，我国《关于开展中小学卫生教育问题座谈会纪要》通知正式发布，提出要通过中小学卫生教育的实施途径，促进学生德、智、体的全面发展②，并通过一系列具体可实施的策略，推动我国早期学校健康促进及健康教育的发展。

(四) 发展期：加强国际合作，发展中国特色学校健康促进模式

至20世纪90年代，我国进入了具有中国特色的学校健康促进和健康教育模式的发展阶段。1990年，世界卫生组织同联合国儿童基金会(United Nations International Children's Emergency Fund，UNICEF)以及联合国教科文组织(United Nations Educational, Scientific and Cultural Organization，UNESCO)共同提出了健康教育是健康促进的重要策略之一的重要论断，倡导学生健康教育是实现全民健康的重要因素。为有效地实践这一健康促进策略，同年我国颁布了《学校卫生工作条例》，明确了学校健康教育在学校工作中的地位，并进一步加强了同世界各国的交流和合作。1995年世界卫生组织在上海召开了健康促进学校发展小组会议(Working Group on the Development of Health Promoting Schools)，我国正式申请加入健康促进学校试验区，开始参与国际合作，向世界发出中国健康教育的声音。至2008年，我国《中小学健康教育指导纲要》的颁布，标志着我国学校健康促进及健康教育领域开始依据学生在不同学习和年龄阶段所具有的生理和心理特征，针对性地开展健康教育活动。至此，我国中小学阶段的学校健康教育开始以多学科渗透、主题课程、实践活动等多种形式开展，为新时期推动中国特色健康促进学校和卫生教育领域的优质变革奠定了基础。

(五) 优质变革期：对接世界变革，开辟中国特色新境界

至2014年，我国健康促进学校和卫生教育的发展进入了优质变革期，健康促

---

① WHO. The Ottawa Charter for Health Promotion[EB/OL]. (1986-11-21)[2022-04-25]. https://www.who.int/health promotion/conferences/previous/ottawa/en/.

② 国家教育委员会. 转发《关于开展中小学卫生教育问题座谈会纪要》的通知[J]. 学校体育，1986(6)：4-5.

进学校从大型城市逐渐转向县区试点，并展现出强大的生命力，从国家的宏观政策到学校的微观实施，有计划地开辟具有“中国特色学校卫生与健康教育之治”的新境界[①]。2015 年，党的十八届五中全会提出“健康中国”的概念，中小学健康促进学校与健康教育迎来新的发展机遇。随后，2016 年《“健康中国 2030”规划纲要》的提出以及《中国—世界卫生组织国家合作战略（2016 — 2020）》的签署[②]，标志着我国的健康促进行动开始以学校为起点，并从学校逐步延伸到学生所在的家庭以及社区，开始步入世界全球健康领域发展的新境界。

到 2018 年，我国中小学通过不同途径建设的健康教育促进学校已经达到近 1.5万所[③]，形成了一定的发展规模。但是，健康促进学校和健康教育需求的改变，使得我国在优质变革期所提出的政策也更有针对性，如为巩固学生视力不良的防控成效，我国各省市区采取了针对学生视力改善和健康教育的系列政策和措施。例如，北京市十部门通过联合制定的“近视防控十条”、北京市教委发布的《北京市中小学健康教育指导纲要（试行）》等相应举措，在一定程度上聚焦了学生健康和卫生领域重点关注的问题，使学生能够获得必要的健康知识、技能，从而实施健康的行为。

二、我国中小学健康教育的特征属性

我国中小学健康教育领域既包含了学校在宏观层面对于国家卫生政策和健康服务的整体规划，又涵盖了学校在微观层面对健康教育课程活动的具体实施策略，具有学校健康教育课程、物质、精神和环境等方面建设的综合特征。新中国成立 70 多年来，我国在健康促进学校和健康教育实践的过程中，在其观念、模式和内涵等维度都呈现出了一定的特征属性。

（一）从“个体健康观”到“健康促进生态观”的转变

我国早期健康促进学校和健康教育主要以解决学生健康知识储备不足的问题为主[④]，注重实现健康知识在学生健康行为中的指导作用，强调通过提高个人健康能力，达到改善健康状况的目的。但是，随着人类社会经济、文化和信息技术的快

① 人民网. 开辟“中国特色学校卫生与健康教育之治”新境界[EB/OL]. (2020-01-02)[2020-04-24]. http://www.moe.gov.cn/jyb_xwfb/s5147/202001/t20200106_414543.html.

② 国家卫生计生委.《中国—世界卫生组织国家合作战略（2016—2020）》在京签署发布[EB/OL]. (2016-03-23)[2020-04-25]. http://www.gov.cn/guowuyuan/vom/2016-03/24/content_5057354.htm.

③ 吕书红. 健康中国视角下健康促进学校发展现状及对策建议[J]. 中国健康教育，2018，34(11)：1012-1015.

④ 吕书红，刘志业，朱广荣. 中国学校健康教育工作要求和内容的变化发展及建议[J]. 中国学校卫生，2018，39(9)：1284-1286.

速发展，人们对学校健康促进及卫生教育的认识也有所转变。2003 年，世界卫生组织提出："健康不仅仅是指个体没有疾病或虚弱，而是体现了个体身体、精神和社会适应相协调的圆满状态"。在这个定义下，健康促进学校的成效不再是学生个体知识补充下的自我完善，而是社会环境大背景影响下的个体、个体与他人、个体与社会以及周围环境之间的相互作用和相互影响。

我国的健康促进学校和健康教育也随之从"个人健康观"逐步向"健康促进生态观"进行转变，其形成的健康生态系统对于学生个体健康促进的作用和价值也逐渐被人们所关注。学校不仅是学生学习知识的场所，而且是学生获得、维持和改善健康能力的场所。学校作为全社会健康促进发展的起点，对于社区和全社会健康促进的高效发展都具有辐射效应，学校在健康教育领域的实施举措能够分阶段、分时期地培养学生获取和维持健康的能力。因此，"健康促进生态观"的转变，不仅标志着新时期我国健康促进和健康教育领域整体化和持续化的发展趋势，同时还彰显着个体与社会、环境及经济等多个层面之间的内在逻辑关联。

（二）从单一化向多元化和专业化模式的转变

传统学校卫生教育的实施模式局限于学校对于学生的健康服务、健康教育的课程设置以及学校基础设施环境的建设[①②]，三者之间彼此独立、缺乏关联，呈现单一化的特征。但是，随着人们对健康需求的改变，多重资源整合下的学生卫生教育模式开始发生变化（如图 1.1 所示）。

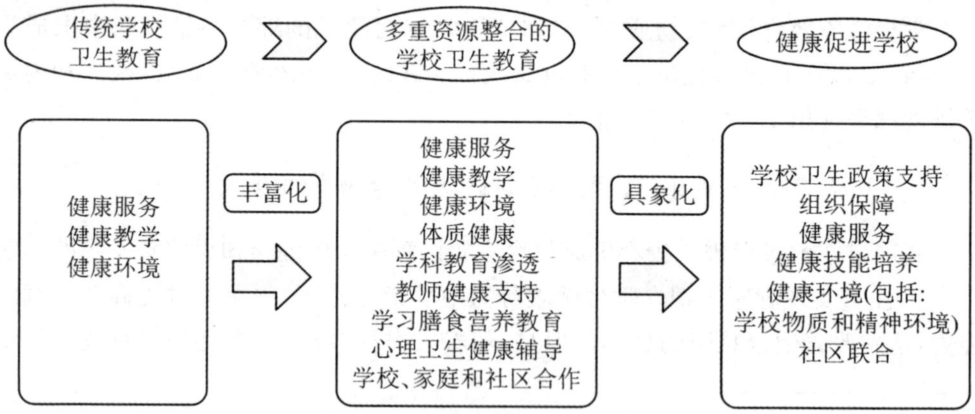

图 1.1　传统学校健康教育促进模式的差异转变

该模式将学校日常教学、教师的健康状况，学校"食育"等作为学校健康教育的

① 徐扬. 健康教育课程创新实施模式的探索与实践[J]. 中国教育学刊，2019(7)：73-79.

② 余小鸣. 学校健康教育的发展及挑战[J]. 中国健康教育，2005，21(5)：377-380.

多重维度,运用多元化策略,促进"家校合作",最终推动学校的健康促进和健康教育的发展。但是,这一模式在具体的落实过程中仍然缺乏同国家政策、实施人员等方面的内在衔接和整体保障。因此,新时期健康促进学校及健康教育模式开始向更加多元和专业的方向发展。首先,新模式完善了政策在学校"健康促进"行动中的指导及保障作用;在学校健康组织的建设方面更加专业化,开始尝试与高校、科研团队间的合作与交流,实现从科学理论研究到具体实践的转化。其次,教学过程也不再聚焦传统的学科教学,旨在培养未来社会公民所具备的基本健康生活技能,强调课程是提升学生健康素养的重要载体,而不是实现健康促进成效的唯一途径。此外,健康促进的合作领域也得到了进一步的拓展,以往的"家校合作"扩展为学校与社区、社区与社会间的合作。因此,新模式强调人们要在更广阔的健康促进框架体系下整体提升学生的健康素养水平。

(三) 从个人健康到"人类命运共同体"全球健康的内涵转变

健康促进是一种社会文化及政策动态整体改变的一个过程,它不仅涵盖了个体健康行为和生活方式的改进,同时还包括了家庭、社区、国家及世界范围内健康环境的整体协调。以往的健康促进和健康教育往往关注个人的健康状况,忽视了外在环境和社会对个人健康的影响。因此,新时期健康促进是以政策为实施的根本保障,以社会文化、资源整合等因素为实施的重要基础,依托健康生态观,来改变个人、群体在生活和学习环境中受到的不良影响,降低健康风险,并通过制定健康的公共政策、定位健康服务的作用和价值、提升环境系统内的健康强化,从更为宽广的领域提高个人及群体的健康素养水平。

特别是后疫情时代,我国健康促进的内涵展现出了更为宽广的格局:健康促进以学校为核心,但不局限于学校,遵从由学校走向社区,从社区走向社会,最终走向全国乃至于整个世界。因此,个人作为社会和生态环境中的一员,不应仅仅关注个体的健康,而是应该将"人类命运共同体""人与自然和谐共生"等理念融入健康促进学校计划的多个层面,有阶段、有层级地推进学校的健康促进运动,并以学校作为全民健康促进的基础,拓宽健康素养的广度和深度。这一健康内涵的提出是新时期我国学校健康促进的显著特征,也是我国健康促进未来持续努力的奋斗方向。

三、我国未来学校健康教育的展望:挑战与机遇并存

(一) 我国未来学校健康教育的重要挑战

新中国成立70多年以来,中国学校健康教育逐步进入新的历史发展阶段,但是基础教育阶段学校的健康促进和健康教育领域在迎接新机遇的同时,也面临着

学生健康新问题不断出现的巨大挑战。如何解决新时期我国在推进健康促进和健康教育发展过程中的问题，充分利用现有的良好发展机遇，已经成为我国基础教育阶段健康促进及健康教育工作所关注的重要研究和实践领域。这种挑战既来自我国基础教育阶段学生群体人数庞大，又有健康教育师资的严重匮乏、地区间健康教育实施差异大等一系列新问题所带来的影响。

1. 学生群体数量庞大，整体体质与健康素养水平提升压力大

我国儿童和青少年群体众多[①]，学生群体在全国总人口中占有较高的比例，是健康促进整体推进的重点关注人群，所以新时期我国健康促进学校及健康教育领域面临严峻挑战。依据2014—2018年联合国教科文组织EPS统计数据分析（如图1.2所示），我国基础教育阶段学生群体数量庞大。至2018年，我国中小学生群体已经达到近1.86亿，约占全国总人口的14.3%，且近五年来小学生和初中学生人数呈现持续增长。此外，各级各类学历教育在校生近2.76亿人[②]，约占全国总人口数的21.2%。但是，依据2017年《中国居民健康素养监测报告》的统计数据，15～24岁年龄段居民所具备健康素养比例仅为15.58%，距离《"健康中国2030"规划纲要》20%的要求还有一定的差距，这些数据都表明我国学生的健康素养水平还有待提升[③]。同时，依据基础教育部基础教育质量中心2019年公布的《体育与健康监测结果报告》的分析，四年级和八年级学生身体形态正常比例较2015年略有下降，肥胖率有所上升，分别上升了1.9%和2.2%，从另一层面反映出基础教育阶段健康促进学校与健康教育正面临着巨大挑战。

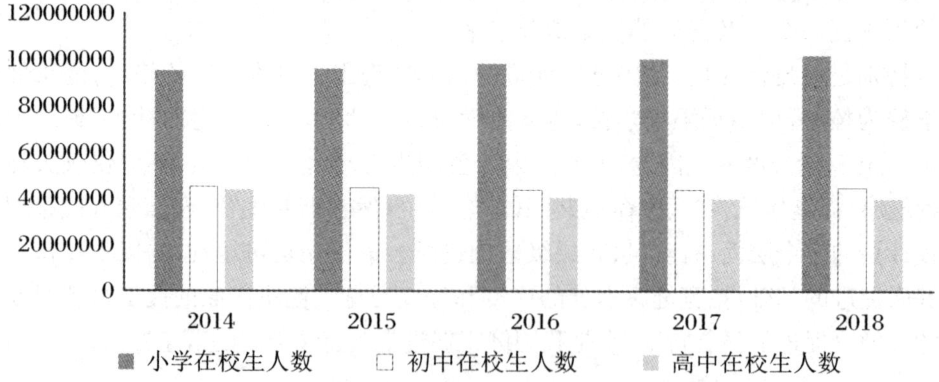

图1.2 2014—2018年我国中小学在校人数分布统计

① 林崇德. 面向21世纪的学生核心素养研究[M]. 北京：北京师范大学出版社，2016：11.

② 杨玉春. 健康教育是"治未病"的长远之举[N]. 光明日报，2020-03-02(20).

③ 康玫，高俊岭，余金明. 青少年健康素养与健康行为研究现状[J]. 中国学校卫生，2015，36(8)：1276-1279.

2. 健康教育师资匮乏，教师群体健康素养亟待提升

学生群体正处于人生最重要的发展阶段和准备阶段，其所需的健康体质和健康素养不能完全依赖自身的主动获取，同时需要通过学校健康促进和健康教育的有效实施策略予以干预和改善。但是，与庞大学生群体数不相匹配的是我国健康教育师资匮乏，兼职现象严重，教师职前和职后健康教育培训不足，教师自身健康素养亟待提升等①②。以北京地区为例，教师通过培训、相关合作单位和学校资源补给获取健康教育教学资源支持的比例分别为53.60%、24.30%和40.00%③，可见教师在日常健康教育资源的补充和专业教学活动等方面都缺乏有力的支持，难以应对庞大学生群体日益出现的健康新问题，也间接削弱了学校在实施健康干预过程中的有效性。

3. "二孩"问题开始显现，非独生子女健康教育状况不容忽视

我国自2015年10月开始全面实施"二孩"政策，这一政策对新时期健康促进学校和健康教育也提出了新的挑战。家长群体的健康素养和家庭环境对学生早期健康素养的形成具有重要的影响。以北京地区学生日常卫生习惯调查数据为例，独生子女家庭中的学生在"早晚刷牙""不共用毛巾和洗漱用品""不随地吐痰""不乱扔垃圾"等方面明显好于非独生子女家庭中的学生（$p<0.05$）④，多子女家庭中的学生健康教育状况不容忽视。此外，对家庭中的"二孩"对"大孩"所产生的新型心理问题也应当予以关注，应通过有效的学校健康促进引导以及家校间的合作共建，帮助这一部分学生群体及所在家庭积极地适应新的环境，保障其健康成长。

4. 我国健康促进学校地域间差异明显，亟须特色规划

2019年，全国居民健康素养监测结果显示，我国城乡、地区和人群健康素养水平分布仍不均衡，农村居民、中西部地区居民和老年人口健康素养水平仍相对较低，可见未来不同区域、城乡间学校健康促进的差异性和公平性仍然是健康促进学校及健康教育所要面临的主要挑战。以北京2016—2017年"北京市中小学生健康素养数据库"中的抽样数据为例，中小学城区与郊区在健康素养水平上具有差异性，且城区好于郊区，亟须实施区域性的普及和推广⑤。特别是我国某些农村和经济欠发达地区及部分少数民族聚集区学校的心理健康教育还处于空白或起步状

---

① 李娜，陈卫平，顾昉. 浙江省中小学校校医与保健教师配置现状分析[J]. 中国学校卫生，2012，33(9)：1120-1126.

② 史慧静，谭晖，李广. 上海市中小学校卫生保健人员队伍现状和专业培养需求[J]. 中国学校卫生，2015，36(12)：1771-1774.

③④ 徐扬. 近万份问卷显示：一线城市中小学健康素养仍待提升[J]. 中小学管理，2020(4)：43-45.

⑤ 徐扬. 关注学生安全问题新变化 构建学校安全教育新体系：基于北京市9599名中小学生安全教育现状的调查分析[J]. 中小学管理，2019(5)：44-47.

态，这些问题都制约着我国未来学校健康促进行动的发展[①②]。由于学生健康素养的产生和形成不是由单一因素所决定的，而是由其所在的生活条件、生活方式、社会价值观等诸多社会因素所共同决定的[③]。因此，学校健康促进和健康教育作为缩小区域和城乡间差异性的重要途径，其作用不容小觑。

（二）我国健康促进学校及卫生教育面临的新机遇

新时期我国学校健康教育的发展也面临着前所未有的机遇。一方面，国家政策的有力保障、国民整体健康素养水平的不断提升，为全民健康的整体推进提供了生长和发展的“沃土”；另一方面，人们对前期探索过程中不断积累的经验和大数据、信息技术的广泛应用，能够为未来推进健康促进学校和健康教育提供有效的反馈，支持其长期发展。

1. 国家政策支持力度持续加大，全民健康意识、需求整体提升

2015 年，“健康中国”概念的提出，使得我国学校健康教育在国际交流和合作中发挥了巨大作用，同时对国内健康促进学校和健康教育的发展也起到了巨大的推动效应。一方面，我国始终将“健康第一”作为健康促进学校和健康教育的基本指导思想，并将学校健康教育视为学校卫生工作的主要任务之一，贯穿基础教育、职业教育、高等教育的各个学习阶段，融入学生学习环境的方方面面，为健康促进学校工作的开展与实施明确了发展的目标。另一方面，随着经济、文化等外在客观环境和条件的改善，全民整体健康意识、需求得以提升，使之成为新时期全民健康素养提升的内源驱动力。依据 2020 年 4 月 24 日国家卫生健康委员会公布的数据，2019 年全国居民健康素养水平升至 19.17%，人们开始追求更健康、更美好的生活环境，自身的健康意识也在不断提升。这使得健康成为新时期社会和谐稳定的坚定基石，更为培养和提升学生健康素养提供了根本的保障。

2. 大数据可用空间大，反推学校健康教育的新发展

以往我国在国家、地方和学校层面都储备了大量的信息和数据，涵盖了学生每年的体检和体质数据等[④]。但是一直以来这些数据并未完全发挥其内在的作用和价值，缺乏信息储备与应用的关联，未来这一发展空间将成为健康促进学校可挖掘的“新生长点”，可以进一步依据大数据的反馈和指导功能，促进学校与健康教育的整体发展。同时，对基于大数据反馈的重点区域和重点人群应实施更有针对性的

---

① 裴娜. 中小学心理健康教育典型问题研究[J]. 教学管理，2018(1)：22-24.

② 郭玲茹，许丽娟，邱艳，等. 延边地区朝鲜族和汉族中学生健康素养水平比较[J]. 中国学校卫生，2017，38(3)：445-448.

③ 严丽萍，等. 我国城乡居民健康素养影响因素分析[J]. 中国健康教育，2012，28(1)：8-11.

④ 王振杰. 大数据与健康中国战略实施[J]. 人口与发展，2018，24(5)：11-13，52.

干预，降低卫生系统和社会公共资源的浪费，通过社会整体资源的合理配置，优先通过教育主管、各级疾病预防控制等部门，进行学校健康促进相关的规划，加强对学生健康促进影响因素的调控，改善学校和校外培训机构的物理环境条件，开展严格的评价和卫生监督等方面的工作。

3. 信息化技术迅猛发展，助力健康促进学校及健康教育的持续改善

当前，在线教育开始成为学校支撑学生日常学习的重要途径，大量优质的学校健康促进与健康教育的网络资源不断地产生，涵盖了多媒体的科普动画、专家的科普讲座和教师开发的学科融入式"抗疫课程"等。此外，我国众多的中小学已经开始通过信息化技术开展与疫情防控宣传相关的学生网络平台活动，如"抗击疫情作品云展览"等，让学生关注疫情中的无名英雄，渗透健康促进和健康教育背后正确的价值理念，推动健康促进与健康教育在育人纵向深度上的延伸。

在信息技术快速发展的背景下，网络化的学校健康促进和健康教育以前所未有的发展态势渗透到教育环境的多层维度，新型健康促进与卫生教育的传递开始通过微信、ZOOM、腾讯课堂和钉钉等网络交流和授课平台得以推广。这种打破了传统学校健康促进与卫生教育时间和物理空间边界的教育新模式，使得健康教育的受益群体数量和类别都得以增加。由此可见，信息技术发展过程中所形成的健康教学资源及健康课程的开发不应是短期内学校应对疫情的需要，而应该变成学校长期发展规划中的一项常态化工作，以一种独特的形式持续支持学生健康素养的提升。

未来，我国将长期处于学校健康促进与健康教育的高质量变革期，面临机遇与挑战并存的发展现状。特别是在应对我国小学、初中阶段人数阶段性递增，健康教育师资匮乏的背景下，健康促进学校和健康教育不应通过增加教育主题的方式来应对新产生的健康问题，因为这从侧面增加学校和教师教学的负担，而是应该：一方面，在教学中着重培养学生核心的健康能力和必备品格，支持学生终身健康素养的发展，通过不同的健康教育课程实施模式整合教学内容，辅助以真实的情境，注重健康技能在生活中的实践与应用，综合提升学生的健康素养水平；另一方面，学校的健康促进与健康教育工作应加强同高校、科研院所的合作，对基础教育阶段的教师群体进行整体的健康教育培训，采用"引进来，走出去"的模式，邀请专家走进校园，开展辅导和讲座，带领教师在健康促进示范学校进行参观和交流。

此外，偏远地区应加强信息化技术的建设，实现远程培训和指导，促进教育资源的共享与公平。同时，教育主管部门应为教师的自主提升提供丰富的学习资源，开发针对教师群体的健康教育培训教材和视频资源包，帮助学校组建内部健康促进的互助小组，营造良好的健康促进环境。在实施层面，学校应对健康促进及卫生教育项目进行统一的规划、监督、评价和改进，注重健康促进过程中的"预防先行"，关注学生转变为多子女家庭过程中产生的新问题，通过加强学校对于家庭卫生习惯的引导，提升家庭整体健康素养的水平，促进学生日常健康行为的改善。

在缩小不同地区的城乡健康促进和健康教育差距方面，应将国家卫生健康委、国务院扶贫办《关于实施健康扶贫工程的指导意见》转化为学校层面可操作的具体行动，选择不同的健康教育课程实践模式，弥补家庭健康教育的“短板”，共同推进贫困地区健康促进学校的建设。特别是在少数民族聚集区实施健康素养干预时，更应考虑少数民族学生的特点，提出有针对性的策略，尊重少数民族地区的风俗习惯、文化背景，因地制宜地开发多种形式的潜在健康促进与健康教育的资源（借助网络、电视、广播、公众号、纸媒等新旧媒体）；也可以将健康促进与健康教育融入当地的地方性课程体系，例如内蒙古地区的学校可结合学校相应的“生态文明”课程内容，融入健康促进学校的系列课程内容。

后疫情时代，全民在重新审视健康促进学校和健康教育的意义和价值时，更加认识到教育的本质是为了让学生更加健康地成长。健康促进不再是某一个人、某一个地区、某一个国家所关注的问题，而是世界范围内共同面临的机遇与挑战。疫情面前，任何一个国家都难以“独善其身”，健康促进学校和健康教育要始终将“健康第一”的教育理念和需要作为学校健康教育实施行为的切入点，将健康促进涉及的健康教育内容纳入教师职前和职后的培训工作，推进公共卫生教育政策的发展，将健康教育纳入国民教育体系，培养学生文明的健康理念和强健的体魄。

第二节　我国中小学健康教育实施及健康成效的现状

近年来，全球经济、技术以及信息化网络媒体的快速发展，加快了健康促进运动在全球化进程中的速度，也在一定程度上拓宽了人们在健康领域的视野，改变了人们传统观念中对健康认知范围的理解。以往社会对健康内涵的界定普遍局限于生理和心理两个层面，而随着社会群体对原有健康需求的改变，人们对健康认知维度的划分也产生了新的认识。社会群体对健康内涵的理解逐渐从个体化回归到群体化，开始关注个体当前所在的自然环境、社会环境以及社交类群对于个体健康的功能，逐渐关注个体在整体环境适应中的重要作用和价值，形成了社会中个体之间、个体与他人、他人与社会之间的有机连接。在这一定义下，健康这一永恒的主题也不再是某一个时空维度或历史进程中的独立事件，而是需要个体健康素养的自觉提升、学校多元化健康策略的落实以及家庭和社会健康资源整体介入的综合运转，需要通过学校健康教育课程作为健康教育的重要载体，并以学校健康教育带动社会健康教育的全面发展。与此同时，健康教育所带来的社会效应有所呈现，学校可对学生健康素养水平及学生身体健康的状况进行综合评价。该结果也从侧面反映了当前学校健康教育课程实施的有效性，我们能够发现健康教育课程实施过程中存在的问题，并进行及时有效的解决。

一、中小学学校健康教育课程的实施现状

学校是学生学习健康知识和技能的重要场所，是学生开启与外界环境对话的重要“窗口”，这一阶段的学生群体恰处于人生发展的准备阶段，健康知识和技能体系尚不完备，其生理和心理的发展正处于初级阶段，对外界环境变化的适应能力薄弱，缺乏与之匹配的应对能力，需要对其进行系统化的卫生知识、疾病预防以及意外伤害等知识的普及，宣传不良行为对健康造成的危害，理解与健康相关基本的社会道德与法律法规。

中小学阶段健康教育的开展与实施在于健康教育课程的具体落实。回顾健康教育课程开展与实施的发展历程，学校健康教育课程的实施与学生健康素养水平提升具有十分密切的联系，我国先后经历了三次重大的学校健康教育课程实施模式的探索与实践（如表 1.2 所示），使得学校健康教育课程的实施从单一化转变为多元化，从只关注生理健康逐渐转变为关注生理、心理健康和社会适应能力的共同发展，从单纯的通过体育课和心理课作为健康教育的重要载体转变为多学科课程互相融合和渗透的模式。健康教育课程实施模式的转变也使得健康教育课程的思想和理论体系更为丰富和灵活。

表 1.2 学校健康教育课程实施模式的重要演变历程①

实施年份	实施模式	政策纲要及标准	相关课程	课时
1998 年	独立课程设置	《普通中小学和中等职业学校落实〈学校卫生工作条例〉检查评估细则》（教育部体卫艺司）	健康教育课程 健康教育讲座	0.5
2001 年	渗透和整合	《基础教育课程改革纲要（试行）》 《国务院关于基础教育改革与发展的决定》	部分省市设健康教育课程（辽宁、重庆） 大部分为多学科渗透	0
2008 年	多种模式综合应用	《中小学健康教育指导纲要》	体育与健康、品德与生活、品德与社会 生物（中学阶段） 综合实践活动 地方课程	6～7

① 余小鸣.学校健康教育的发展及挑战[J].中国健康教育，2005，21(5)：377-380.

随着2008年教育部《中小学健康教育指导纲要》的发布，我国部分省市的学校与教育行政部门也提高了对健康教育课程实施的重视程度。经过近十年来的不断努力与实践，教育部于2018年2月再次提出：为深入实施健康中国战略，培养学生健康观念和健康生活方式，提高学生健康素养，倡导在全国校园范围内开展“师生健康　中国健康”主题健康教育活动。该活动旨在帮助广大师生牢固树立“健康第一”理念，将健康教育融入学校教育教学各个环节，引导学生树立正确的健康观，形成健康的行为和生活方式[①]。特别是在“双减”政策实施的背景下，一些学校已经开始思考如何利用“课后三点半”开展与健康相关的学生活动，从体育运动、学生心理发展等多个层面，综合性地促进和推动学生健康成长。但是，重大的变革也给学校原有健康教育课程的实施模式带来了极大的挑战。已有模式的研究发现，虽然相关理论研究成果为学校开设健康教育课程提供了方向上的引导，但是缺乏对健康教育课程具体实施策略的支撑，具体体现在：学校难以搭建健康教育课程内容同学生实际生活间相关性的连接，不同学校之间的个体差别也比较明显，健康教育资源分配不均衡，很多学校困惑于如何依据学校现有的教学资源和文化基础，开展和实施具有本校特色的健康教育课程体系，设计出满足不同年级层次学生健康需求的课程，切实地让健康教育课程的实施成果落实在学生日常的健康行为和习惯之中。

以北京地区为例，2017年课题组采用“北京市中小学生健康素养水平”（教师维度）问卷，对与教师问卷匹配的1353名小学和1339名中学的管理者和教师开展了问卷调查，结果表明当前学校健康教育课程的实施现状并不乐观。相比于传统观念中学校对健康教育的认识，部分学校仍将健康教育课程等同于学校的体育课程、班会活动以及健康教育讲座等，虽然这些不同形式、不同类型的健康教育内容可以被视为学校健康教育的一部分，但是在本质上，这类健康教育内容并不能满足和覆盖学校健康教育的多种形式和维度，且相关内容处于零散和碎片化的状态，并没有以体系化的课程形式融入学校的日常教学之中，成为学生日常生活的一部分。与此形成鲜明对比的是，学科教学仍然是学校教育的主体，两种不同类型的课程形式缺乏有机统一，使得健康教育仍然处于学校边缘化状态之中。学校教育体系中的健康教育的内容也仅仅是从健康教育外在形式的视角来审视学校健康教育的现状。而实际上，学校应该反思健康教育不应该单纯地依赖一些常规的课程类型，而是应该从学校整体生态环境（学校餐饮、医疗保健、教师心理状况等）、教学氛围、学生可以接触的学校教师以及同伴群体在内的整体支撑系统的视角，来看待

---

① 中华人民共和国教育部．教育部办公厅关于开展“师生健康　中国健康”主题健康教育活动的通知[EB/OL]．(2018-2-9)[2018-5-24] http://www.moe.gov.cn/srcsite/A17/moe_943/moe_946/201802/t20180227_327869.html.

当前学校健康教育的发展。学校健康教育的未来仍具有极大的发展和探究空间。

此外,依据2000多份教师及学校管理者问卷的统计结果,学校在健康教育整体实施、团队建设、课程设置模式以及教师健康资源获取途径等层面都存在诸多的问题,严重地制约着学校健康教育的稳步发展和有序实施,在一定程度上存在部分学校健康教育学科边缘化、教师健康教育实际需求与外在供给不相匹配等现实问题,需要引起学校管理者的持续关注,更需要学校对于自身学校健康教育的现有状况进行前期调研和分析,寻找出学校存在的潜在问题和隐患。课题组前期的调研数据主要聚焦学校的"软件"方面的建设(包括团队建设、资源供给等),有关学校健康教育的教学及卫生设施的"硬件"内容将在中小学阶段学生健康教育现状的分析中,结合视力不良的数据,具体阐述学校教学设施对学生健康的影响。

(一) 近六成学校缺乏有力的健康教育核心团队

健康教育核心团队是一个学校能够顺利开展健康教育的重要保障,同时也是课程体系化研发的核心科研力量。通过学校团队的搭建(涵盖管理和实施的双重层面),能够凝聚和整合学校一部分优质的师资力量和教学资源,对学校健康教育课程的实施,乃至学校生态环境、资源的整体调配提供基础的实现条件和保障,同时也有利于不同学科教师之间的彼此协作,打破现有学科的教学边界,形成学校内部的学习共同体,实现基于一个主题情境下的多学科教师共同参与的单元教学设计。然而,这种具有结构化和层次化的健康教育核心团队,在实际的学校中却并不常见,其根本原因在于学校往往只是关注学生的学业成绩,忽视学生健康素养的培养,将健康教育等同于学校的体育课程,认为学生参与了体育运动就是培养了学生的健康素养。这种现象在基础教育阶段仍然普遍存在,似乎健康教育这种无形的教育形式被淹没在了无边的学业活动之中。学校更多地将核心的力量集中于学生的学业成绩,对教师的考核也聚焦日常的教学水平,使得学校在顶层设计阶段的教师评价体系就出现了重视学业成绩而忽视健康素养培养的导向,也使得"以评促教"的教学评价体系并没有实现其真正运转的价值,在某种程度上,忽视了学生自身健康素养水平与实际学业水平两者之间的关系。因此,学校领导负责的学校健康教育具体规划和督导,一定程度上反映出其对这项工作的重视程度。问卷调查数据显示:小学阶段由校长和副校长等校级领导直接主管健康教育工作的学校分别占13.00%和28.90%,总占比仅超四成;其余由教导主任、年级组长、教研组长和普通教师负责的学校,分别占21.20%、1.90%、1.30%和32.90%,还有0.80%的学校缺乏对健康教育工作的统筹规划和督导,中学阶段同小学阶段情况类似。

在大量的实践案例中,大部分具有特色健康教育课程体系的学校,往往在课程设计核心团队的整体组建上就具有一定逻辑体系和结构层次的规划,实施校长负责制和教研组集体备课的教研策略，对参与研究和课程研发的教师提供教研和课程展示的平台，在一定程度上鼓励了那些具有积极性和主观能动性的教师来进行课程的实施与研发，激发教师作为课程开发者和参与者进行健康教育课程建设的积极性。同时，团队中个体成员的参与也能够在一定程度上有效地推动整体健康教育课程体系的规划和设计，特别是团队中年轻的新教师可以通过优质课程的观摩、向有经验的教师学习，其潜在的教研价值往往能够跨越原有的学科边界，让教师在健康教育课程的研发过程中，更加深入地理解这一阶段学生的心理发展特点，这种潜在的课程研发过程，会带来常规课程教学中意想不到的实施效果。由此可见，学校有层次的健康管理团队的缺失，在一定程度上降低了一线教师作为健康教育主要实施者的积极性。学校中某一位老师，或者某一部分老师希望在课程中传递健康教育理念的信念也会被动摇，同时学校健康教育核心团队的极度缺乏也从侧面反映出学校健康教育在整体规划中的设计缺失。

（二）健康教育课程实施模式相对单一，实践类课程严重匮乏

在实际的教学实践中，即使学校组建了完备的健康教育核心团队，在健康教育落实的具体实施环节中，也仍然需要依托学校完备的课程体系，通过健康教育课程的具体实施，传递健康教育的核心理念。例如，学校传统教学中的体育课、生物课等都是实现健康教育课程融合的有效载体。但是依据研究团队前期的调研结果，理想状态下的学校健康教育课程与学校实际的落实情况并不一致，主要呈现出以下两个方面的特点：一方面，这些课程之间缺乏内容的相互关联，部分内容重复、交叉，不同学科教师在进行课程设置的过程中，往往依据自身课程的需求进行健康教育内容的融合，既没有设置统一的主题进行贯穿，或运用跨学科概念进行统摄，又不能帮助学生建立不同学科中相关健康概念彼此之间的联系；另一方面，在课程的递进和健康生活技能梯度的设计上，当前健康教育课程普遍缺乏对学生心理和生理现状的了解和认知，未能实现同一主题下，能够匹配学生个体发展的“螺旋递进”体系层次，使得一些学校的健康教育形式化、碎片化，并不能达到帮助学生强化某些健康生活技能和提升健康素养的目的。

此外，健康教育课程形式较为单一，难以通过多种多样的丰富教学形式实现健康教育的教学活动。整体形式过于陈旧，以知识传递方式为主，缺乏学生的实际参与体验，难以激发学生对健康教育学习的兴趣。但是，本质上健康教育的核心理念就是使得学生具备一定的健康素养，这种素养实际上是学生必备品格和能力的集合载体，其形成过程实际上更加需要学生参与到真实的实际情境之中，通过不断地训练，形成学生应对新问题、新情境的综合能力。同时，研究课题组对“北京市中小学生健康素养水平”问卷调查结果显示：学校健康教育课程实施呈现出以课堂教学为主、形式相对单一的特点，同时在具体落实方面小学阶段好于中学阶段。

如小学阶段有66.10%的学校能够给予健康教育专门的课时保障，另外，学校通过学科渗透或融合、班会、专题报告和社会实践活动形式开展健康教育的比例分别占71.20%、78.20%、44.10%、60.20%。中学阶段健康教育课程的实施形式同小学阶段具有相似性，但除专题报告外，其他课程的占比均有所下降。此外，只有0.70%和1.20%的学校使用微信平台新媒体或广播等形式开展健康教育。

调查的结果令人深思，并反映出学校健康教育发展的三个重要特征：一是健康教育需要充足持续的时间保障，这就回答了为何在小学阶段健康教育的实施效果要明显好于中学阶段；二是小学阶段学科间彼此界限模糊，没有明显的学科分化，活动的形式更多地以不同学科间的整合和综合实践类的活动作为载体，共同发展学生的综合性发展能力；三是互联网及信息技术发展仍有极大的可拓展空间。“00后”群体作为代表的新生代群体，是伴随着互联网成长的一代，丰富且形式多样的互联网媒体的宣传形式更易于被这些新时期的儿童和青少年群体所认同，同时也符合他们对世界认识的方式。这使人们认识到如果想要提升学生的健康素养，不仅要有充足且持续的时间保障，为学生的成长提供必要的时间准备，而且要采用符合学生认知的多种形式加以呈现，用新的宣传方式去传递健康教育的理念。同时，这种传递的方式不应该是说教类的，而是需要通过学生的亲身体验、经历和感受进行获取，所形成的健康生活技能能够渗透在学生的每一个细胞之中，帮助学生适应未来的社会环境，感受生活的美好，成为更好的自己。由此可见，单一学科教师往往不能通过某一类别的学科课程实现和提升学生综合性的健康生活技能，更多需要不同学科教师之间的相互合作（详见实践案例1）。

实践案例1 学校健康教育同一主题下“螺旋上升”的课程体系构建[①]

以实践基地学校北京市和平街第一中学设计的健康教育课程为例，其构建了从小学三年级到初中二年级的健康教育课程体系。依托于学校的“和睦同心，和合一致，和衷共济，和谐发展”的“和”文化，基于“让每一个学生在自信中成长，让每一位教师在阳光中工作”的办学理念，聚焦学生健康素养水平及健康技能的发展，研发了一套以培养学生健康知识和健康技能为目标的“和健”课程，为学生终身健康行为的养成奠定基础。该课程体系共分为心理与情绪（家庭和社交健康）、成长与营养、个人健康与安全、药品和疾病预防、社区和环境健康这五个大的课程模块，在每一个模块教学内容的选择上依据学校现有的课程体系基础和学校软件、硬件资源进行统筹，形成了如表1.3所示的课程体系。

---

① 案例来源：健康教育实践基地学校——北京市和平街第一中学，荣旭。

表 1.3 学校健康教育课程体系的构建(心理和情绪、家庭和社交健康维度)

一级维度	二级维度	三年级	四年级	五年级	六年级	七年级	八年级
主题一:心理和情绪 主题二:家庭和社交健康	情绪调节与健康自我	认识自我	健康人格	悦纳自我	个性的我	我是谁	审视自我
		健康人格	责任担当	自我保护	性格塑造	做有责任心的社会公民	学会自我保护
	暴力和伤害预防	认识情绪	学会解决困境	成功的乐趣	学会表达情绪	积极的情绪体验	学会调控情绪
		学会独立	学会尊重他人	学会做决定	管理压力	管理和规划学习	学会压力释放
	体验活动	1. 设定自我健康目标; 2. 学会做一名健康倡导志愿者; 3. 动手制作“良好性格”的提示牌		1. 自选社会角色扮演; 2. 发现并辨别有效的健康信息; 3. 通过访谈,尝试制定自我健康小目标		1. 合理规划初中阶段的日常生活; 2. 开展故事分享会,分享积极情绪体验故事; 3. 开展关于自我保护方法的辩论赛	
	幸福、和谐的家庭关系与社交健康氛围的营造	我爱我家	健康家庭规则	学会尊重	与父母对话	与父母平等沟通	与他人换位思考
		我的朋友	友谊之花	我的朋友圈	青春期的交往	交往的艺术	沟通的艺术
		我的责任	自我角色定位	我与社会	社会道德与规则	我的处事原则与尺度	我的规划
	体验活动	1. 绘制文明礼貌用语宣传牌; 2. 绘制我的“家庭树” 3. 参加一次城市生存挑战赛		1. 演讲比赛:《我心中的同学》; 2. 举办“父母说最多的一句话”活动; 3. 访谈“我的老师”		1. 制作:“我的人际交往圈”展示海报; 2. 开展以“诚信”为主题的辩论赛; 3. 结合志愿服务,开展一次公益性社会活动	

(三)教师很难获得优质的健康教育资源支持

学校健康教育一个重要的实施主体就是教师,教师作为与学生接触最为密切的特殊人群,在学校的校园环境、教学场景以及社交活动场景中与学生存在诸多交集,对学生个体的价值观及人生观形成具有重要的作用。一方面,教师的言行对学生群体存在潜移默化的影响,学生早期健康行为及习惯的形成往往来源于对教师日常健康行为的模仿;另一方面,教师原有健康知识以及技能的储备往往也决定了学生获取健康知识及技能的质量。不难想象，当一个自身都游走在健康知识和技能边缘的教师，又如何能够将正确的健康知识传递给学生，帮助学生树立正确的健康理念。前期课题研究团队依据教师教学行为的调查数据，发现这一现状并不乐观。虽然多数教师具有提升健康教育能力的主观意愿，但获取资源的途径相对单一，特别是来自学校层面的内在资源供给和社会培训严重不足。以小学阶段教师日常获取健康教育资源的途径为例，教师群体选择通过电视广播和网络途径获取健康资源的比例分别为73.6%和80.8%，通过报纸书籍获取健康资源的教师群体占71.9%，通过培训、相关合作单位和学校资源补给的分别为53.6%、24.3%和40.0%。中学阶段教师在日常获取健康教育资源的途径中，选择通过电视广播和网络途径获得健康教育资源的比例分别占67.9%和77.6%，通过报刊书籍的占67.6%，通过培训、相关合作单位和学校资源补给的分别为50.50%、25.70%和33.5%。值得关注的是，在中学阶段完全没有参与过校级、市级或国家级健康教育相关培训的教师占比相比于小学阶段会表现得更低，其原因可能与初中阶段教师由于学业考试压力及教学任务的增加，而自主获取外在健康教育资源的占比有所下降有关。因此，初高中阶段的教师群体应作为学校未来健康教育供给资源重点关注的群体。可见，学校需要在教师获取资源的途径等多个层面加强对教师健康教育资源的有效支持，提高前期资源选取的科学性和严谨性。此外，研究团队通过与一线教师的访谈发现，教师在给学生进行相关健康教育活动设计的过程中，大量教育资源需要从网络、书籍中获取。而在这一过程中，教师首先应该具备自我识别健康信息的能力，对所要进行教学的资源进行筛选，从中获取有价值的教育资源。

本次调查结果也从侧面反映出教师日常健康教育资源来源存在的两个问题：一是如何保证教师健康教育资源来源的科学性与有效性；二是学校如何营造良好的健康教育学习氛围与环境，从管理制度和相关学校物质、精神奖励等多个层面给教师提供日常健康教育的有效保障。然而在现实状况中，很多教师自身没有接受过规范化和体系化的健康教育，也未获得职前及职后相关领域的培训，这也对这些教师开展和实施健康教育课程或健康教育内容的融合提出了新的挑战。相关部门及学校的实施主体需要持续地更新健康教育的内容，将新的健康资源及知识源源不断地提供给教师，并通过教师日常行为的示范，将健康教育高效地传递给学生，为学生早期健康教育的启蒙提供必要的教育资源保障。此外，教师作为一个特殊的群体，具有一定的身份双重性（教师与普通民众），现实生活中，当教师以普通民众身份参与社会生活时，对于健康相关知识的匮乏往往只会影响到其个体的发展和所在的家庭的健康状况；而当教师作为公共教育知识普及者的身份参与教学活动时，这种潜在的社会影响就会在学校这个生态系统中被不断地放大，蔓延到其所教授的学生群体之中，使得教师自身健康素养水平的提升既受到自己成长背景因素的影响，又与当前学校教学现实的困境相关。如何打破这种僵局，唤醒教师对健康教育的深度理解，改变这种健康教育边缘化的现状，不妨从一些日常教学的小事件入手。以实践基地学校的案例为例，一个普通的健康教育活动就能够在一定程度上使得师生间的关系更加默契，激发班级中一些缺乏自主学习动力的学生，让他们参与到日常的教学活动之中，使这些平时看上去“普通”的学生感受到最大的学习幸福感和成就感，这背后所支撑的理论基础往往只是需要教师具有一定的心理健康知识和在教学中应用的意识，并尝试在具体的学科教学活动中不断地应用和改善。

由此可见，学校在实施和开展健康教育的过程中既要针对不同阶段学生身心发展的需要，设置常态化的卫生健康教育内容，又要结合公共卫生突发事件等社会热点，设置与学生实际生活密切相关的主题课程。针对无独立健康教育课程的学校，我们也建议可以通过班会或学科渗透的形式对学生开展健康教育。同时，学校健康教育课程的实施应依据《北京市中小学健康教育指导纲要(试行)》，注重学校健康教育中整体规划与具体实施相结合，科学性与实效性相结合，面向全体学生与个体差异相结合，知识传授与技能培养相结合，个体健康责任与社会责任意识相结合，最终帮助个人和群体掌握卫生保健知识，树立健康观念，合理利用健康服务和健康资源，并培养有利于健康的行为和生活方式。

实践案例2　学校是开展学生卫生健康教育工作的重要阵地①

北京师范大学附属中学将学校健康教育融入学校教育的各个层面，根据不同学段学生的生理和心理发展特征，一方面以生物课程和校本化“太阳雨青春期课程”作为实施健康教育的重要载体，给予具体的课时保障；另一方面，突出专题教育的实施，初中阶段利用第一学期中期调整的两节连排班会课，开展“澎湃的青春期——青春期性生理卫生教育”课程；高中阶段利用每个学年期末考试后的空当，开设相应的卫生健康教育课程，并通过“北京师大附中健康资讯”公众号、电子屏和宣传栏定期选择公共卫生焦点进行宣传，在北京地区率先建立学生“太阳雨”青春期教育网站，促进学生健康素养的提升。

二、中小学学生身体状况及健康素养的现状

学生健康素养的发展及身体健康状况(体质和体检数据)能够在一定程度上反映出当前学校健康教育的实施成效。近年来，人们以更为细致的眼光观察周边学生的健康行为，不难发现随着学校、家庭对于学生个体学业发展关注度的提升、人们生活饮食习惯、信息交流途径以及社交方式的变革，现阶段学生群体的健康状况

① 案例来源：健康教育实践基地学校——北京师范大学附属中学，况莉。

也逐渐呈现出了一些区别于以往发展阶段的健康问题和现象，甚至某些学生所表现出的健康问题较之前的历史发展阶段、时期的更为复杂。部分调查结果表明，当前儿童和青少年群体的健康素养普遍面临着诸多新的挑战，诸如学生学习压力的增加、熬夜和睡眠不足、缺乏体育锻炼、不合理使用电脑和网络、膳食不均衡、不合理减肥、学习困难、人际交往无能、抑郁性情感障碍、校园暴力与欺辱等多方面的问题，并逐渐呈现出多样化和复杂化的发展趋势[①②③]。

我国作为世界上儿童青少年群体最多的国家[④]，近年来我国居民健康素养水平呈现上扬趋势，从 2012 年的 8.80%逐步提升到 2019 年的 19.17%[⑤]，但健康教育问题仍不容忽视。面对儿童和青少年群体众多亟待解决的健康问题，学校作为儿童和青少年群体生活和学习的重要环境，更多的学者希望从提升学生健康素养的视角来看待和解决这一问题[⑥⑦⑧]。但是，青少年群体所具有的健康素养水平状况仍不容乐观。以 2008 年《首次中国居民健康素养调查》结果为例：15～24 岁年龄段青少年群体具备健康素养的比例仅为 6.3%[⑨]，青少年群体所具有的健康素养水平亟待提升。2013 年针对全国 25 个省、市的 2616 名初中生进行健康素养问卷调查研究，结果同样表明：健康素养及格率仅为 35.5%[⑩]，初中生健康素养亟待改善。学校健康教育作为改善学生健康素养的有效途径，不同的健康教育课程实施模式将会对学生健康的知、信、行产生差异性的影响[⑪]。那么，面对这一现象，学校在健康教育课程实施过程中的角色应该如何重新定位？中小学生群体在体质健康、具体健康教育知识和行为表现方面具有哪些特征？这些都是当前基础教育领域亟须探讨和重点解决的紧要问题。

（一）中小学生身体健康状况的现状

相关数据显示，由学生健康教育现状而引发的一系列问题也日渐凸显，我国中

① 石晓园，等. 贵阳市中小学生健康状况及教育需求[J]. 中国学校卫生，2020，41(11)：1638-1642.

② 孙英，王伟国. 乌鲁木齐市中学生健康素养、抑郁症状与睡眠质量的关系研究[J]. 职业与健康，2021，37(16)：2243-2246，2250.

③ 路赛虎，等. 中学生健康素养与遭受欺凌的关联及其性别差异[J]. 中国学校卫生，2021，42(8)：1175-1179.

④ 林崇德. 面向 21 世纪的学生核心素养研究[M]. 北京：北京师范大学出版社，2016，1(2)：11-20.

⑤ 金振娅. 我国居民健康素养十年增幅约 15%[N]. 光明日报，2022-02-20(001).

⑥ 郭欣，王克安. 健康素养研究进展[J]. 中国健康教育，2005，21(8)：590-593.

⑦ 肖瓅，陶茂萱. 健康素养研究进展与展望[J]. 中国健康教育，2008，24(5)：361-364.

⑧ 佟丽，胡俊峰，侯培森. 健康素质与健康素养[J]. 中国健康教育，2006，22(4)：293-295.

⑨ 余小鸣. 学校健康教育与儿童青少年健康素养的促进[J]. 中国学校卫生，2013，34(8)：897-899.

⑩ 郭帅军，等. 我国初中生健康素养现状及其影响因素分析[J]. 中国儿童保健杂志，2013，21(1)：37-39.

⑪ 余小鸣，等. 中小学校健康教育研究(2)：学生健康知信行相关影响因素[J]. 中国学校卫生，2007，28(2)：107-108.

小学生的体质及体检健康状况也应引起相关教育部门的关注。根据教育部《2010年关于全国学生体质与健康调研》的结果公告，视力不良检出率继续上升，并呈现出低龄化的倾向。其中7～12岁小学生的视力不良检出率为40.89%（城市为48.81%，农村为32.98%），16～18岁高中生的视力不良检出率为79.20%（城市为83.84%，农村为74.59%）；学生肥胖和超重检出率也呈现出继续增加的趋势：7～22岁的城市男生、城市女生、乡村男生、乡村女生肥胖检出率分别为13.33%、5.64%、7.83%、3.78%①。此外，北京市2015—2016年《北京市卫生与人群健康状况》（白皮书）的数据显示，中小学生的视力不良率为58.6%，其中男生为55.9%，女生为61.5%；中小学生肥胖率为16.3%，其中男生为20.4%，女生为11.8%，市区学生肥胖率为14.9%，郊区学生肥胖率为18.6%②。其统计结果表明：中小学生的视力不良率和肥胖率与2009年相比，都呈现出了明显的上升趋势。同时，我国中小学生体质和体检数据的现实状况也在一定程度上显现出学校开展健康教育课程实践的紧迫性和必要性。

1. 近十年北京地区中小学生视力不良数据统计分析

依据北京市2009—2018年《北京市卫生与人群健康状况报告》（白皮书）中北京市16个区小学一年级至高中三年级全体中小学校学生的视力体检数据，采用标准对数视力表对学生进行裸眼远视力检查评定，其中任一眼视力<5.0的为视力不良，以"人"为单位计算视力不良率。同时应用SPSS 23.0统计分析软件对近十年的连续性变量进行年度数据聚类，区域性、性别间学生视力不良数据的差异性统计分析，显著检验均为双侧检验（$p=0.05$），研究团队构建了未来北京地区学生视力不良发展趋势的曲线预测模型，从2009—2018年学生视力不良数据的聚类分析结果来看（图1.3），仍可以通过相关的人为干预，有效抑制其变化的发展趋势。近十年间，学生视力不良在各年级分布的特征上表现为邻近年份更具有相似性，其中2014、2015年度低年级学生视力不良比率的发展态势得到有效控制，在聚类分析上同2012年度各年级学生视力不良的比率具有较高的相似性，2009年成为近十年间北京地区学生视力不良发展变化的一个重要分界点，同其他年份在视力不良的统计数据上具有显著性差异，未能在聚类图上进行显示。研究发现，学生群体随着年龄的增加，其视力不良比例仍呈上升趋势。

以往针对儿童和青少年视力不良的研究往往关注单一区域、年级或年龄阶段

---

① 中华人民共和国教育部. 教育部关于2010年全国学生体质与健康调研结果公[EB/OL]. (2013-12-13)[2018-2-5] http://icah.bjmu.edu.cn/article.php? id=307.

② 北京市人民政府. 2016年度北京市卫生与人群健康状况报告[M]. 北京：人民卫生出版社，2017：64-68.

学生群体视力不良的变化状况及影响因素①②③④，较少针对某一区域不同年级、持续多年的大数据进行分析，结合社会背景，分析其产生的根源和发展原因。2009至2018年是中国互联网信息技术突飞猛进的十年，北京地区作为全国经济和文化中心城市，其经济、社会及环境等诸多新因素的融入，使得这一历史阶段学生群体的视力发展状况及因素的分析极具代表性，因此，亟须针对北京地区不同学习阶段、不同区域、性别和时间维度上的学生视力变化进行分析，发现北京地区学生视力不良率在统计学上的属性差异。

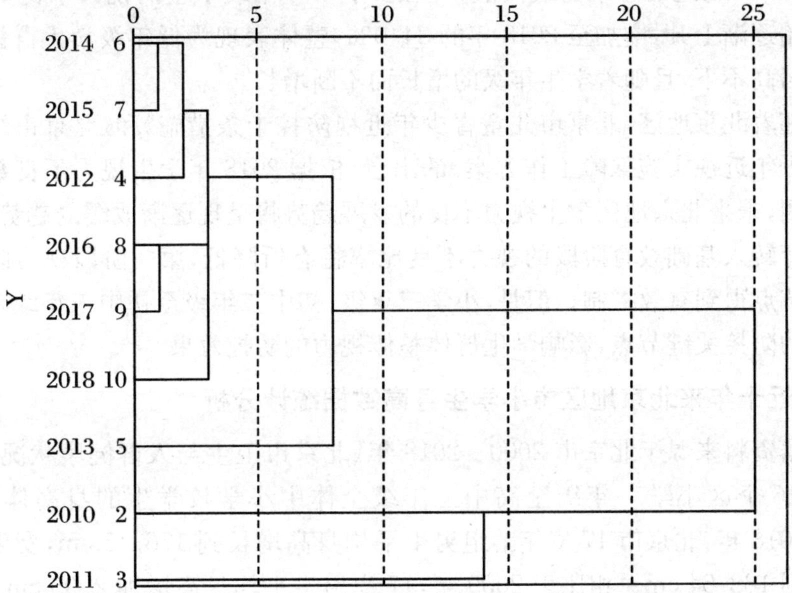

图1.3 2009—2018年各年级中小学生视力不良统计数据聚类分析图

注：不同年份各年级小学生视力不良统计数据看成不同的 n 类，将性质接近的两类合并为一类，再从 $n-1$ 类中进行两类合并，以此类推。

依据十年间北京地区学生视力不良数据的统计结果，其变化趋势同学生学业阶段的晋升具有一致性，学生视力不良防控关口发生前移。以往研究表明，学生视力不良对个体的教育成果、未来职业选择和社会生活均具有重要的影响。近年来，

① 徐晔倩，黄毅. 闵行区学龄前儿童视力低常检出情况及影响因素分析[J]. 中国初级卫生保健，2018，32(2)：18-20.

② 徐扬，吕若然. 2016—2017年度北京市中小学生视力不良现状[J]. 首都公共卫生，2018，12(6)：292-293.

③ 夏志伟，等. 北京市2017—2018学年中小学生视力不良及影响因素分析[J]. 中国学校卫生，2018，39(12)：1841-1844.

④ 许凤鸣，等. 河南省2014年中小学生视力不良现状及影响因素分析[J]. 中华疾病控制杂志，2017，21(9)：879-883，887.

北京地区学生群体视力不良率呈现出低龄化的发展趋势。相比于教育部和原卫生部2000年的调查结果，学龄前儿童视力异常发生率为12.5%～25%，近视眼患病率为2%～6%[①]，依据北京地区2009—2018年学生视力的数据统计结果，小学一年级学生视力不良水平在29.5%～39.1%范围浮动，平均视力不良率已达33.4%。自2014年国家第六次全国学生体质健康调查报告发布，学生视力问题得到社会各界的广泛关注，2014—2017年，小学一年级学生视力不良比率呈现逐渐下降趋势，2015年北京地区学生视力不良递增速率得到有效控制，小学一年级学生视力不良率下降至29.5%，为近五年来的最低值。但是，小学一年级学生的视力不良率在2016年又开始逐渐上升，增加至2018年的34.0%，整体表现为低年级学生群体的视力不良率居高不下，且随着学生年级的增长而不断增长。

而随着北京地区《北京市儿童青少年近视防控十条措施》和《北京市综合防控儿童青少年近视实施保障工作方案》的出台，依据2018年学生视力不良数据进行模型预测，未来北京地区学生视力不良的发展趋势将呈现逐渐放缓的趋势，学生在学前教育转入基础教育阶段的视力不良比率将有所降低，第一阶段视力防控的转折关键节点得到有效控制。但是，小学三年级、初中二年级至初中三年级阶段将成为重要的防控关键节点，影响学生群体整体视力的防控效果。

2. 近十年来北京地区中小学生身高数据统计分析

依据资料来源于北京市2000—2018年《北京市卫生与人群健康状况报告》中北京市16个区小学一年级至高中三年级全体中小学校学生的身高体检数据。2009—2018年，北京市17岁年龄组男生平均身高增长到176.15 cm，女生平均身高增长到163.54 cm。相比于2009年，17岁男生平均身高增加2.95 cm，17岁女生平均身高增加1.77 cm(如表1.4所示)。

表1.4 2009—2018年北京市17岁男女学生平均身高

年份	男(cm)	女(cm)	年份	男(cm)	女(cm)
2009	173.20	161.77	2014	175.03	162.48
2010	174.50	161.90	2015	175.31	162.80
2011	174.30	161.80	2016	175.50	163.10
2012	174.50	161.90	2017	175.70	163.20
2013	174.54	161.97	2018	176.15	163.54

2009—2018年，北京市17岁男生和女生身高比上一年平均增长分别为0.33 cm和0.20 cm。其中2010年男生组增幅最大，为1.30 cm；女生组在2014年

① 石一宁，方严. 在校学生(7～18岁)近视状态的流行病学研究[J]. 临床眼科杂志，2006，14(1)：78-81.

增幅最大，为 0.51 cm。

3. 近十年北京地区中小学生体重数据统计分析

2009—2018 年，北京市 17 岁年龄组男生平均体重增长到 73.50 kg，女生平均体重增长到 58.40 kg(如表 1.5 所示)。

表 1.5 2009—2018 年北京市 17 岁男女学生平均体重

年份	男(kg)	女(kg)	年份	男(kg)	女(kg)
2009	64.77	54.00	2014	71.87	57.54
2010	70.60	56.90	2015	72.59	57.83
2011	70.60	56.90	2016	72.90	58.20
2012	70.50	56.90	2017	72.90	58.20
2013	71.15	57.30	2018	73.50	58.40

2009—2018 年北京市 17 岁男生和女生体重比上一年平均增长 0.97 kg 和 0.49 kg。其中 2010 年男生组增幅最大，为 5.83 kg；女生组在 2010 年增幅最大，为 2.90 kg。

4. 近十年来北京地区中小学生常见病数据统计分析

2009—2018 年，北京市中小学生沙眼检出率数据统计中，男生从 0.77%下降到 0.06%，女生从 0.69%下降到 0.06%，女生沙眼检出率整体高于男生(如表 1.6 所示)。

表 1.6 2009—2018 年北京市男女学生沙眼检出率

年份	男	女	年份	男	女
2009	0.77%	0.69%	2014	0.15%	0.17%
2010	0.44%	0.47%	2015	0.12%	0.13%
2011	0.30%	0.34%	2016	0.07%	0.09%
2012	0.23%	0.26%	2017	0.06%	0.08%
2013	0.30%	0.27%	2018	0.06%	0.06%

2009—2018 年，北京市中小学生中缺铁性贫血检出率中，男生从 3.94%下降到 1.55%，女生从 6.14%下降到 2.77%。女生整体高于男生(如表 1.7 所示)。

(二) 中小学学生健康素养的表现现状

近年来，学生成长发展过程中出现的新问题，也给新时期学校的健康教育提出了新的要求。新生代群体自身所存在的问题逐渐呈现出了新的特点，突出表现为：当前学生在学校学习过程中虽然对相关健康教育的知识有所认识、理解，但在行为具体实施层面并不能很好地履行健康的行为，形成健康的习惯，两者相互剥离，似乎知识只是存在于日常教学的课堂之上，当学生从教室走出来就忽视了健康知识对健康行为的指导。课题组研究团队前期依据国内外学者关于健康教育课程的内容范围和标准的分析，不仅关注了健康教育在提升学生健康素养中的指导价值，还关注了健康教育对学生"全面育人"的影响，依据学生年龄层次的差异，分析了不同学习阶段健康教育对学生个体成长的影响，从整体构建学校健康教育体系的角度来探索学校具体实施健康教育的策略。

表 1.7　2009—2018 年北京市男女学生贫血检出率

年份	男	女	年份	男	女
2009	3.94%	6.14%	2014	2.00%	3.10%
2010	1.60%	3.10%	2015	2.10%	3.00%
2011	1.40%	2.60%	2016	1.80%	2.60%
2012	1.30%	2.20%	2017	1.80%	2.90%
2013	1.46%	2.59%	2018	1.55%	2.77%

研究团队基于 2016—2017 年"北京市中小学生健康素养数据库"中针对安全教育维度的调查抽样结果，根据对在京小学和中学不同学段的分层抽样结果，对学生群体在健康知识、健康技能和健康行为等方面的具体表现及其影响因素进行分析。该问卷的设计覆盖了北京市 16 个区内 48 所学校的小学（三至六年级）、初中、高中部分学生，依据各区县在校学生人数、地理位置（市区、城镇和农村）和学段的差异性，每个区随机选取 3 所学校，在样本学校采用等距抽样法，抽查年级采用等距抽样法，随机等距抽取学生作为研究对象，共发放小学生问卷 5760 份，回收 5632 份，有效问卷 5534 份，有效率为 98.26%（说明：有效问卷率 = 有效问卷数/回收问卷数 = 5534/5632 = 98.26%），其中男生占 50.50%，女生占49.50%。发放中学生调查问卷 4159 份，回收问卷 4108 份，有效问卷 4065 份，有效率为98.95%，其中男生占 51.10%，女生占 48.90%。调查尽可能考虑到学生所在学校分布、家庭特征属性，基本能够代表北京中小学生群体安全意识、技能及行为现状，以健康教育中学生的安全意识、技能和行为层面的数据为依据，发现当前学生健康素养水平具有以下特点①。

1. 健康教育内容存在着学段和区域差异，医疗急救内容偏少

以北京市中小学健康素养调查的现状为例，学生群体在不同的学段呈现出了一定的显著性差异，并表现出一定的区域特点（详见表 1.8）。在小学阶段，不同区

① 徐扬. 关注学生安全问题新变化构建学校安全教育新体系：基于北京市 9599 名中小学生安全教育现状的调查分析[J]. 中小学管理，2019(5)：44-47.

域的学校普遍注重学生在安全用电、火灾逃生、交通安全等方面的健康教育,但是在与气象灾害等灾害教育等方面,医疗急救的内容却相对较少。而近年来网络媒体中所报道的大量急救成功案例表明,学生在学习阶段接受一定的健康急救相关知识,具备一定的急救技能,往往能够在应对紧急情况和危险环境的关键时刻,挽救自己和他人的生命,规避一些安全风险,提高生命保障。由此可见,在学生学习的最佳时期,特别是学生健康教育的启蒙阶段,将健康教育相关的急救知识和技能有意识地传递给学生,能够帮助学生参与健康技能的培养,提升学生健康水平,对学生终身健康都具有重要的意义。特别是关于相关安全应急等急救方面的知识和技能的培养,能够使学生在某种程度上将已有的知识和技能逐渐转变为学生的健康素养,伴随学生的终身成长,并持续传递给所在的家庭。

表 1.8 北京市中小学生在校接受安全教育内容一览表

学期内接受安全教育内容	学段	城区	城镇	农村	χ^2 检验	p
用电安全	小学	81.21%	82.07%	81.87%	0.527	0.768
	中学	52.61%	81.79%	84.33%	10.11	0.006**
食物中毒	小学	73.51%	74.31%	76.58%	4.142	0.126
	中学	64.43%	68.33%	74.50%	31.24	0.000***
火灾逃生	小学	87.82%	88.07%	86.00%	2.988	0.225
	中学	85.70%	85.86%	91.01%	17.946	0.000***
交通安全	小学	84.60%	84.74%	83.27%	2.299	0.317
	中学	82.51%	83.37%	86.10%	6.308	0.043*
气象灾害	小学	56.61%	59.13%	51.76%	13.492	0.001**
	中学	55.40%	59.62%	56.32%	4.606	0.100
地震灾害	小学	76.64%	79.98%	72.36%	18.957	0.000***
	中学	80.53%	83.37%	84.22%	7.584	0.023*
医疗急救	小学	58.30%	58.72%	53.61%	8.575	0.014**
	中学	71.31%	66.40%	67.40%	9.354	0.009**
其他	小学	3.04%	5.25%	3.17%	13.127	0.001**
	中学	4.32%	5.77%	3.66%	5.089	0.079

注:p 值表示自变量的显著性检验值。* $p<0.05$,代表具有统计学差异,** $p<0.01$ 代表具有显著性差异,*** $p<0.001$ 代表具有极其显著性差异。

在地域分布上,中学阶段不同区域的学校普遍减少了在食物中毒方面的安全教育内容,表现为地震灾害和医疗急救内容占比有所提升,但整体占比仍偏低。在区域分布上，如在小学阶段，相比城区和农村学校，城镇学校更加注重对学生在气象灾害、地震灾害方面的安全教育（$p<0.05$）。相比于小学阶段，中学阶段的市区学校在医疗急救方面的教育情况明显好于城镇和郊区学校（$p<0.05$）；如在中学阶段，城镇和农村学校在交通安全、火灾逃生、地震灾害等方面，明显好于市区学校（$p<0.05$）。

2. 学生在艾滋病传播途径认知上尚且存在误区

学生的身体健康状况不仅与学生日常的卫生行为习惯密切相关，同时也与学生在卫生健康方面的意识水平有着紧密的联系。学生只有知晓了相关疾病传播的途径和原理，时刻提醒自己采取健康的行为，才能建立健康的卫生意识与日常卫生行为习惯之间的“连接”，实现从学生健康卫生意识到学生卫生行为习惯的转换。艾滋病作为当前中小学阶段预防宣传频率较高的卫生健康教育主题，学生对其传播途径仍然存在一定的认识误区。调研结果显示：小学阶段三至六年级的学生群体中有60.9%的小学生能够辨识出正确的传播途径，知道艾滋病是通过与被感染者的体液或者血液接触，如性接触、输血、器官移植等途径来进行传播的。但是，仍有高达22.1%的小学生认为艾滋病是通过空气，比如咳嗽、打喷嚏等行为进行传播的，另有14.9%的小学生并不知道艾滋病是通过何种途径进行传播的。此外，分别还有1.2%和0.9%的小学生选择了艾滋病是通过“偶尔一次与被感染者握手”或“通过电话机、门把手或体育设施”来进行传播的。同小学阶段相比，82.4%的中学生能够正确认识其传播途径，可能与初中阶段已接受过《生物》课本中“人体”“传染病”或其他学科渗透的相关知识有关。但是仍有16.2%的中学生认为艾滋病是通过空气、咳嗽、打喷嚏等行为进行传播的，甚至仍然有1.4%的中学生认为艾滋病可以通过“偶尔一次与被感染者握手”“通过电话机、门把手或体育设施”等来传播。

此外，值得注意的是在关于艾滋病传播途径的认知中，小学阶段学生在此类传染病的意识认知层面上存在显著的性别差异，其中男生正确率为58.95%，女生为63.02%，女生高于男生（$p=0.002<0.01$）；在不同区域的分布上则呈现出市区（62.78%）＞城镇（60.49%）＞农村（56.65%）的状况，且小学生对传染病的健康防护意识具有区域分布的统计学差异（$p=0.036<0.05$）。区别于小学阶段，中学阶段在该问题的选择上不具有性别上的统计学差异（$p=0.104>0.05$）；同时，在不同区域的分布上具有统计学差异（$p=0.026<0.05$）：城镇（86.12%）＞市区（81.62%）＞农村（80.21%）。

3. 中小学生健康行为习惯表现存在学段和性别差异

特别是2019年末“新冠肺炎”疫情发生以来，全国人民在抗击疫情的同时也进行了很多深刻的反思，学生日常健康行为习惯的养成成为重要议题。那么当前一线城市中小学生的卫生健康的现状又如何？学校应该在哪些方面重点关注学生日常的卫生健康习惯、改善学生的日常的健康行为？并以此作为依据，来推进和改善卫生健康教育方面存在的薄弱环节，开展有效的学校健康干预。课题组依据2016—2017年“北京市中小学生健康素养数据库”中“疾病与预防”维度的抽样调查结果，分析发现，近年来，以北京地区为例的中小学生群体在卫生健康习惯方面的表现存在一定的问题，相关的影响因素值得分析和探讨①。

（1）中小学生日常卫生健康行为习惯的总体表现

从调研的整体数据来看：中小学生“疾病与预防”领域的卫生防护技能和行为习惯方面所应具备的健康素养均有待提升。首先，中小学生在传染病传播途径密切相关的“咳嗽、打喷嚏时及时遮掩口鼻”和“不随地吐痰”等方面的卫生行为习惯有待改进，表现为学生实施对应卫生行为的比率偏低（小学生平均为75.6%和80.5%；中学生平均为83.7%和83.5%）；其次，在与日常健康相关技能的培养方面，学生在“不乱扔垃圾”和“不共用毛巾等洗漱用品”方面亟须关注（小学生平均为77.5%和64.9%，中学生为80.1%和73.1%）；最后，在与中小学生生活密切相关的卫生行为习惯方面，中小学生也普遍存在“饭后漱口”、经常洗澡比率低的现象（小学生平均为50.6%和68.2%，中学生平均为51%和77.4%）。

（2）中高年级学生口腔卫生问题值得关注

特别是学生“饭后漱口”所引起的口腔卫生问题需引起家庭和学校的重视。以往针对中小学生龋齿率影响因素的研究表明：较高年龄学生产生恒牙龋齿的危险因素往往与学生的刷牙频次、饭后刷牙、咀嚼习惯等行为习惯相关；较低年龄学生产生乳牙龋齿率与学生的刷牙频次、饭后漱口行为习惯等因素具有密切联系。②③④依据本次调查问卷的统计结果，学生群体普遍表现出“饭后漱口”行为习惯比率偏低。同时，依据《北京市2017年卫生与人群健康状况报告》的统计结果，2016—2017年北京市中小学生平均恒牙的龋齿率高达15.9%，且随着学生年级递增呈现上升趋势（高中31.6%＞初中25.1%＞小学9.7%）。可见，学生在午餐或学校自行加餐后的时间阶段，如未刷牙或漱口等，将可能导致口腔内部变形链球菌、放线菌等相关微生物的滋生，最终导致龋齿的发生。因此，结合以往的研究结论，推测学生“饭后漱口”行为习惯的缺失，可能是导致学生龋齿率逐年增高的重要因素之一。

（3）中小学生卫生习惯呈现性别和学段差异

调研结果还显示，小学生各项卫生健康行为习惯在不同性别上均呈现出显著

① 徐扬. 近万份问卷调研结果显示：一线城市中小学生健康素养仍待提升[J]. 中小学管理，2020(4)：43-45.

② 曹若湘，符芸. 北京市中小学生龋齿流行病学调查及影响因素分析[J]. 中国学校卫生，2005(10)：863-864.

③ 刘爱华. 儿童龋齿的发病影响因素与预防方式探究[J]. 中国农村卫生，2018(16)：86-87.

④ 田艳影，刘宏升，杨琼. 儿童龋齿的发病原因及影响因素研究[J]. 医学理论与实践，2019，32(23)：3799-3800，3798.

性差异（$p<0.01$）（如表1.9所示），且女生在卫生健康的意识、技能和行为习惯方面均好于男生；且随着年级的增长，中学生在日常健康卫生的意识、技能和行为习惯方面则呈现出与小学生不一样的特征，除一些常见的健康卫生习惯方面（诸如勤洗手、常洗澡和饭后漱口）不再具有性别差异，其他卫生健康习惯仍保持原有的显著性性别差异（$p<0.01$）。此外，中小学生在卫生健康行为习惯方面也呈现出明显的学段差异，以不共用毛巾和洗漱用品为例，随着学生自我认识能力和独立性的增强，中学生自我健康维护的意识有所提升，并反映在日常的卫生行为习惯之中。但是，在公共健康卫生防护方面的意识未见明显提升，以“不随地吐痰”比例为例，中学阶段较小学阶段男女生实施该行为的比例分别下降7.06%和5.85%。

表1.9 北京市中小学生卫生意识、行为习惯性别差异一览①

卫生习惯	学段	男生	女生	χ^2 检验	p
勤洗手	小学	82.01%	86.98%	26.559	0.000***
	中学	85.08%	84.84%	0.050	0.828
常洗澡	小学	66.18%	70.26%	10.865	0.001**
	中学	77.83%	76.86%	0.565	0.459
早晚刷牙	小学	81.18%	87.19%	38.192	0.000***
	中学	86.35%	91.97%	33.790	0.000***
饭后漱口	小学	48.44%	52.77%	10.608	0.001**
	中学	51.95%	50.02%	1.545	0.215
不共用毛巾和洗漱用品	小学	59.64%	70.20%	68.872	0.000***
	中学	78.78%	88.53%	71.819	0.000***
不随地吐痰	小学	75.58%	83.74%	36.436	0.000***
	中学	68.52%	77.89%	46.415	0.000***
不乱扔垃圾	小学	74.08%	80.86%	37.117	0.000***
	中学	77.55%	82.87%	18.422	0.000***
咳嗽、打喷嚏时及时遮掩口鼻	小学	71.31%	79.87%	55.964	0.000***
	中学	79.62%	87.89%	51.889	0.000***

注：p 值表示自变量的显著性检验值。* $p<0.05$ 代表具有统计学差异，** $p<0.01$ 代表显著性差异，*** $p<0.001$ 代表具有极其显著性差异。

① 徐扬．近万份问卷调研结果显示：一线城市中小学生健康素养仍待提升[J]．中小学管理，2020(4)：43-45.

(4) 中小学生遭受伤害原因呈多元化发展趋势

通过对2016—2017年造成学生重大人身伤害的数据结果进行分析,发现中学生由于体育运动遭受重大伤害的比例高达17.90%,由于家长体罚和烫伤造成重大伤害的比例均为1.50%,由于交通事故和同学间纠纷打架造成重大伤害的比例均为0.70%;因其他原因受到重大伤害的比例高达18.70%,可能与校园欺凌、户外活动损伤等有关。这说明随着社会发展,威胁学生人身安全的因素呈现多元化趋势,甚至有些已经成为学生人身安全的"隐形杀手"。例如,问卷中针对中学生搭乘顺风车、出租车等陌生人车辆的调查结果表明,有58.20%的学生有过搭乘经历,虽然其中有41.00%的学生会通过乘坐前将车牌号告知父母或家人、实时分享或电话告知位置及车辆信息等方式进行危险预防,但是仍然有17.20%的学生认为搭乘行为应该很安全,不用采取任何行动,这显然会埋下安全隐患。

以上两个部分内容分别介绍了当前中小学学生在身体健康状况及健康素养方面反映出来的学生健康问题。选择这两个与学生健康生活密切相关的维度进行分析,本质上是因为这些数据在一定程度上也反映出学校在教育的过程中非常重视学生学业水平的发展,却经常忽视了学生存在的身体及心理相关问题,并没有从本质上认识到健康教育的有效实施与开展能够在一定程度上促进学生的全面发展。

实践案例3 健康教育对学生学业发展的辐射效应[①]

曾经有一位参与健康教育实践的教师讲过这样一个案例:

这位教师的初中班级里有一位上课调皮的学生,"以往课堂表现并不理想,他会在上课的时候看课外书,把自己裹在窗帘里面,下午上课的时候才开始吃中饭……"这样的现象在很多一线教师的叙事研究案例中都有过描述,和家长沟通几次效果也并不理想,学科教师们对于这样的学生经常显得束手无策。而当这样的教学现象离开了原有的学科教学情境,可能就会出现不同的转机。年级组的老师们没有放弃这个孩子,开始去发掘这名孩子身上的优点:例如他喜欢踢足球,喜欢唱歌,特别是英文歌,希望能够给他一个展示的机会。

初一下学期的时候,年级组织英语节,每个班级都要出一个节目,英语老师推荐这个学生还有这位同学班级里另外几个"淘气包"一起表演一个英语合唱节目。起初,老师们对演出的结果并没有抱太多的期望,但是孩子们还是给老师和同学们带来了巨大的惊喜,他们选了一个和足球有关又熟悉的英文歌曲,自己组织、联系,表演前还很精心地设计了服装,每个人穿着不同球队的队服,认真专注的神情很让在场的所有观众动容。也让更多的老师意识到,很多时候这些孩子需要老师更多

① 案例来源:北京市海淀区教师进修学校附属实验学校,胡彬。

的鼓励和包容,不应该、也不能用统一的标准去衡量每一个学生。

再后来,老师们和孩子沟通了有关学习和踢球的问题,降低了其在学习上的一些要求,支持这位学生在学校建立足球社团,参加足球比赛,学生最后如愿考上高中和大学。很难想象,如果没有这次展示机会,学生的改变何时才能发生。以往教师将更多的关注聚焦于学生在课堂听课过程中的具体表现,却忽视了教学环节设计与学生现有阶段心理认知的匹配,未能让学生在学习过程中体会成功的喜悦。

因此,健康教育内容的融入不仅是刻意地让教师给学生讲健康,而且是让学生更多、更好地体验这种来自健康的幸福感。同时,让更多的教师在设计和研发健康教育课程的过程中,能够从教学事件发生的多个维度去关注学生个体的发展,提供机会给那些看似有问题的学生,激发学生潜在的学习动力,认识到学生成长的不同层面,为教师解决众多难点问题提供了更为有效的一种途径,也更有利于教师去反思教学过程,了解学生,去关注学生背后原生家庭等诸多因素对学生的影响。

(三) 中小学学生家庭健康教育的现状

近年来,对学生健康教育的研究也逐渐从关注学校转向了关注学生,并进一步过渡到了学生所在的家庭,从家庭教育的视角来思考学生健康素养水平发展相关因素的影响。以往学校在学生健康素养提升过程中具有引领和指导的重要价值和作用,能够通过丰富的课程体系实现对学生健康素养水平的提升,并在一定程度上产生健康教育的辐射效应,帮助学生所在的家庭核心成员改变某些日常不健康的行为和习惯,实现以学校为中心的健康教育及健康促进作用。此外,更多的研究和证据也开始表明:在儿童、青少年时期,特别是学生所在原生家庭成员对其产生的显性健康教育及隐性健康教育都对学生的健康成长具有重要的影响。其中,显性健康教育是指学生所在家庭中的成员在日常生活中,能够对儿童、青少年日常行为和活动所表现出来的行为进行有意识的指导、建议和干预。而隐性健康教育,则是指在实际的日常生活中难以被儿童、青少年所察觉到的一些家庭成员表现,往往来源于家庭成员语言、生活习惯等行为对儿童、青少年"潜移默化"的影响。这两种不同形式的健康教育模式,虽在外在表现形式上有所差别,但本质上都是在学生个体与家庭成员日常亲密的接触中逐渐形成的,更容易在儿童性格和健康习惯形成的早期阶段,定植于学生思想意识体系当中,后期干预及改变的难度大。特别是儿童、青少年成长过程的早期阶段,家庭的基本抚养模式对于其健康素养的形成具有重要的影响,相比于双亲抚养模式下的家庭结构模式,单亲家庭及隔代抚养家庭模式中的学生群体产生不健康、不安全行为的比例会更高,值得引起社会及教育领域的关注。

1. 家庭因素对学生健康教育(安全教育维度)的影响

根据课题组前期针对北京地区学生健康素养问卷的调研数据,部分家庭安全教育缺失以及家庭抚养模式影响学生早期健康意识与行为①。除了学校教育外,学生接受安全教育水平也与家庭教育有着密切关系,同时呈现出不同的年级差异(如表1.10所示)。统计结果显示:在小学和初中阶段,学生家长"很少"和"从来没有"对孩子进行安全教育的比例分别高达19.40%和25.70%。同时调研结果还显示,长期单亲抚养(包含单亲家庭及长期同父母一方共同居住的家庭结构模式)或隔代抚养是影响学生群体早期不安全意识和行为的重要原因。以小学阶段为例,与双亲抚养模式中的男生相比,长期单亲抚养模式中的男生更易发生走路戴耳机、看手机等危险行为($p<0.05$),而这些都是造成交通事故伤害的潜在隐患。

表1.10 不同学段男女生交通安全行为表现及其家庭抚养模式影响分析

行为表现	学段	男生 双亲抚养	男生 单亲抚养	男生 隔代抚养	男生 χ^2检验	男生 p	女生 双亲抚养	女生 单亲抚养	女生 隔代抚养	女生 χ^2检验	女生 p
走路戴耳机	小学	5.60%	10.1%	11.5%	14.474	0.001**	7.72%	6.85%	8.84%	0.521	0.771
	中学	24.79%	28.86%	28.21%	1.602	0.449	32.13%	46.58%	38.64%	13.274	0.001**
走路看手机	小学	0.96%	8.85%	5.41%	10.934	0.004**	0.70%	4.84%	3.40%	0.002	0.999
	中学	15.27%	18.79%	20.51%	2.708	0.258	18.26%	31.51%	22.73%	15.565	0.000***
闯红灯	小学	2.84%	3.54%	1.35%	1.597	0.450	1.85%	2.02%	2.72%	0.58	0.748
	中学	8.83%	8.72%	15.38%	3.926	0.140	5.65%	8.22%	9.09%	2.428	0.297
马路打闹	小学	2.22%	2.65%	0.08%	3.599	0.165	0.94%	0.40%	4.08%	14.119	0.001**
	中学	4.79%	3.36%	10.26%	5.628	0.060	3.56%	2.05%	9.09%	4.863	0.088

注:p值表示自变量的显著性检验值。* $p<0.05$代表具有统计学差异,** $p<0.01$代表显著性差异,*** $p<0.001$代表具有极其显著性差异。

特别是在疫情常态化的背景下,儿童、青少年都经历了一定阶段的居家学习,一方面学生整体的学习环境在一段时期内彻底转变为家庭所在的处所,家长的日常行为、习惯,特别是家长与学生日常交流的方式都有可能在一定程度上影响学生在这一阶段健康意识的形成;另一方面,学生同家长或监护人之间的亲子关系也在一定程度上对特殊时期学生的心理发展产生了影响,家长在疫情防控期间,在某种程度上还要对学生的学业发展情况进行监督和管理,在某种程度上的"越位"和角色变化,从以往学生亲属的角色变为教师,如处理不当,就会导致部分亲子矛盾的

① 徐扬. 关注学生安全问题新变化构建学校安全教育新体系:基于北京市9599名中小学生安全教育现状的调查分析[J]. 中小学管理,2019(5):44-47.

升级，成为疫情所带来的特殊影响。此外，学生在居家学习期间，与家人交流，主流媒体健康信息等成了学生在这一特殊阶段获取健康信息的一个重要来源，家长需要关注这一时期学生获取健康教育的途径，帮助学生了解进行健康信息筛选、甄别的途径，提供一些安全、具有权威性的检索网站，增加与学生的沟通和交流的频次，对学生浏览和获取的外源信息进行正确的价值观引导，疏解由于疫情所带来的负面情绪，及时了解学生的情绪变化。但是，由于家长群体原有健康素养水平的差异，家长要在帮助和引导学生的同时，进行自我行为监督和评估，当事件的处理难度已经超越了家长的干预能力及范围时，一定要及时向孩子所在学校及专业的心理机构进行咨询，寻求帮助，避免不正确、不科学的引导所带来的负面效应。

2. 家庭因素对于中小学生卫生习惯的影响

学生的卫生健康习惯也在一定程度上受到家庭抚养模式及家庭结构的影响，且双亲抚养家庭孩子的整体表现优于单亲抚养和隔代抚养家庭的孩子，单亲抚养和隔代抚养的孩子之间则表现为差异不大。以小学阶段为例，在“不共用毛巾和洗漱用品”“咳嗽、打喷嚏时及时遮掩口鼻”两个事项中，双亲抚养家庭学生占比显著高于单亲抚养和隔代抚养家庭的学生，且具有显著性差异（$p<0.01$）。而在其他健康卫生行为习惯方面，学生群体则随着年级的增高，其所受家庭影响有所减弱。中学阶段，学生仅在“常洗澡”“早晚刷牙”两项习惯中有所差别，表现为双亲抚养家庭中的学生实施健康卫生行为习惯的占比显著高于单亲抚养和隔代抚养家庭中的学生（$p<0.01$），而其余卫生健康习惯则表现为差异不大（详见表1.11）。统计结果显示，学生早期卫生健康习惯的形成还与家庭组成结构有关。如在小学生群体中，独生子女家庭学生在“早晚刷牙”“不共用毛巾和洗漱用品”“不随地吐痰”“不乱扔垃圾”方面明显好于非独生子女家庭学生，且具有统计学差异（$p<0.05$）。

表1.11 中小学生日常卫生习惯受家庭抚养模式影响分析

卫生习惯	学段	双亲抚养	单亲抚养	隔代抚养	χ_2 检验	p
勤洗手	小学	85.08%	80.46%	81.54%	9.243	0.010*
	中学	85.45%	79.39%	82.79%	8.313	0.016*
常洗澡	小学	68.78%	64.66%	66.11%	4.13	0.127
	中学	78.20%	69.26%	73.77%	13.507	0.001**
早晚刷牙	小学	84.79%	80.25%	81.88%	8.142	0.017*
	中学	89.79%	83.78%	83.61%	14.271	0.001**
饭后漱口	小学	50.90%	45.95%	54.03%	5.735	0.057
	中学	51.74%	45.61%	45.08%	5.946	0.051

续表

卫生习惯	学段	双亲抚养	单亲抚养	隔代抚养	χ_2 检验	p
不共用毛巾和洗漱用品	小学	65.98%	58.42%	58.05%	17.485	0.000***
	中学	83.86%	83.12%	78.69%	2.378	0.305
不随地吐痰	小学	80.94%	77.96%	77.85%	3.903	0.142
	中学	73.43%	70.27%	68.85%	2.527	0.283
不乱扔垃圾	小学	78.12%	74.43%	72.48%	7.963	0.019*
	中学	80.68%	77.03%	72.13%	7.402	0.025*
咳嗽、打喷嚏时及时遮掩口鼻	小学	76.26%	68.61%	75.50%	13.891	0.001**
	中学	83.89%	84.80%	77.05%	4.314	0.116

注：p 值表示自变量的显著性检验值。* $p<0.05$ 代表具有统计学差异，** $p<0.01$ 代表具有显著性差异，*** $p<0.001$ 代表具有极其显著性差异。

因此，对学生群体在家庭环境中开展适当而有效的健康教育，对学生自身未来的成长有着重要的意义和价值。特别是在新冠疫情的背景下，良好的家庭氛围及适度的健康教育有利于学生采用一种更加积极和主动的态度来应对所面临的困难，促进问题的解决。但是，家长群体普遍忽视了家庭关系、日常健康行为示范等健康教育相关因素对学生个体幸福成长的影响；重理论知识、轻能力的培养模式仍然存在，参与健康教育的家庭数量往往十分有限；很多家长缺乏同孩子之间的日常交流，不清楚学生现阶段的心理和生理状况，特别是对学生情绪的调节缺少相应的应对策略；即使有一部分家长能够意识到健康情绪对学生健康生活的作用，但是自身却不知应该采用何种策略进行正确的引导。可见在家庭健康教育的环境中，接受健康教育的群体不仅包括学生，同时还包含其所在家庭的监护人，家长同样需要对自身健康素养的水平提出新的要求，才能使得家庭层面的健康教育获得更为有效的实施效果。因此，营造完善的、合理的、优化的家庭健康教育氛围不仅是增进健康教育实施效果的重要举措，还是提高中小学生健康素养水平的重要实施策略。以上家庭教育策略的实施，对于学生适应未来生活，形成必要的核心素养和掌握关键的能力有着重要的意义。

在新冠疫情期间，众多的中小学校均设置了与之相关的卫生健康教育科普课程，这些课程不仅面向学生，还面向学生所在的家庭成员，在一定程度上弥补了家长在辅助实施健康教育过程中的不足。一些学校开展了以相关学科为载体的卫生健康教育科普课程，其中，北京市第三十九中学以“新冠肺炎”为主题，依托生物组教师的专业背景，在各年级、课内外开展了具有年级层次递进的健康卫生教育，聚焦疫情中的卫生防控；也有一些学校通过“家校合作”的模式，促进学生的自主学习，例如，北京师范大学附属中学就通过年级组向家长们推送了“致家长的一封信”，同时借助公众号发送“新冠肺炎”的专题宣传。另外，也有一些学校通过多学科的融合形式开展疫情防控期间的卫生健康教育，以广州市海珠区第二实验小学为例，将卫生健康教育同德育课程相结合，开设网络专题讲座《怎样应对孩子对病毒的“十万个为什么”》，同时，鼓励学生通过自主学习，为学生提供了“瘟疫与人”系列专题的学习资源包，包含与“新冠肺炎”相关的绘本、讲座课件和电子书等。

第三节 中小学健康教育课程实施模型的理论基础和内涵

学生健康素养的提升不仅需要依靠社会为他们提供制度保障，更依赖学校高质量健康教育课程实施模式的具体落实。在一线学校具体转化的过程中，健康教育课程实施理论框架的搭建将有利于学校对健康教育课程体系的整体规划，明晰学校健康教育课程实施过程中的多重影响因素。

一、中小学健康教育课程实施模型构建的理论基础

传统意义上的健康教育主要是指应用一定的教育技术原理，为学习者提供获取科学的健康知识、树立健康观念、掌握健康技能的机会，帮助他们做出有益健康的决定，并能够有效和成功地执行有益于健康的行为和方式的过程①。在外在形式上，健康教育能够提供有利于学习者自身健康发展的外部条件，使得学习者能够在一定的环境条件下，获得改善和促进健康的机会，并通过引导的形式，帮助学习者完成自主学习，使其能够在日常生活和实践的过程中做出有利于健康的行为。在本质上，则是以学习者在主观层面上的改进和自我日常健康行为作为根本，是学习者将学习成果外显的一种方式，并对自身日常健康行而外化的过程，并能够对周边的人群、社区及社会产生相互作用的行为。因此，健康教育课程实施模型构建的初期，研究团队首先需要判定健康教育理论在向实践转化的过程中，不同的健康教育参与者和影响因素是如何实现这一过程，并持续推动学生个体改善其健康行为的。

以往研究认为一个完整的健康教育体系应该具备以上四个重要的因素(图1.4)，既含有健康教育的实施主体和客体，又含有实现这一过程的重要影响因素，分别为健康教育的学习者、健康教育的活动、健康教育的教学者以及健康信息的获取。不同元素之间的逻辑关系及结构决定了健康教育的具体实施效果，也在一定

① 傅华.健康教育学[M].3版.北京：人民卫生出版社，2017：8.

程度上决定了学习者健康素养的水平。

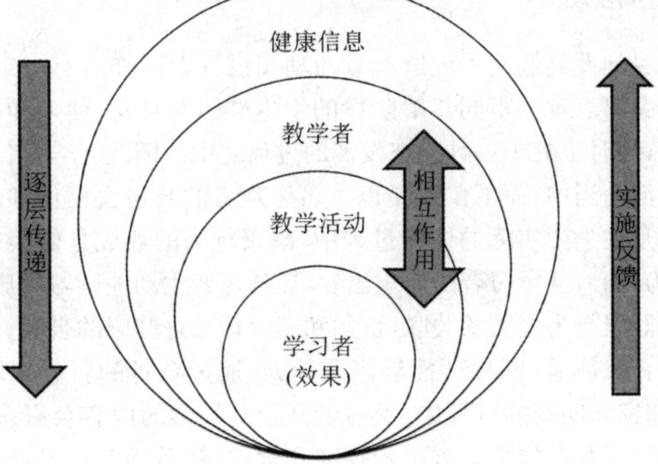

图 1.4　健康教育四个重要因素之间的相互关系

（一）健康信息的获取

依据模式图中不同元素之间存在的逻辑与递进关系，以往学习者从外界获取的健康信息往往是庞杂和无序的，一般包括生长发育、健康保健、疾病治疗、管理康复等多个相关主题，同时这些信息中也夹杂着伪科学的信息，一般的学习者很难从庞杂的健康信息中获取对自身健康成长有价值的信息。而这样庞杂的信息如果想以一种更为高效的途径和方式传递给学习者，并在学习者的头脑中形成健康的意识，往往需要具有一定经验的教学者作为具体的实施主体，在学习者学习的初期或者低龄阶段，帮助学习者对杂乱无序的信息进行整理、筛选和甄别，实现"去伪存真"的过程。

（二）教学者

在广义层面上，教学者可以是医院医务工作者、社区卫生相关的工作人员、学校健康教育的专职工作人员；在狭义层面上，学校教师、家长群体往往是学校实施健康教育的重要主体。因此在一定程度上，教学者自身的健康素养水平以及健康知识的迭代速度就成了学生健康教育实施效果的基本保障。相对于广义范围内实施的健康教育，学生接受的健康教育更多地来源于学校的教学活动，主要以学校内的课程作为健康教育的重要载体，通过课堂的讲授、实际演练与参与，对相关健康的知识有所了解，形成一定的健康技能，并具有维持和改善自身健康的能力。因此，学校场景中健康教育的发生更多的是教学者与学习者通过彼此之间的活动进行相互连接，并通过活动的形式，对健康信息进行吸纳，成为自身健康意识的组成部分。

（三）教学活动

学习者自身的差异性使得健康教育活动在设计上同样具有一定的年龄、性别和群体差异。突出表现为不同年龄阶段的学生群体对自身、他人和社会的认识熟悉程度不一致，同时也处于一种动态发展的过程之中。因此，学习者更倾向于参与到健康教育的活动当中，而不仅仅是以一名旁观者的身份去模仿和观摩他们的行为过程。特别是在学生实际的体验过程中，健康行为的养成是健康教育的最终目标，以学习者为核心，从学习者的需求出发，让学习者主动地学习健康知识，寻找健康知识与自身健康行为之间的关联，认知和理解什么是健康的自我，这种状态不仅是一种良好的自我体验，同样还能够惠及他人，通过自身的行为来影响周围的事物。此外，在探究和明晰的过程中，学习者开始对教学的内容会有多种反应，有的是质疑，有的是认同，有的是想进一步探究和理解，然后随着学习者对学习内容的理解，这种初步的接触逐步从浅层的认知转为深度的认知，学习者采纳的是一种接受的过程；对于质疑的部分，学习者会产生认知冲突，在认知冲突越来越激化的过程中，学习者为了获取认知层面的平衡，开始不断地通过辨析和澄清的过程，逐渐树立正确的价值观，并逐渐转变为一个更为深入和内化的过程。两者在实现路径上虽然具有一定的差异，但是在实现的根本目标上却具有一定的相似性，且都发生在教学活动的过程之中。

（四）学习者反馈

在整体的模型体系构建中，外在的健康信息最终内化为学生日常的健康行为往往需要通过学习者的自我内化得以实现，并通过一定的反馈最终回归到整体健康教育的体系之中，来进行系统的整体调适与整合。如果学习者的行为在一定程度上存在误区，或者具有不良的行为习惯，也会在一定程度上反馈出整体系统存在的问题，促进健康教育实施的主体开始对各个关键因素进行审查和调适，发现其中存在的问题，尝试寻找其中的平衡点。基于以上对健康教育及重要因素的认知和理解，人们一直在寻找适合学校环境体系顺利运转的健康教育模式。其中涉及多个类别的健康理论体系，大部分与学习者的健康行为相关，其中著名的理论包括理性行动与计划行为理论、健康信念理论以及阶段变化和社会认知理论。这些理论的核心思想都强调了学习者要通过学习意识的改变，最终推动现实行为的改变。但究其根源，普遍得到人们共识的是认知决定了态度，而态度则决定了行为模式的改变。其运作的复杂性也决定健康教育的具体实践难以利用某一种理论独立和体系化地将健康教育所蕴含的价值和内容进行完整地阐释和覆盖。

因此，依据近年来学者詹姆斯·O. 普罗恰斯卡（J. O. Prochaska）和卡罗·

C.迪克门特(C. C. Dicenment)二人所提出的跨理论模式原理(transtheoretical model,TTM),从更为宏观的视角,通过不同模式间的借鉴和整合,来审视健康知识如何转变为健康行为。该理论强调健康行为的改变是一个动态的过程,并具有一定的阶段性,每一个阶段呈现不同的特征,且一个新行为的产生,往往需要运用不同的方法和策略,经历不同的改变阶段,以此辅助新行为的发展与建立①②。同时,健康教育实施的模型理论也进一步体现了个体在采纳和维持某一健康行为过程中往往要受到多重因素的共同影响③。

二、中小学健康教育课程实施模型的内涵和解析

基于大量实践研究的经验,由于不同国家、地区所具有的文化、历史背景具有诸多差异,中小学健康教育课程实施模型的构建并不能完全依赖某一个国家或者地区的成功经验进行完全的照搬或复制。因此,在我国已有的学科课程标准和《纲要》内容的基础上,整合已有课程实施过程的经验,课题组研究团队提出了具有中国本土化特色的健康教育课程实施的"三角结构模型"④。模型的整体设计不再局限于已有课程的实施模型——仅将模型的整体结构划分为课程目标、课程内容和课程评价三个部分,而是将健康行为的养成纳入课程实施模型的组成部分,强调健康教育的实施效果是学习者不断学习、体验,形成自身健康观念、技能、价值观等层面综合素养的结果。同时,课程实施模式在持续推进之后,学生健康行为的表现也能在一定程度上反馈出课程实施模式的类型与实施主体学校相互匹配度,帮助学校依据学生具体行为的改善效果,动态调整课程实施主体与课程内容之间的关系。

(一) 中小学健康教育课程实施模型的内涵

中小学健康教育课程实施模型(如图 1.5 所示),一是建立了以健康素养为中心的基础理论体系,即健康教育的核心是要提升全体学生的健康素养水平;二是形成了以《体育与健康》课程标准,《中小学健康教育指导纲要》和《中小学心理健康教

① Prochaska J O, Velicer W F. The transtheoretical model of health behavior change[J]. American Journal of Health Promotion, 1997, 12(1): 38-48.

② Dicement C C, Prochaska J O. Toward a comprehensive, transtheoretical model of change: stages of change and addictive behaviors[M]//Miller W R, Heather N. Applied clinical psychology: Treating addictive behaviors. New York: Plenum Press, 1998: 3-24.

③ Manganello J A. Health literacy and adolescents: a framework and agenda for future research[J]. Health Education Research, 2008, 23(5): 840-847.

余小鸣. 学校健康教育与儿童青少年健康素养的促进[J]. 中国学校卫生, 2013, 34(8): 897-899.

Benes S, Alperin H. The essentials of teaching health education: curriculum, instruction, and assessment[M]. Champaign: Human Kinetics Publishers, 2016: 8-40.

④ 徐扬. 健康教育课程创新实施模式的探索与实践[J]. 中国教育学刊, 2019(7): 73-79.

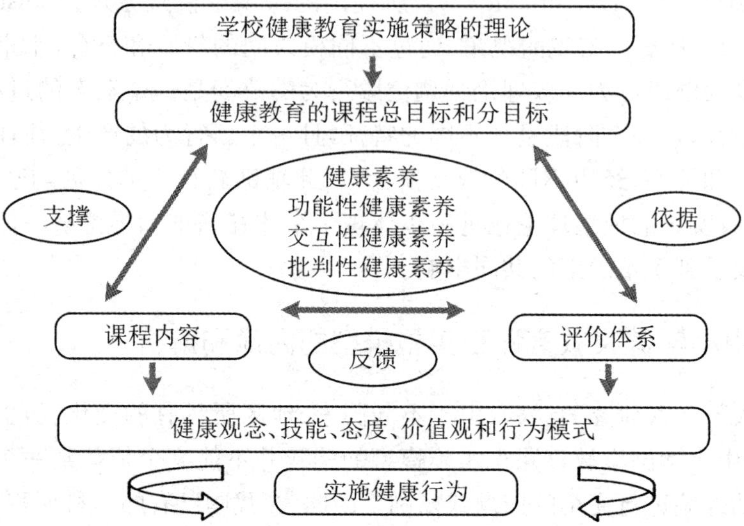

图 1.5　健康教育课程实施模式的"三角结构模型"

育指导纲要(2012 年修订)》等为引领的培养目标，希望通过不同层面的课程和教学形式为健康教育的顺利实施和开展提供重要的保障。以北京地区为例，2019 年 6 月，北京市教育委员会颁布了《北京市中小学健康教育指导纲要(试行)》，对基础教育阶段的学校健康教育目标、原则、内容、实施路径和保障机制等提出了明确要求，目标在于通过健康理念在课堂教学中有效落实，以此提升中小学生的健康素养水平；三是形成了具有年级分布特征的内容体系设置，即学生在不同的学习和认知阶段通过不同课程的支撑，达到健康知识的普及和传递，例如，学校往往通过小学阶段的《品德与社会》、中学阶段的生物和体育课程作为实施的载体；四是逐渐补充了课程评价体系，即通过课程评价体系的确立，让学校、家庭及社会来了解学生当前的健康素养水平的现状。

(二) 中小学健康教育课程实施模型的解析

健康教育课程实施模型的推进具有一定的阶段性与协同性，健康教育课程实施首先需要实施团队对学校健康教育的总目标和分目标进行具体的确定和落实，匹配学生现阶段的心理、生理和社会适应的需求，并以此作为课程内容选择的重要依据和评价体系构建的基础；其次，课程内容的具体选择和实施是健康教育课程目标落实和转化的重要载体，涵盖了健康行为与生活方式、疾病预防、生长发育与青春期保健、安全应急与避险四个方面，为学校健康教育课程从目标到实践转化提供了丰富的内涵，并通过不同主题的组合，实现不同健康教育内容的主题。此外，课程评价体系还可以从多个层面反馈影响学生健康素养的多重因素，促进课程目标和内容的优化调整，帮助学校、家庭、学生个体发现自身在健康教育领域存在的问题和突出的矛盾：一方面，目标的设定为课程评价体系的确立提供了重要的依据；另一方面，学生健康素养的水平受到学校教学、家庭以及同伴间的相应影响，课程评价体系的构建也为课程内容的调整和落实提供了动态反馈。由此可见，健康教育课程实施模型的四个组成部分彼此间存在"以始为终，循环往复，互为支撑，互为依据，互为反馈"的关系。课程目标对课程的整体实施具有明确的导向性作用，课程设置的总体目标对于分目标进行统摄，便于不同学科教师在课程主题设置中的相互配合。分目标则分别指向不同的并通过课程目标、内容和评价间的动态改变和促进过程，使学生的健康观念、技能、态度和价值观得以发展。

但是，随着近年来学校健康教育新问题的不断涌现，学生在心理等方面存在的新问题也逐渐成为当前社会普遍关注的热点，特别是在后疫情时代的特殊背景下，学生脱离了原有熟悉的线下学习环境，经历了一定时期的居家学习，在这一段时间范围内，在人际交往层面，伙伴间的相互交流频次在这一时期呈现出锐减的局面，教师与学生之间的教学与互动活动也通过网络媒体的形式展开，突出地表现为学生与家庭成员之间更易产生情绪矛盾冲突。在教学层面上，这种单一的网络教学，在一定程度上减少了教师对学生内心情绪的觉察，教师难以通过与学生的日常交谈、家长的访谈、学生的课堂表现来了解学生的实际心理健康状况。同时，以往作为学生情绪调节重要通道的伙伴关系也受到一定的干扰；在家庭健康教育层面，疫情也引发家长角色的变化，家长既要参与学生的日常生活，又要管理学生的日常学习，这种新角色的越位，使得学生在居家期间亲子问题开始逐渐显现，让人们开始更加关注特殊时期学生的健康状况。由此可见，之前所提到的健康教育的课程实施模式并不是简单地聚焦学校环境的狭小范围，同时也应该通过学校辐射到学生所在的家庭、社区等更为广阔的领域。

此外，在以往实际的健康教育课程实施过程中，三者间也往往呈现出极不平衡的发展状况：首先，教师对如何将健康教育的目标渗透在具体的学科教学之中存在诸多困惑，学科的教学任务和健康教育的融入难以合理协调，教师难以在不同任务需求的运行过程中寻找到学科与健康教育之间的平衡点，学科教学质量仍然是教师和家长集中关注的热点；其次，健康教育课程评价体系的非细化落实或缺失仍然在学校健康教育中普遍存在，缺乏具体、统一的评价标准，即健康行为的实施是健康教育的重要表现，也是健康评价的重要指标，但是这一类指标往往需要教师依赖表现性评价进行判断。此外，学生实践过程中获得的健康生活技能难以通过评价的方式，有效地反馈于健康教育目标的修订。那么，在现有的健康教育课程实施模型下，作为基础教育阶段的学校应该如何依据健康教育课程实施的"三角结构模型"，寻找和确立具有自身特色的健康教育课程实施模式，落实健康教育？基于以上的需求，结合北京地区不同区域的 6 所基地学校的具体实践作为反馈，课题组前期形成了具有一定区域推广效应的三种健康教育课程实施模式，以期对不同地区、不同特色发展的学校提供一定的借鉴。但学校健康教育课程实施模式的建立只是学校开展健康教育的第一步，在后续章节的介绍中，研究团队还将依托已经建立的“健康教育课程评价系统”的相关数据，对学校开展的健康教育课程体系、教学设计和教学评价进行深入探索，以此作为后续学校健康教育实施过程中的重要补充，进而发挥健康教育课程实施模式在健康教育生态建设中的核心作用，不断推进和完善健康教育学校特色化的课程实施模式。

本章思考题

1. 现阶段我国学校健康教育所处的阶段及属性特征是什么？

2. 如何依据我国现阶段健康教育的特点，进行学校现有课程体系的建设和完善？

3. 通过本章内容的介绍，说说我国现阶段学校健康教育所面临的机遇与挑战是什么。

第二章　构建以健康素养为导向的学校健康教育

本章将详细阐述中小学阶段学生健康素养的定义及内涵，并进一步明确学生健康素养的情境主题应该涉及哪些内容，诸如医疗卫生、疾病预防和情绪调节等内容。综合地进行健康生活技能的培养，并通过活动的设计，使学生获取和提炼具体的应用信息，提升个体的生活质量。本章强调健康素养作为一种学生可以通过后天实践和训练获得和提升的能力，能够以学校多维的课程体系作为载体。但是，由于不同年级学生的认知差异，学校应依据健康素养的层次划分及课程"螺旋上升"的结构内容，进行分层组织和教学。

第一节　健康素养的定义与内涵

一、健康素养的定义

健康素养一词最早始于健康促进行动，是由美国国家医学图书馆在 2000 年提出的概念，并应用于美国《健康公民 2010》[①]的文件中。目前针对健康素养的解释主要分为两种：一种认为健康素养对个人健康信息的获得与健康选择的决断具有一定的影响；另一种解释则认为健康素养是个体和社会达到更好健康水平的一种能力。后者更侧重于认为健康素养是教育的结果（如表 2.1 所示），健康素养包括个体健康方面的知识和能力两个重要的方面，健康素养同样可以通过教育进行发展和培

① Department of Health, Human Services, Washington, DC, Healthy People 2010 (Group), et al. Healthy people 2010: understanding and improving health[C]. US Department of Health and Human Services, 2000: 73.

养的模式获得提升，并且随着水平的不断提升，逐层递进[1]。

表 2.1 健康素养的三个发展水平层次

健康素养水平与健康教育的目标	内容	结果	
		个体收益	团体/社会收益
功能性健康素养 注重信息交流能力	健康风险、医疗服务等事实性信息的传播	健康风险、医疗服务、知识的累增、遵循医嘱	参与医疗项目的人数的增加(体检、免疫等)
交互性健康素养 发展健康技能	在一级水平的基础上，有条件地发展健康方面相关的技能和能力	在已有知识水平的基础上，提升独立能力、做事的主动性和自信心	提升社会的认识能力及群体之间的相互作用
批判性健康素养 增强个人与团体力量	逐层递进，能够应对社会经济层面的健康影响，改变相关政策和制度	增强对外界社会和不良环境的适应能力	增强社会与经济层面的健康方面相互的影响作用和团体的力量

依据世界卫生组织欧洲区办事处(EU WHO)提出的健康素养整合模型理论的框架，个体在接触健康信息后，能够在处理过程中对所涉及的信息进行获取、了解、评价及应用，形成 12 个维度。[2] 其中，个体健康素养形成的核心源于个体获取知识的能力动机，并通过个体对外在信息的理解、评价和应用而获得，实现从个体健康素养到群体健康素养的转变。健康素养充分地体现了个体和外在环境因素中的医疗服务、疾病预防、健康促进之间的关系。同时，个体及群体对卫生服务的利用程度、实施的健康行为，通过自主实践与参与，促进了健康产出。但是，这种健康教育的具体实施本质上包含了教育、健康、传媒等体系的介入，更加强调了家庭、同伴对于学生健康素养发展的影响。同时，依据健康素养发展三个层次的进阶阶段，健康素养水平需要实现三种不同的价值内涵，首先，健康素养应该具备信息交互的能力；其次，健康素养应具备对信息进行批判和评价的能力；最后，个体能够克服来自个人主观层面、同伴、社会和经济层面的困难，最终自觉采纳健康行为，对自己的健康负责。因此，目前学界普遍认同，健康素养是指人们在进行医疗服务、疾病预防和健康促进有关的日常活动时，获取、理解、评价和应用相关的健康信息来做出健康决定以维持或提高生活质量的知识、动机和能力[3]。

---

① Nutbeam D. Health literacy as a public health goal: a challenge for contemporaiy health education and communication strategies into the 21st century[J]. Health Promotion International, 2000, 15(3):259-267.

② Kickbusch I , Organization W H , Pelikan J M , et al. Health literacy. the solid facts[C]. World Health Organization Regional Office for Europe, 2013.

③ 傅华. 健康教育学[M]. 3 版. 北京：人民卫生出版社，2017：10.

二、健康素养的内涵

相比于其他学科素养的体系框架，健康素养所具有的内涵则更为丰富和复杂（如图 2.1 所示）。首先，在健康素养的内容属性上，健康素养被划分为健康知识、技能、行为和态度三个重要组成部分[①]；其次，在健康素养的功能属性上，以往研究将健康素养分为三个层次：功能性文化素养（Functional Literacy）、交互性文化素养（Interactive Literacy）和批判性文化素养（Critical Literacy）[②]。

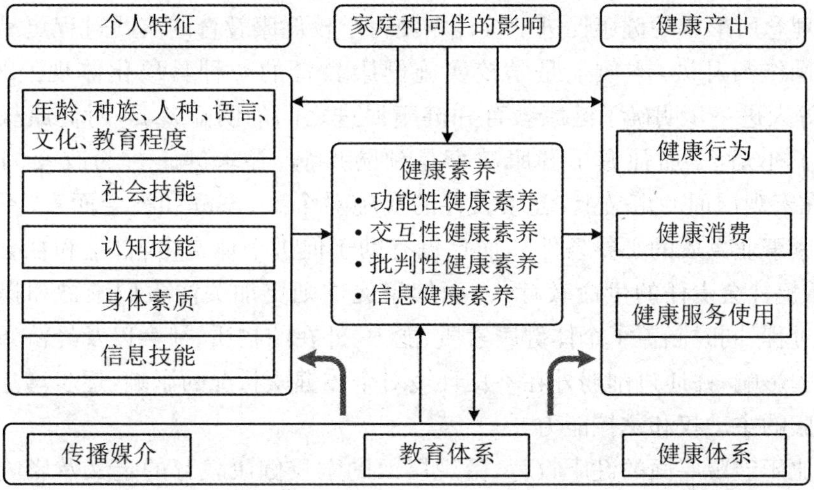

图 2.1　健康素养层次划分及健康成果框架体系[③]

在我国，郭欣和王克安在《健康素养研究进展》一文中首次将“健康素养”的概念引入我国[④]。此后，人们逐渐开始关注健康素养在个体发展过程中的意义。2015 年，《中国公民健康素养：基本知识与技能》打破了原有健康素养培养体系中重知识、轻能力的格局，将健康素养定义为个人获取和理解基本健康信息和服务，并运用这些信息和服务，做出正确决策，以维护和促进自身健康的能力。因此，基于国内外对于健康素养内涵的界定，小学生群体所具备的健康素养也不应局限于知识层面，而应强调学生所应该具备的综合性健康选择和维持的能力。

综上，在健康中国背景下，基于健康教育课程实践各个重要环节之间的逐层推

---

① Freebody P，Luke A. Literacies programs：debates and demands in cultural context[J]. Prospect：Australian Journal of TESOL，1990，5(7)：7-16.

② 郭欣，王克安. 健康素养研究进展[J]. 中国健康教育，2005，21(8)：590-593.

③ Manganello J A. Health literacy and students：a framework and agenda for future research[J]. Health Education Research，2007，23(5)：840-847.

④ 胡俊峰，侯培森. 当代健康教育与健康促进[M]. 北京：人民卫生出版社，2005：251.

进的关系，不仅能够促进学生个体的健康素养水平的提升，同时对于社会群体健康素养水平的提升也具有重要的功能和作用，在健康教育课程的实践过程中，推进不同组成部分的递进式发展，最终形成具有社会成效的健康教育成果。

第二节 学校健康教育与健康促进学校概述

学生健康素养水平的提升离不开学校健康教育的具体实施，同时一些基于健康教育理念所形成的健康促进学校计划使得学校健康教育的实践过程更易于学校的实际操作与开展，本质上是学校实施健康教育的一种具象化体现。2002 年，Tones 等人进一步明确了健康教育和健康促进之间的明显差异，对健康教育的定义进行了补充，更加强调了健康教育是预防疾病、寻求健康行为改变的有益活动①。在宏观层面的定义上，健康教育的实施对个人、家庭和社会而言，不仅仅是公共健康事业发展的必要条件②，而且也有助于促进个体自由、自主和社会的和谐发展，承担社会责任的生命教育③。而健康促进则更加关注人们维护和提升自身健康的过程，同时涵盖了个体健康素质、能力、外在的物质、社会以及经济条件对于该过程的影响，并通过削弱外在不良环境对个体健康状况的影响，逐步增加人类对自身健康的主动权和掌控能力④。

相比于宏观层面的健康教育，微观层面的学校健康教育的定义及影响范围主要聚焦处于生长发育阶段的中小学生群体，强调对其个体健康教育知识的传递、健康生活技能的培养以及良好生活习惯的形成，同时改善其所在的生活和学习环境。而健康促进学校则从更为具象化的层面诠释了学校在提升学生健康素养水平方面的功能性，将以往抽象化的健康教育聚焦在便于人们理解和操作的校园生态环境之中。

一、学校健康教育的定义与内涵

健康教育一词最早起源于 1918 年，是由美国儿童健康协会所提出的，原指有计划地应用循证的教学原理与技术，为学习者提供具有科学性的健康知识和信息，

---

① Tones K. Reveille for radicals! The paramount purpose of health education? [J]. Health Education Research, 2002, 17(1):1-5.

② Masa B P. La educación para la saludy la estrategia de salud de la población health education and health strategy for the population[J]. Revista Cubana De Salud Pública, 2007, 33(2):0.

③ Aacute, Jusino N R V. El cuidado en salud y la educación salubrista como promoción de competencias humanas y autonomía[J]. Salud Uninorte, 2008, 24(2):341-350.

④ 傅华. 健康教育学[M]. 3 版. 北京：人民卫生出版社，2017:11.

帮助学习者掌握一定的健康技能,并最终做出有益于个体和群体健康的教育行为。而随着近年来社会及经济的发展,人们对健康的需求发生了巨大的转变,其内容也不再局限于简单的知识传递。健康教育的核心目的是要学习者提升自身的健康素养,实践健康的行为。由此可见,健康教育与健康素养之间具有紧密的联系,一方面,健康教育是提高健康素养水平的主要实施手段①,具有提高、促进和维护个体或群体健康的作用;另一方面,对于健康素养改善情况的实时监测又可以作为反馈健康教育行动效果的一个指标,起到调整健康教育实施模式和教育内容的作用②。

健康教育根据具体应用的情境,可以划分为广义和狭义两种(如表 2.2 所示)。1998 年,基于社会学和儿童发展领域方面的研究,Nutbeam 在世界卫生组织术语汇编中将健康教育一词定义为:通过信息传播和行为干预,帮助个人和群体掌握卫生保健知识,帮助他们树立健康观念,合理利用资源,并采纳有利于健康的行为和生活方式的教育活动与过程。这一概念涵盖了人们对健康的生活态度、健康技能、心理健康、社会健康、健康风险行为预防等多个方面的内容,是广义层面对健康教育的界定。特别是近年来综合性的健康教育课程已经取代了传统的单一课程模式,旨在通过健康教育,建立一个更加健康、更加平等的社会,即个体能够充分地享有健康和幸福,在身体、心理和社会适应层面最大限度地不受疾病的困扰③。

表 2.2　健康教育的具体含义(按情景分类)④

<table>
<tr><th>情景分类</th><th>健康教育内容</th><th>详细介绍</th></tr>
<tr><td>广义健康教育含义</td><td>健康教育普及教育</td><td>以提升健康水平为目的,针对所有人群进行的疾病预防知识、健康行为习惯、健康决定因素等内容的大众教育</td></tr>
<tr><td rowspan="4">狭义健康教育含义</td><td>医学专业教育</td><td>指针对医学专业的学生进行的医学教育</td></tr>
<tr><td>病人健康教育</td><td>提供给病人的健康与医学相关内容的教育</td></tr>
<tr><td rowspan="2">学校健康教育</td><td>第一阶段:学校卫生教育</td></tr>
<tr><td>第二阶段:学校健康教育</td></tr>
</table>

因此,狭义层面的健康教育既有与以往广义健康教育相似的部分,同时也有狭义健康教育的一些独特属性。有些倾向于对某一类特殊人群的专业培养,诸如针对医学专业人员的专业教学和教育过程;有些是针对某一类具有特殊需求的群体,诸如对于患者进行的康复辅助治疗或者术后各项注意事项的专门化教育等;有些是针对特定机构与组织,例如学校开展和实施的健康教育,此外,这类健康教育的

① 黄一平. 美国 K-8 年级 Health & Wellness 教材研究[D]. 上海:华东师范大学, 2014:6.

② 肖砾,等. 健康素养综合指数的研制[J]. 中国健康教育, 2009,25(2):103-105.

③④ Valencia D, Andrea P. Theoretical conceptions on the theory on health education. Systematic review[J]. Investigación Y Educación En Enfermería, 2012, 30(3):378-389.

发展还呈现出了一定的时间进阶性，会根据学校实施健康教育的需求而发生改变。

在前期探索阶段，学校对学生健康的直接干预往往聚焦学生身体层面的健康状况改善和基本卫生保障，旨在帮助学生减少疾病和意外伤害的侵害。但是，随着学生基本生存和卫生需求得以满足，学校的健康教育在满足学生外在生理需求的前提下，逐步过渡到相关心理与社会适应层面，这种需求相比于前期阶段中的基本生理需求表现得更加具体，并且指向学生同他人、学生同社会之间的协调与平衡，需要帮助学生在不同的生活情境中不断地调节自我，达到人与环境的和谐共处。实践研究表明，基础教育阶段的学校在这一特征的表现上会显得更为突出。在参与访谈的教师中，很多教师反馈了这样一种现象，当学生进入小学五、六年级，会突出表现为更加关注同学之间的关系，同时对这种关系的处理方式和结果往往也会影响到学生个体日常的学习效果和日常情绪以及学生未来处理事情的态度和方式。因此，在学校健康教育的成熟期运行阶段，学校可根据学生以往的常见问题和动态产生的新问题，制定系统的课程体系和丰富的健康教育活动，例如当学生在遇到心理和社会层面问题时，经常会表现出缺乏应对和解决实际问题的具体策略，更期待身边的同学、家长和教师能够给予一定程度的指导，这种基于前期调研的课程设计和活动准备就能够在这一过程中发挥作用，引导学生形成解决自身健康问题的个性化方案。诸如，青春期阶段的学生会产生心理和生理的一系列困惑，网络资源和向教师询问是他们解决这类问题的重要方法，需要学校以科学的方式进行引导，增强学生对身体变化的正确认识，这一时期开展健康教育对学生而言是终身受益的。可见，相比于宏观视角下的广义健康教育，狭义层面的学校健康教育实际上是一种细致化的实践与操作。

在学校教育中，健康教育理念的渗透需要课程作为付诸实践的重要载体，而课程的实施需要课程标准作为课程实施的导向，不同的国家依据自身的国情和文化背景采取了具有差异性的学校健康教育形式。1995 年美国健康标准联合委员会制定了《国家健康教育标准：具备健康素养》（《National Health Education Standards: Achieving Health Literacy》）[①]，将健康教育作为提高国民健康素养的实施途径。2007 年，美国国家卫生教育标准美国癌症协会和美国教育标准联合委员会对于原来 1995 年的标准进行了修订[②]，目的在于为课程开发、教学和学生表现的评估奠定基础，为进一步加强教师的准备和继续教育提供了指导，提高全国范围内的学生学习水平。这些标准和行为目标涵盖了从幼儿园到 12 年级的学生应该掌握的健康知识、过程和技能，内容上既包括了传统上的健康内容，又包括了美国国家

① American School Health Association, Kent, Association OAPH, et al. National health education standards: achieving health literacy[Z]. 1995:90.

② Education A F O H. National health education standards: developed by the joint committee on national health education standards: achieving excellence[C]. American Cancer Society, 2007.

疾病控制与预防中心(Centers for Disease Control and Prevention,CDC)确定的疾病和健康的6项危险行为①。

自20世纪80年代开始,日本的学校健康教育开始蓬勃发展,其与经济结构的发展密切相关。特别是2010年以来,日本围绕《21世纪国民健康运动》,确定了国民长期健康发展目标,提出了9个领域内容,包括营养与饮食生活、身体活动与运动、休养与身心健康、烟酒、牙齿保健、糖尿病、呼吸性疾病、癌症等②。但是纵观日本的学校健康教育发展,从早期关注卫生健康到后期以体育健康为中心的健康教育,健康教育始终没有以独立学科的形式存在。但是从日本所处的地理位置和自身需求来看,作为一个地震频发的岛屿国家,其健康教育模式及内容的选择更具有明确的针对性,特别是在健康教育的安全减灾方面,具有独到的借鉴价值。

相比于日本,英国基础教育阶段的健康教育主要采用了渗透式的教学模式,其中,英国基础阶段的课程分为国家法定课程和学校自主课程两个部分,包括国家课程(主要面向5~16岁儿童)、宗教教育课程(主要面向5~18岁儿童)和性教育课程(11~18岁儿童),由国家制定统一的核心知识大纲,教师对于课程具有较大的自主性,可以围绕大纲内容进行课程的自主设置,以此促进学生对知识的理解和健康生活技能的发展。其具体实施主要以"个人、社会和健康教育"与"性教育"两门课程作为主要的课程实施载体③。前者为非核心学科,而性教育课程是在11~18岁才以国家课程形式开始介入学生的健康教育学习。饮食健康等内容则是以"融入"的教学形式体现在科学课程的讲授和实践之中。

2018年,芬兰开始全面推行促进儿童早期教育发展的《儿童早期教育国家核心课程标准》(《National Core Curriculum for Early Childhood Education and Care》,2018),被公认为是世界上优秀的课程标准之一,其健康教育课程的实施模式与美国的独立课程不同,在早期阶段主要采用融合式的方式开展和实施健康教育,同时将培养健康、幸福的个体作为育人的核心目标纳入国家核心课程标准(如图2.2所示)。特别是在低年级儿童阶段,其实现的方式更加注重儿童早期个体的发展同外界自然环境的接触,通过构建和谐、安全的学习环境实现对儿童早期健康意识的培育。同时,芬兰对学前儿童的健康教育也更加关注健康生活技能的培养,让儿童在人生发展的早期阶段就能够与同伴、教师与周围人群进行沟通,照顾和管

---

① 郑文芳,王建平.美国多元文化与学校健康教育课程建设[J].外国教育研究.2003(9):4.

② 张鑫华,王国祥.从"健康日本21"计划实施看日本社会国民健康的管理与服务[J].成都体育学院学报,2014,40(9):19-23.

孔繁学,等.日本"21世纪国民健康增进运动":"健康日本21"目标值及体系[J].中国公共卫生,2002(10):63-67.

③ 卢伯春.中、美、英、日基础教育阶段健康教育课程内容标准比较[D].扬州:扬州大学,2006:19.

理自己的日常生活。学习的五大领域设置，一方面来源于儿童发展的兴趣和个体需求，另一方面与培养“健康、幸福”儿童的核心目标相互匹配，能够为其目标的实现提供重要的支撑。

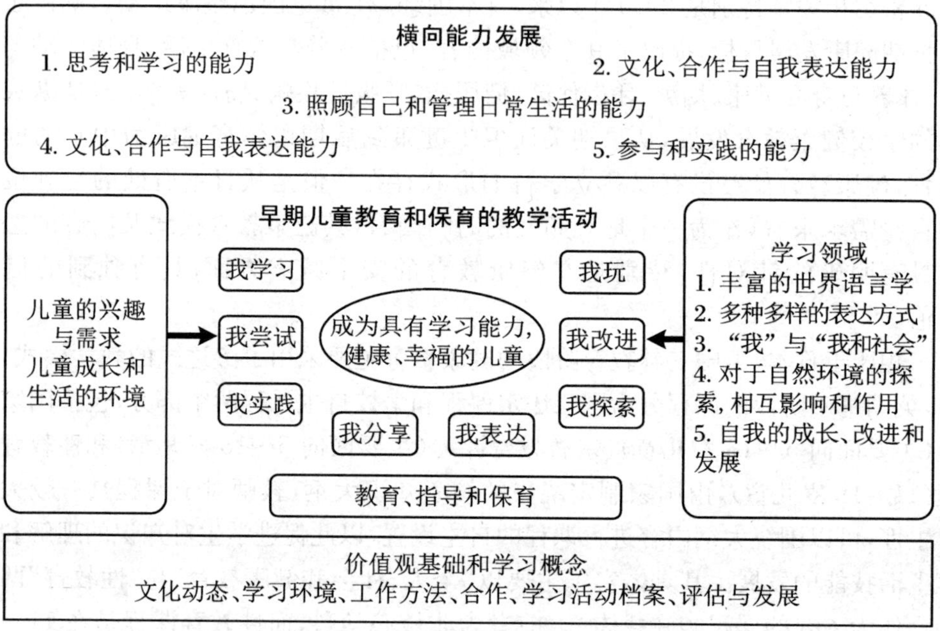

图 2.2　芬兰早期教育阶段教学活动的实施框架①

在芬兰基础教育的小学阶段，其课程结构彻底打破了原有学科间的界限，在《环境研究》这门综合学科中涵盖了对不同年级健康教育的具体内容和评价要求。以小学科学领域为例，芬兰《环境研究》课程标准提供了大量核心概念下的主题内容。例如，在小学的一、二年级，健康教育内容包括：学生参与并改善周边的环境，参与学校、社区和社会的活动，认识到自身行为对他人和社会的影响和作用；在小学的五、六年级，学校健康教育的内容关注了个体及群体的健康促进，了解自身行为对于社会和自然界的影响，对周围的生活群体和环境负责，能够参与到社区和全球化的合作活动中②。此外，学校健康教育的课程实施虽呈现出不同年级间的差异和特点，但均以学生健康素养的培养与提升作为学校健康教育实施的重要目标。区别于小学阶段的健康教育课程实施模式，芬兰初中阶段的健康教育课程普遍通过以下两种方式进行：一种为教师对健康教育学科内部不同知识模块的重新整合，类似于国内在初中阶段生物学科中讲授人体生理与健康部分，并同步开展健康教

① FNBE. National core curriculum for early childhood and care 2018[M]. Helsinki: National Board of Education Press, 2018:7,23,28,29.

② 胡玉华. 中小学健康教育理念与实施[M]. 上海：华东师范大学出版社，2022：165.

育；另一种为不同学科的教师基于同一个健康教育的主题，开展不同学科教师间的相互协作，进行同一个健康教育主题课程的共同设计和规划，这两种推进模式都与我国目前实施与开展健康教育的模式比较类似，特别是2022年版义务教育阶段新版课程标准的颁布，不同学科的课程标准中都含有跨学科实践这一课程模块，同时提供了10%的课时保障，非常有利于学校开展和实施跨学科模式运行下的健康教育活动。

二、健康促进学校的定义与发展

从20世纪80年代开始，有人开始提出了健康促进学校（Help-Promoting-School，HPS）这一概念，其概念及发展进展经历了一个漫长的演变过程（如表2.3所示）。直至1996年世界卫生组织将其进行了明确定义，健康促进学校不再是一个仅仅为学校师生提供学习、生活的场所，而是一个能够为师生及所在家庭持续提供健康供给的生态体系，一般可以从学校政策、学校物质条件、学校社会环境、学校与社区关系、个人健康生活技能和健康服务这六个层面综合来评价健康促进学校的具体实效。同时，健康促进学校要求服务的群体也从原有的学生，拓展到了学校人员、家庭和社区成员，要求参与团队组建的成员能够相互合作，针对具体要解决的健康问题，制定具体的执行策略。

2021年，世界教科文组织提出《使每所学校成为促进健康的学校：全球标准和指标》（《Making Every School a Health-promoting School：Global Standards and Indicators》）（以下简称《标准》）。特别是在全球应对新冠疫情的背景下，结合大量的研究数据向世界各国提出了八项全球标准，并希望通过标准指引下的具体措施的实施与改进，改善世界范围内儿童、青少年及教职员工的健康状况，实现未来更好的健康生活状态。该《标准》的提出具有一定的实践指导价值，能够为政府决策及学校健康教育的实施提供可参考的发展策略。该标准构建了多层次的治理体系，通过调动学校运转体系中的不同参与元素，将学校视为一个实施健康教育的整体。其中健康促进学校的八项全球标准的具体内容包括政策支持、学校内在课程实施与管理以及学校外在资源供给这三个层面，其中在政府政策制定和资源供给方面，提出了政府部门应致力于使每一所学校成为促进健康的学校；在学校内在课程设置及管理层面，提出学校管理团队的建设和课程设置应为学生的生理、心理及社会情感的支持进行服务，与社区建立良好的伙伴关系；在外在资源的供给层面，则提出要关注学校的物理环境建设及社会情感环境的建设，持续提供卫生服务的保障[①]。

---

① World Health Organization. UNESCO and WHO urge countries to make every school a health-promoting School[R]. WHO, 2021.

表 2.3　学校健康教育及健康促进学校发展阶段的目标及重要事件

健康教育及健康促进的目标	学校健康教育重要进展事件及内容
目标一：明确及优化健康教育和促进在改善健康及健康公平方面的重要作用及成就。 目标二：通过全世界的共同努力，为健康教育、健康促进的实际应用以及未来可持续发展提供方向。 目标三：通过世界人民、政府及市民社会的共同力量，来解决影响健康的社会性决定因素。 目标四：提升全世界人民的健康素养、加大国际交流与合作力度，提供创建健康城市、健康社区和人居环境方面的宝贵经验	1920 年，学校健康服务开始在学校逐渐推进，其目标在于促进学生的健康。 1950 年，世界卫生组织正式成立，对学校健康教育开始实施推动和发展。 1980 年，综合性学校健康计划开始实施，强调了学校是健康促进中心的概念。 1986 年，《渥太华健康促进章程》公布，提出率先在发达国家实现“人人享有卫生保健”的战略目标。 1988 年，在澳大利亚的阿德莱德召开第二届国际健康促进大会，以“健康的公共政策”为主题。 1991 年，在瑞典的松兹瓦尔召开世界第三届健康促进大会，以“创造有利于健康的环境”为主题，提出了《松兹瓦尔宣言》。 1992 年，欧洲健康促进学校联盟成立。 1994 年，澳洲健康促进学校学会成立。 1995 年，WHO 推进《全球学校卫生创新计划》，我国正式引入健康促进学校的理念，并开始在北京和上海进行健康促进学校的建设试点。 1996 年，WHO 西太平洋区组织正式颁布《地区健康促进学校发展纲领：行动框架》。 1997 年，在印度尼西亚雅加达召开第四届国际健康促进大会，主题为“新世纪新角色”，发布《雅加达宣言》。 1998 年，WHO 修正颁布《世界卫生组织的创新举措：协助学校成为健康促进学校》指南，提出健康促进学校计划的准则。 2000 年，国际健康促进大会更名，在墨西哥召开了以“架起公平的桥梁”为主题的第五届全球健康促进大会。 2005 年，在泰国曼谷召开第六届全球健康促进大会，主题为“采取行动的政策与伙伴关系，强调健康的决定因素”，为应对全球化的挑战，《曼谷宪章》倡导将健康促进纳入全球化促进的进程之中，将其视为政府一项核心的责任与义务，同时也是社会、民间及其他群体发展的重点。 2009 年，在东非国家肯尼亚的首都内罗毕召开第七届全球健康促进大会，发布《内罗毕倡议》，提出了健康促进能力的建设，强调从卫生系统、伙伴关系和跨部门合作、社会赋权、健康素养与健康行为的角度来开展健康促进的工作。 2013 年，在芬兰的首都赫尔辛基召开第八届全球健康促进大会，提出了将健康融入所有政策，倡导“制定健康的公共政策”。大会发表了《赫尔辛基宣言》。 2016 年，第九届全球健康促进大会在上海国际会议中心上海厅开幕，围绕“可持续发展中的健康促进”这一主题，深入交流思想观点与实践，共享发展成果与经验。 2021 年，世界教科文组织发布《使每所学校成为促进健康的学校：全球标准和指标》（《Making Every School a Health-promoting School: Global Standards and Indicators》），该标准的制定为学校和政府在教育中实施和可持续发展全学校保健方法提供了指导

第三节　学校健康教育课程实施的基本理念

学校健康教育课程的实施效果不仅与健康教育课程内容的选择相关,而且与学校以何种理念进行课程的设计有着密切的联系,这些理念上的细小差异往往带来的是实施效果上的巨大差异。学校的健康教育是注重知识层面的传递,还是注重学生健康生活技能的培养;是关注独立个体的发展,还是关注个体在社会生活中的全面发展,是盲从地实施健康教育,还是依据评价和反馈的结果进行课程的持续改进,这些都是造成学校健康教育课程实施效果产生巨大差异的原因。因此,学校可以根据自身的实际情况,在实施健康教育课程的过程中,综合考虑以下课程实施理念,让课程能够对学生健康行为的改进产生持续性的影响。

一、健康素养与生活技能同向而行

健康教育课程实施的基本理念是以发展学生健康素养为宗旨,着眼于学生的社会发展和个人生活的基本需要。其理念的落实可以从健康知识与观念、健康基本技能、健康生活方式与行为等方面综合提升学生健康素养的水平,充分发挥健康教育的育人价值,促进学生健康快乐地成长。学生健康素养的形成与学生健康生活技能的培养密切相关,技能是搭建学生从学校顺利步入社会的重要桥梁。以课堂中传染病相关教学内容为例,如果教师只是围绕教材中的知识进行讲解,仅让学生能够说出传染病的名称、类型和传播途径,并不能在学生的实际生活中产生相应的影响,也造成了学生健康知识与健康行为之间的剥离,未能真正地将健康知识转变为学生日常生活中的实际行为与习惯。

因此,如何改变这样的教学方式与现状?核心是要以学生健康生活技能的培养为中心。技能的培养区别于知识的单一讲授,是知识在生活实际情境中应用的具体体现,教师要将书面知识以行为实施的具体过程加以呈现,让学生知晓技能使用的场景(在什么情况下应用技能),技能实施的步骤(如何去应用技能)以及实施之后产生的效果(技能实施带来的影响),同时需要长期不同相似情境的反复训练和增强。在表面形式上,以技能为主体的培养方式首先需要教师能够通过体验活动来开展课程,这种形式上的改变其实是课程实施理念改变的一个重要表现(例如:模拟病毒传播的实验、参与细菌计数实验等活动的设计都是以学生作为实施主体的课程实施方式),这些活动能够激发学生自主学习的动力,促进学生健康行为习惯的改变,帮助学生唤醒健康意识,在活动中培养学生健康生活技能。在课程设计的本质上,健康生活技能的培养是学生可迁移、可再生的应对未来社会的持续能力，能够帮助学生在不同情境中进行迁移和应用，使得学生在面对新的情境问题时，仍然能够运用之前课程中体验获得的经验，进行自主的关联，解决遇到的新的困难或问题。

案例1　小学科学课程中如何培养学生的健康生活技能①

本研究案例可适用于小学阶段一、二年级的学生，对于三、四年级也可以根据学生的具体学情进行教学活动的改进。在下面的案例中，教师通过具体的实践体验活动，改变了以往健康教育依靠讲授的形式，让学生通过实验情境的模拟，增强对健康理念的深度理解。

活动题目：病毒传播的模拟实验——水交换

1. 活动过程说明

◆ 教师提出问题：同学们，你们知道"病毒"是如何传播的吗？今天的课堂上我们将进行一次"病毒"传播的模拟实验。由于我们每一个人身上都携带着不同的微生物类群，当同学们彼此接触的过程中，微生物会不会发生什么样的变化呢？下面我们通过一个水交换的活动，看看会发生什么奇妙的变化？

◆ 活动要求：每位同学手中都有一杯清水，走到一位你平时不是很熟悉的同学面前，介绍自己的一项兴趣爱好或其他信息，然后从杯中舀出一勺水放在对方的水杯中。对方也同样介绍自己，把自己杯中的清水舀出一勺放在对方的水杯中。这样双方就在增进彼此了解的过程中进行了"水交换"的活动，然后同学们再进行与其他同学之间的水交换，重复5～6次。

◆ 活动效果呈现：在交换水的过程，微生物菌群发生的模拟变化应该如何来进行检测呢，教师可以用pH试纸让学生进行未交换之前水的检测，pH试纸为绿色（中性），交换后为蓝色（碱性），教师可利用这个模拟实验作为"病毒"传播途径等健康教育内容的传递，让学生通过体验知晓病毒传播的速度和途径是怎样的。

2. 活动开展的关键环节

◆ 每位同学准备一个30 mL的空塑料杯、一个小勺、一张试纸。

◆ 每组准备一个大水杯盛满水，方便学生后期将水分到30 mL的小杯中。

◆ 教师准备一杯"特殊的清水"，水中溶解碳酸氢钠（碱性），注意教师一定要参与交换。

3. 教学注意事项

教师一定要在本次实验模拟的过程中，帮助学生清晰地辨识真实病毒传播的过程与模拟实验之间的区别。

---

① 本案例改编于北京教育学院小学科学卓越教师培训项目培训活动，并在健康教育教师培训中进行实践。

◆ 教学过程要首先创设问题情境，引发学生参与活动的积极性。

◆ 讲解交换水的要求时，可以用幻灯片上的文字与图片说明，还要让学生记住与“多少人交换”的人数。

◆ 交换水之前，每人从组中的大杯子中取水，这样大杯子中还有一部分水，能够与交换后的水比较着做试纸的实验。

◆ 做试纸实验时，用试纸分别放入大水杯中和交换后的水杯，进行比较，发现有什么不同？可能是什么原因？

◆ 教师解密，并引发学生思考：假设教师的特殊的水中含有一种病毒，想象病毒是怎样传播的？要求学生用漫画的形式表现出来（对于一、二年级学生），高年级学生的任务难度可以适当提高。

二、学习任务与社会技能相互融合

健康教育课程的实施强调健康知识与健康生活技能的协同发展。除此之外，教师还应考虑课程设置对学生潜在社会技能的培养，特别是与他人沟通、交流以及合作的能力，使其能够在未来进入社会环境之后，能够更好地与他人协作，通过一系列的交流、比较等学习活动，促进个体自觉地采纳和保持有益于健康的行为和生活方式，减少或消除影响健康的危险因素，为个体及群体的健康成长和幸福生活奠定基础。社会技能能够促使个体更好地融入群体社会之中，不仅能够让群体中拥有不同健康知识、经验的个体在社会集体活动中贡献个体的力量，又能在一定程度上促进不同个体达成共同的理解，最大限度地集中力量，解决具有一定复杂性和困难性的问题。例如，在一个小组的研讨与活动中，小组的成员在活动中承担自己的任务，与他们分享经验，进行协商，最终达成共识，这些人们最为熟悉的场景其实是人类社会一直以来凝聚智慧，推动历史持续发展的原动力。因此，健康教育课程的实施理念也非常注重对个体社会技能的培养，健康教育不能独立于社会发展的大背景，孤立地实现个体的发展。个体的健康如果脱离了对周围社会及环境的良好适应，并不能称为真正意义上的健康发展，而仅仅是一个在狭义层面对健康含义的曲解。

以人教版《英语（一年级起点）》三年级上册 Unit 6 Birthdays 单元教学为例，以往教师的教学过程过分地关注了词汇、句子的练习，未能从学生健康生活、快乐成长的视角去重新组建教学素材。为实现这一教学目标，同样以该单元教学为例，教师重新设置了学习任务，让学生为亲友策划一场有意义的生日聚会，其中就要考虑生日的日期和季节、聚会的场所、邀请的朋友以及庆祝活动的方式。相比于教材中仅需要交流关于生日日期的信息来说，这项任务更能促进学生参与社会生活，感受家庭成员之间的关爱，促进与家人和同学之间的交流，在学科教学的同时,也提升了对于学生健康素养的培养①。此外,也有教师将这样一些健康教育的内容同日常的学习任务进行结合,帮助学生形成未来应对和解决现实生活问题的能力,以下面的案例为例,科学教师就采用学生实际生活中噪声以及听力保护这一现象相关的社会场景作为培养学生健康素养的载体,以此提升学生的社会技能。

案例2 噪声的防治——设计制作轻轨消声屏障(四年级)②

(一)健康教育课程情境创设

噪声是社会中亟待解决的现实问题,与学生的实际生活联系密切。汽车的行驶、装修、大声喧哗等都会产生噪声。特别是近年来随着经济的发展,汽车逐渐走进千家万户,给人们带来方便的同时,也带来噪声污染、空气污染,影响人类、动植物的生存,为此需要降低噪声的污染和危害,人们必须保护好环境,合理采取降噪的措施。引导学生关注社会,保护环境。想办法为交通工具设计降噪装置,减少噪声的影响,以小主人的身份参与到城市降噪工程。

(二)教学目标的设定

依据2022版《义务教育科学课程标准》不同阶段的学习内容和目标中的"知道噪声的危害和防治;学会保护听力的方法"。同时为了促进学生社会技能的培养,以小组团队的形式,在设计制作消音屏障中,让学生运用声学知识,解决生活中问题,从思想上认识到噪声的危害,关注健康问题,保护我们的环境。

(三)案例过程的呈现

本项目学习任务为80分钟(科学课2节连上),具体的教学活动任务分配如表2.4所示。

表2.4 "制作轻轨消声屏障"教学活动任务分配

活动内容	活动的组织与实施	活动的设计意图	时间分配
(一)创设情境,聚焦问题 1. 创设情境:随着经济的发展,汽车逐渐走进千家万户,给大家带来方便的同时,也带来噪声污染、空气污染,影响人类、动植物的生存。 2. 噪声的危害有哪些? 学生汇报	1. 观看PPT ◆ 机场声屏障 ◆ 高铁隔音墙 ◆ 横跨北京动物园上空的"隔音隧道" 2. 学生独立思考 小组合作讨论,学生思考	以往学生只知道噪声对人有危害,但是没有足够的认识,通过视频资料等,学生能够明确噪声的概念,让学生意识到噪声危害的严重性,引起学生对噪声问题的关注	5分钟

① 李亦,肖韵竹."双减"政策下的教师担当与北京行动[M].北京:北京出版社,2021:25.

② 案例来源:课题组实践基地学校——海淀区羊坊店中心小学,武淑红。

续表

活动内容	活动的组织与实施	活动的设计意图	时间分配
(二) 任务挑战 依据材料设计一个能够容纳发声器的吸音装置。观察声音的屏障效果,选出最佳的吸引装置组	每位学生都要认真聆听并思考	给出本节课的任务挑战。搞清相关声音以及轻轨的知识,了解实施的条件与要求	5分钟
(三) 解读任务 你们有什么问题 预设1:关于轻轨的基本结构、轻轨的车轮与轨道是怎样接触的、轨道的铺设等相关知识 预设2:设计应提供什么材料	教师出示材料: 小组:发声器1个、棉球30个、报纸2张、铝箔纸3张、双面胶1卷、胶条1个、相同规格的快递纸盒1个 全班:分贝仪1个(全班检测用)	学生对任务展开思考,提出疑问,学会解读任务,培养学生分析及讨论的能力	5分钟
(四) 方案设计	以小组合作的形式进行设计,讨论并画出设计草图。 小组分工和绘制设计图	讨论出的结果绘制成草图,培养学生的合作意识,完善设计理念。 锻炼学生表达能力,激发其他学生进一步的思考和探索	10分钟
(五) 分享方案 分享设计图 修改完善草图	展示设计图 小组给出实施建议 教师适时指导设计草图的可行性。 根据老师及同学们的建议对自己设计的草图进行二次修改	学生有合作、完善设计的意识。 学生的创新能力、问题解决能力以及表达能力得以提升	10分钟
(六) 根据设计图,小组分工,合作完成消声装置。 注意事项: 1. 材料及剪刀的使用安全 2. 材料的合理选择 3. 按照草图制作	以小组合作的形式进行制作模型 老师巡视: 1. 控制每组进度 2. 观察每组表现,中间可以叫停,针对统一性的问题统一说	综合运用跨学科知识完成消声装置的建造。 运用数学知识进行测量,合理使用材料;运用科学课的知识设计阻碍声音传播的方法;运用工程技术进行搭建;运用美术知识使设计具有美感。锻炼学生动手能力及团队合作能力,学生把作品的成绩记录到学习单上	20分钟

续表

活动内容	活动的组织与实施	活动的设计意图	时间分配
（七）性能检测 用分贝仪，测一测，哪一组的声音分贝差最大	学生进行展示、评价、提出改进建议	学生的表达能力得以提升，发现别人的闪光点，用批判性思维审视作品	10分钟
八、分享及改进 选择两个小组，分享他们的设计理念及作品亮点 改进方案：试一试，还可以怎样改进呢	1. 选择了什么材料，效果怎么样 2. 这样做的原因是什么 3. 小组合作完成得怎么样	发散学生思维，了解声音的知识，进而激发学生对本课程的兴趣	10分钟
九、总结拓展	该装置的设置是从声音传播的途径降噪的，在校园、在家庭、在生活，你如何做，可以减少噪声的产生	关注自己的行为对周边产生的噪声，从我做起，关注环境	5分钟

健康教育素养的提升作为本课程教学目标的一部分，课程教学任务的实施既要实现学科本身的特点，也要有机地将健康教育融入学科教学之中。本项目任务的开发与实践采用了跨学科的整合方式，改变了以讲授为主的学习方式，以项目的整体推进引导学生开展自我探索，学习健康知识，了解噪声危害。特别是在小组合作的过程中，学生能够在共同完成任务的过程中实现自我教育，为社会减少噪声、保护环境提出独特的见解。课程结束之后，教师还可以通过访谈的方式对学生的实际学习效果进行反馈，发现学生对于噪声已经具有了充分的认识，能够通过彼此之间交流降噪的具体措施，树立环保意识，学会自我反思，也培养了社会责任感。

本健康教育活动的设计与实施由于所需课时较长，可以考虑课时的灵活调整，有三种不同的实施方式可供参考：一是教师可以同其他的学科教师进行合作，聚焦同一个主题情境；二是学校整体统筹，可以考虑利用学校课后服务的时间开展相关的实践课程；三是教研组可以对科学课进行课时的调整和连排，让课程扎实有效地落实。此外，小组合作的形式也能帮助学生相互启发，汇集小组的智慧与力量，在有限的时间内完成任务，为学生未来走向社会，与他人合作打下良好的基础，建立了健康教育与学生社会技能培养的完美连接。

三、教学实施与教学评价互为反馈

健康教育要为学生的个体生存、发展及价值实现提供可持续的应对策略，同时培养学生积极参与个人和社会事务讨论的能力，使其能够关注社会健康议题，辨别迷信和伪科学，宣传健康文明的生活方式，做新时代健康中国的促进者和实践者。但是，课程的设计及实施过程中对教学目标和评价反馈的忽视，往往会造成这些宏观目标的落空，使得教学行为偏向盲目与低效，也不能带来理想的教学实施效果。因此，教师要在开展和实施健康教育的过程中，依据课程实施的教学目标，设置适合学生心理和生理认知的驱动性任务，匹配合适的评价方式和活动，从多个层面反馈学生的学习效果。例如，教师可在课程实施之前设计调研问卷、开展学生访谈，关注学生近期感兴趣的社会议题、热点或人生困惑，并依据调研问卷的统计结果，进行单元教学的整体设计；在课程实施的过程中，教师可以通过驱动性问题的设置，引导学生采用正确的生活理念和生活方式去解决课堂上提出的问题；在课程实施之后，学生还能够将课堂上的实际演练与现实生活中的问题进行关联，在学校任务的延展中，继续进行该问题的实践与探索。

以上呈现的三个不同评价的过程及方式，分别在教学实施中扮演了不同的角色，既有学情的调研，也有课程的推进，更有课程实施效果的反馈。由此可见，评价不仅代表了教师课程实施的“好”与“坏”，更多的是以评价的形式，促进教学活动的高效运转与实施。在如下的案例中，教师就在课前针对“癌症”这一主题内容进行相关前测内容的设计，希望对学生的基本健康知识、健康意识等进行调查，并以此作为课程的引入，用学生调查的问题作为整个单元课程的核心驱动，这种来源于学生实际调查的问题更加能够激发学生内心的共鸣，使其课堂教学更加具有针对性。

案例 3　以学生潜在健康素养评价为依据的教学前测①

以往健康知识的传递来源于教师对于学生的课堂讲授，本质上并没有让学生进行自主的探究和学习，未能实现自我知识体系的重构和搭建。在以下的案例教学中，团队教师将高中阶段生物学科必修 2 的部分内容在高三复习阶段进行了再次强化，教师可通过前期问卷调查来了解学生对癌症产生的分子机制的理解，为癌症新药的研发知识进行铺垫。通过学生问卷的统计结果，调查出学生周围人群癌症发病率约为 5.27%，癌症的发病率和死亡率都较高，引发学生思考如何普及预防癌症，选择健康的生活方式。再通过教师课堂教学中驱动性问题的设计，探究癌症发生的机制和分子特点，通过改变机体生物反应的生物治疗是治疗癌症的新方向，学生可以利用所学基因工程的知识来解决治疗癌症这一难题，在此过程中训练学生的科学探究和科学思维，提升学生关注健康、关爱癌症患者的社会责任感，让学生体会生物技术的价值。

---

① 案例来源：课题组实践学校——北京市 161 中学，罗红梅。

《谈癌不色变——基因工程在癌症治疗中的应用》调查问卷

班级　　　　　　　姓名

亲爱的同学们，近年来癌症的发病率和死亡率都在逐年提高，严重威胁我们的健康，请将你了解的相关信息填写在下面的问卷中。

（一）关于癌症的发病情况调查

请以你的家庭为对象，调查其癌症发病情况，调查对象具体包括本人、父母、兄弟姐妹、爷爷奶奶、姥姥姥爷、叔、姑、姨、舅及其配偶和子女等，人数不少于20人，将结果填写在表2.5中。

（注：不健康现象包括：① 肥胖；② 吸烟；③ 喝酒；④ 熬夜；⑤ 压力大；⑥ 情绪不良；⑦ 运动少；⑧ 饮食不健康；⑨ 其他：写出具体现象。将序号填写在下面表格相应部位，可多选）

表2.5　调查表

总调查人数					癌症患者人数				
患者	序号	1	2	3	4	5	6	7	8
	性别								
	发病年龄								
	癌症种类								
	不健康现象								

（二）2020年全球癌症新发病例1929万人，其中中国为457万人，占比23.7%（中国人口约占全球17.0%），平均每分钟有8人被确诊，是全球新增人数最多的国家。我国癌症发病率每年增幅约3.9%，肺癌、乳腺癌分别位列男、女发病率第一位。请根据所学知识和日常生活，分析癌症发病率高的主要原因有哪些？如何预防癌症？

（三）我国癌症死亡率每年增幅约为2.5%，超过200万例，占居民全部死因的23.91%。癌症患者发现时多为中晚期，病程发展迅速、治疗困难大，是死亡率居高不下的主要原因。请从产生癌症的根本原因和癌细胞的特点两个角度分析癌症死亡率高的原因？可以采用哪些方法治疗癌症？

（四）你了解基因工程技术在癌症治疗方面有哪些应用？

学生问卷的调研结果为教师后期实施和开展课程提供了丰富的学情资料，主要具有两个层面的功能。一是数据调研的结果能够在一定程度上引起学生对健康问题的关注，这样的数据来源于学生比较熟悉的场景，由于调查对象与学生本身具有一定血缘关系，可以结合生物学科中遗传与变异的学科大概念，增加学生对健康生活的理解。二是调查过程的实施还渗透了健康教育中一些常用的统计与调查方法，是从属于健康信息素养维度下的一项重要能力，对学生未来分析和应对实际生活中的问题具有重要的价值和意义。

第四节 学校健康教育的影响因素

学校、家庭及学生之间的伙伴关系作为学生成长的重要生活和学习环境因素，对学生的健康成长同样具有重要的功能和作用。研究团队采用文献法、问卷调查、教师访谈法等定量和定性的研究方法，对相关的核心概念及理论进行了梳理，依托中小学生健康素养数据库的分析结果、案例分析以及课堂观察等手段，分别从学校、家庭及同伴三个不同维度，综合探讨了相关因素如何影响学校健康教育的实施与推进。

一、教师因素对学校健康教育的影响

学校环境对学校健康教育的影响并不局限于校园的环境建设，还包含了学校对健康教育政策的落实、"有形"的物质支持以及"无形"的人为因素(诸如教师个体的健康素养水平、教学能力)等多个层面。这些与学校健康教育密切相关的因素与条件，都在一定程度上关乎着学生的终身健康与幸福，也在一定程度上对学校健康教育的实施效果具有重要的作用。研究团队基于 2016—2017 年"北京市中小学生健康素养数据库"中对学校管理者及教师进行的抽样调查(该调查问卷的设计覆盖了北京市 16 个区内的 48 所学校的小学及中学教师)，结果发现教师作为学校健康教育的实施主体，是学校健康教育环境的重要组成部分，决定着学校健康教育的实施效果。但是研究结果表明，当前教师群体自身的健康素养水平、对健康教育政策的理解程度以及健康教育教学资源的外在供给(教师培训、健康教育资源)均有所欠缺，严重地制约着未来学校健康教育的持续推进。

(一) 健康教育相关政策的科学普及亟待加强

国家健康教育领域相关文件的学习效果对学校设计和规划健康教育课程具有重要的影响。然而依据研究团队的调查数据，以北京地区学校的教师为例，在调查

的学校教师群体中，认真阅读和学习过《中小学健康教育指导纲要》的小学教师占比为63.31%，中学教师占比为53.5%；认真阅读和学习《中小学心理健康教育指导纲要》的小学教师和中学教师占比分别为55.8%和54.5%；认真阅读和学习《体育与健康课程标准》的小学教师和中学教师占比分别为45.5%和44.8%；认真阅读和学习《中国公民健康素养——基本知识与技能》的小学教师和中学教师占比分别为35.0%和33.0%；认真阅读和学习《“健康中国”2030规划纲要》的小学教师和中学教师占比分别为22.0%和18.9%；此外，有14.4%的小学教师和16.3%的中学教师均没有认真阅读和学习过以上文件。对于政策深度理解的缺失造成了教师对本学段学生健康需求的不了解，使得教师难以设计出符合该学段学生认知水平的健康教育课程，也无法将健康教育的内容主题与学科教学内容进行有机的融合。

（二）学校教师健康教育培训体系尚需完善

具有高水平健康素养的中小学教师队伍是学生健康素养水平提升的关键。但是，当前我国健康教育领域存在着健康教育师资匮乏，兼职现象严重，教师职前和在职健康教育培训不足等一系列的问题。依据课题组在北京地区抽样调查的问卷及访谈结果，虽多数教师有自主提升健康教育教学能力的主观意愿，但其获取健康教育资源的途径相对单一，来自学校层面的培训和资源支撑明显不足。在调查的教师群体中，有69.3%小学教师表示参与过校本健康教育教研或培训活动，37.3%表示参与过区级教研或培训，10.3%参与过市级教研或培训，5.4%参加过国家级教研或培训，17.7%表示各种形式教研或培训均没参加过；62.4%中学教师参与过校本健康教育教研或培训活动，42.9%参与过区级教研或培训，12.3%参与过市级教研或培训，6.5%参加过国家级教研或培训，18.3%各种形式教研或培训均没参加过，表现出健康教育教师的培训课程并没有以系统化和普及化的形式开展。

（三）教师健康教育资源获取途径单一化和局限化

在调查的两千多名中小学教师中，有60.5%的小学教师和56.3%的中学教师认为教师在健康教育教学方面获得的资源比较丰富，33.5%的小学教师和36.7%的中学教师认为一般，3.9%的小学教师和4.6%的中学教师认为欠缺；66.2%的小学教师和59.0%的中学教师认为学生在健康教育教学方面能够获得的资源比较丰富，29.2%的小学教师和34.6%的中学教师认为一般，2.1%的小学教师和3.4%的中学教师认为有所欠缺。

那么教师的这些健康教育资源又是如何获得的？研究团队又进一步对教师健康教育相关资源的获取途径进行了调查，结果显示，小学教师群体中通过自己从网络获得（80.7%），自己通过电视或广播获得（73.5%），自己通过图书、报刊获得

(71.8%),自己通过参加培训学习获得(53.5%),其余途径包括学校给教师配备了相关资源(39.9%),合作单位提供资源(24.2%)和其他(0.4%);中学教师主要通过自己从网络获得(77.4%),自己通过电视或广播获得(67.7%),自己通过图书、报刊获得(67.4%),自己通过参加培训学习获得(50.3%),其余途径包括学校给教师配备了相关资源(33.4%),合作单位提供资源(25.6%)和其他(1.2%)。由此可见,现实学校情境中,教师在健康教育资源的获取方面存在一定的困难,且获取途径单一,也缺乏一定的科学性。

因此,在当前学校健康教育环境的建设中,很多学校不是缺乏物质层面的基础设施建设,而是缺乏对教师健康教育课程实施和教学能力的持续供给与支撑。因此,随着我国基础教育的迅速发展,亟须建立学校生态环境下的健康教育师资培训体系,促进教师在开发和实施健康教育课程方面的能力,让教师在思维理念层面发生变化,将传统、单一化的课堂教学模式,转变为经常性、宣传性的教育活动,并将健康理念逐步渗透到中小学阶段的学科教学和课外活动之中。

二、家庭因素对学校健康教育的影响

学校健康教育的有效实施不仅与学校因素密切相关,此外,家庭作为学生校外生活的基本载体,其“家庭参与”所涵盖的家庭功能、家庭结构以及家庭关系也对学生早期健康素养的形成具有重要的功能和作用,也影响着学校健康教育的综合实施效果。一直以来,人们虽然基于种种日常生活和行为的表征现象,认可了其对学生健康素养的意义,但是,人们对“家庭参与”是如何影响学生健康素养启蒙的相关机制,却缺乏大量数据的实证支撑。

纵观世界范围,从20世纪50年代至今,健康信念模型(Health Belief Model,HBM)理论一直被广泛应用于健康素养提升的具体实践,其理论认为:个体所产生的良好驱动力,将有助于其采取最佳的健康行为,解决所面临的实际问题[①②]。依据这一理论,学生健康素养形成所需的良好驱动力,往往受到家庭、社会背景、年龄层次以及职业规划等多方面因素的影响[③]。更多的发达国家和地区已将“家庭参与”因素纳入学生健康素养的基础理论研究当中,并建立了相应的理论模型和评价

① Murray J L, Witte K, Boulay M, et al. Using health education theories to explain behavior change: a cross-country analysis[J]. International Quarterly of Community Health Education, 2005, 25(1-2):185.

② Christopher J. A, Mark C. Social cognition models and health behavior: a structured review[J]. Psychology & Health, 2000, 15(2):173-189.

③ 巴索·伯恩斯坦.阶级、符码与控制:教育传递理论之建构[M].王瑞贤,译.台北:联经出版事业股份有限公司,2007.

体系①。

在我国，健康素养的相关研究虽然起步较晚，但是关注度呈现逐年上升的趋势。2017 年 9 月，中共中央办公厅、国务院办公厅印发了《关于深化教育体制机制改革的意见》，明确而具体地提出："加强学校教育、家庭教育、社会教育的有机结合"。但是，如何借助家庭教育的力量推动学生群体健康素养的提升，仍然是教育工作者乃至整个社会所要面临的巨大挑战②。其原因在于：一方面，多数家庭在学生健康素养提升行动方面的意识薄弱③，健康教育任务大量依赖学校的普及化教育；另一方面，我国作为世界上儿童、青少年数量最多的国家④，社会上普遍缺乏家庭在学生健康素养提升方面的关注。因此，亟须树立"健康第一"的理念，唤醒家庭、学校乃至全社会的共同参与和重视⑤。探究"家庭参与"对学生健康素养的具体影响既是现阶段基础教育领域的现实需求，同时也是构建"家校合作"，共同提升学生身体素质和健康意识的有效实施途径。"家庭参与"作为影响学生健康素养形成与发展的重要影响因素，在学生健康素养水平的提升过程中扮演着重要的角色。但是，相关理论及实证研究却往往忽略了学生健康素养形成的启蒙阶段，缺乏对于幼儿阶段及小学生群体的实证研究及量化支撑。因此，研究团队前期采用描述分析和有序多分类Logistic回归模型的方法，依据"北京市中小学生健康素养数据库"的抽样数据，提出了家庭功能、家庭结构以及家庭关系对小学生健康素养影响的 3 个研究假设，细化了"家庭参与"的指标，构建了小学生健康素养影响因素的综合指数模型。

本章将基于大量数据的统计分析以及 6 所基地学校的实践反馈，将回答以下几个问题：其一，"家庭参与"与小学生健康素养之间有什么关系？其二，"家庭参与"对小学生健康素养存在哪些重要影响？应该如何解释"家庭参与"在小学生健康素养提升过程中的影响？

（一）"家庭参与"的内涵与概念界定

目前，学界对"家庭参与"的理论定义尚未有统一、清晰的界定。研究中普遍将家庭的主要成员，诸如父母参与或卷入视为在孩子教养方面的行为活动，涵盖了家庭成员在教育实际过程中对子女的情感投入和利益输出，并以此来促进小学生个

---

① Manganello J A. Health literacy and students: a framework and agenda for future research[J]. Health Education Research, 2007, 23(5): 840-847.

② 郭帅军，等. 我国初中生健康素养现状及其影响因素分析[J]. 中国儿童保健杂志，2013，21(1)：37-39.

③ 余小鸣. 学校健康教育与儿童小学生健康素养的促进[J]. 中国学校卫生，2013，34(8)：897-899.

④ 董奇，林崇德. 当代中国儿童小学生心理发育特征[M]. 北京：科学出版社，2011.

⑤ U. S. Dopartment of Health and Human Services. Healthy people 2010: understanding and improving health[C]. Washington, DC: Department of Hralth and Human Serices, 2000: 73.

体自身的发展[①]。吴帆等人将“父母参与”定义为父母趋于主动意愿，主观上乐于参与孩子的日常生活和学习活动，并产生和形成一定的影响[②]。但是“父母参与”与“家庭参与”之间虽然存在一定的相似性，但也存在一定的差异性。以往研究也针对“家庭参与”提出了一些具体释义，教育社会学家柯尔曼在对社会资本变量的论述中，将学生群体教育获得的差异归因于家庭背景所构建的社会闭合[③]，即家庭成员及相关因素在学生群体成长和发展过程中的参与程度决定了学生在教育过程的最终获得[④]，因此，“家庭参与”的内涵既包括了家庭代际关系的紧密性（包括同子女、隔代子女间的交流沟通、监督和引导）[⑤]，同时也包含了家庭结构的组成和家庭功能（家庭社会经济地位、社会资本、民族与种族、父母及监护人健康状况、父母及监护人受教育经验）等方面在学生的身体、认知、心理与社会性等方面产生的有效作用[⑥]。

（二）“家庭参与”与学生健康素养相关性研究的理论模型

从早期“协作型学校健康教育项目”（Coordinated School Health Approach，CSH）模型中所提倡的通过教育工作者、社会和行政决策人员的共同努力，有效推进健康教育的具体实施，逐渐发展为“儿童与学校健康协同模式”（The Whole Child Approach and the Coordinated School Health，CATCH）开始关注社会环境对小学生健康素养的重要影响。近年来，“全学校、全社区和全儿童”模型（Whole School Whole Community Whole Child，WSCC）则在以上两项研究的基础上，更加强调了家庭和社区环境在学生健康素养提升方面的功能和作用[⑦]。由此可见，相关理论模型的构建已日趋成熟，但是相应的量化研究支撑尚存补充空间。

---

① 吴帆，张林虓. 父母参与在小学生行为发展中的作用[J]. 中国青年研究，2018(12)：57-66.

② Coleman J S. Families and schools[J]. Educational Researcher，1987，16(6)：32-38.

③ 赵延东，洪岩璧. 社会资本与教育获得：网络资源与社会闭合的视角[J]. 社会学研究，2012，27(5)：47-68.

④ Epstein J L. Toward a theory of family-school connections：teacher practices and parent involvement [M]//Hurrelmann K，Kaufmann F X，Lösel F，et al. Prevention and intervention in childhood and adolescence，1. socialintervention：potential and constraints. Oxford：Walter De Gruyter：1987：121-136.

⑤ 杨启光. 当代美国高等教育发展中的家庭参与：背景、影响及领导力策略[J]. 华东师范大学学报（教育科学版），2015，33(2)：103-109.

⑥ Theresa C. Lewallen M C，Holly Hunt M A，William Potts-Datema M S，et al. The whole school，whole community，whole child model：a new approach for improving educational attainment and healthy development for students[J]. Journal of School Health，2015，85(11)：729-739.

⑦ Evans R R，Sims S K. Health and physical education for elementary classroom teachers[M]. Champaign：Human Kinetics，2016：27-28.

（三）“家庭参与”对学生健康素养水平的影响

随着理论模型与实践研究的深入，大量实践研究结果表明：“父母参与”对学生健康素养的形成与发展具有重要的影响。首先，“父母参与”程度较高环境中的学生群体往往可以拥有更多参与体育运动、合理膳食、情感支持和缓解压力的机会；其次，学生自我效能的强弱也往往取决于父母对学生健康素养水平的关注和教育程度；最后，“父母参与”的程度对学生做出的健康选择也具有重要的作用。具体而言，学生通过观察和模仿父母的日常行为，最终形成学生群体自身良好的生活习惯（如：合理膳食、拒绝吸烟和安全带的使用等等），反之，如果家长吸烟，那么其子女则更易具有吸烟的习惯，两者之间具有十分密切的联系[①]。但是，以往的研究忽略了隔代父母及家庭相关因素的影响，因此，这里强调的“家庭参与”既涵盖了父母对学生健康素养水平的影响，同时又综合考虑了“家庭参与”不同层面因素对学生健康素养的影响。

（四）研究假设

根据以往研究者的研究基础及贡献，结合“北京市中小学生健康素养数据库”的抽样数据，采用实证研究方法，借助已搭建的本土化健康素养促进模型，将“家庭参与”分为家庭功能、家庭结构和家庭关系三个维度[②③]，量化“家庭参与”对小学生群体健康素养相关行为的影响。验证是否可以通过增强“家庭参与”涵盖的多维度因素，提升小学生群体的健康素养水平。

1. 关于家庭功能的作用假设

首先，家庭功能属性的差异往往导致了学生健康行为间的差异性，这种差异的产生既有来自家庭所在地域的差异，也有来自家庭教育背景和经济资本的不同[④]。在我国当前的经济背景下，家庭经济资本在某种程度上对社会福利仍然具有一定的分配作用[⑤]，家庭经济资本与学生的营养状况、环境安全和学习支持具有一定的正相关性。因此，家庭收入和财产越多的家庭，学生群体能够获得的健康引导的层

---

① 李晓阳. 健康教育与健康促进[M]. 北京：北京大学医学出版社，2011：87-88.

② Sewell W H，Shah V P. Socioeconomic status，intelligence，and the attainment of higher education [J]. Sociology of Education，1967，40(1)：1-23.

③ Sewell W H，Shah V P. Social class，parental encouragement，and educational aspirations [J]. American Journal of Sociology，1968，73(5)：559-572.

④ 吴重涵，等. 家长参与的力量：家庭资本、家校合作与儿童成长[J]. 教育学术月刊，2014(3)：15-27.

⑤ Barry G J. An experimental study of basic learning ability and intelligence in low-socioeconomic-status children[J]. Child Development，1971，42(1)：27-36.

次也越高①②。较高学历背景家庭的子女往往在教育抱负、职业期望上也会表现出较高的水平③。由这个自变量，课题组研究团队提出以下假设：

假设1：家庭功能属性越强，其小学生所具有的健康素养水平越高。

假设1.1：家庭经济资本越高，越有利于小学生健康素养水平的提升。

假设1.2：家庭成员所具有的学历水平越高，越有利于小学生健康素养水平的提升。

假设1.3：家庭现有居住区域越接近市区，越有利于小学生健康素养水平的提升。

2. 关于家庭结构的作用假设

其次，随着全面"二孩"及"三胎"政策的落实，人口老龄化，流动人口、留守儿童数量增加等一系列问题的出现，学生群体健康素养水平的影响因素也随之发生改变，家庭结构在"家庭参与"中的作用不容忽视，特别是家庭结构的变化所产生的同胞关系对学生心理的发展同样具有重要影响④。非完整家庭结构中的学生群体更容易出现不合理饮食、体育锻炼不足等不良健康行为的表现⑤，残缺化家庭结构中的学生群体由于长期处在紧张的生活气氛和感情冲突的情境之中，思想观念、情感、行为和性格表现更容易出现异常的动荡⑥，同时流动儿童的个体和群体歧视知觉也会受到家庭结构变化所带来的极大影响⑦。由这个自变量，我们提出以下假设：

假设2：家庭结构越稳定，其小学生所具有的健康素养水平越高。

假设2.1：家庭组成丰富度越高，越有利于小学生健康素养水平的提升。

假设2.2：同父母居住时间越长，越有利于小学生健康素养水平的提升。

假设2.3：生活学习环境越稳定，越有利于小学生健康素养水平的提升。

3. 关于家庭关系的作用假设

此外，良好的家庭关系能够通过满足小学生的营养、认知、保护和反馈等方面

---

① Harold I, Edward T, Howard G. Infant mental development and neurological status, family socioeconomic status, and intelligence at age four [J]. Child Development, 1970, 41(4): 937-945.

② 杨启光. 重叠影响阈：美国学校与家庭伙伴关系的一种理论解释框架[J]. 外国教育研究，2006，33(2)：76-80.

③ Yin H S, Johnson M, Mendelsohn A L, et al. The health literacy of parents in the United States: a nationally representative study[J]. Pediatrics, 2009, 124(5): 289.

④ 王梅，等. 家庭结构对于小学生健康行为的影响[J]. 体育科学，2012，32(5)：34-41.

⑤ 郭晋芳. 单亲家庭对子女社会化的影响探析[D]. 上海：华东师范大学，2014.

⑥ 刘霞. 个体和群体歧视知觉对流动儿童主观幸福感的影响[J]. 心理科学，2013(1)：116-121.

⑦ 郑会芳. 农村留守儿童亲子沟通、家庭亲密度与其社会适应性关系研究[D]. 上海：华东师范大学，2009.

的需要，以沟通和引导作为工具，促进学生健康素养水平的提升①。因此，家庭教育作为小学生最早和最直接获得性教育和安全教育的来源和途径，其家庭关系的良好运行往往决定着小学生健康素养形成的最初状态②。家庭关系越好，孩子获得持续性教育和安全教育的可能性越大。由这个自变量，我们提出以下假设：

假设3：小学生所在的家庭关系越好，越有利于小学生健康素养的提升。

假设3.1：家长在"学习策略"中的参与程度越高，越有利于小学生健康素养水平的提升。

假设3.2：家长与小学生之间沟通和引导的频次越高，越能促进小学生健康素养水平的提升。

假设3.3：家长对于小学生性教育的频次越高，越有利于小学生健康素养水平的提升。

假设3.4：家长对于小学生安全教育的频次越高，越有利于小学生健康素养水平的提升。

（五）数据、变量与模型

1. 调查数据说明

本研究所使用的数据为2016—2017年《北京市中小学生健康素养数据库》的采集数据，对中小学生的健康素养水平进行动态的监控和实践指导。研究采用问卷抽样法，对北京市16个区三至六年级的小学生以及抚养人进行了问卷调查，并依据各区县在校人数、地理位置（城区和郊区）和学段（小学低年级、小学高年级）的差异性，每区随机选取1～3所学校，每个年级随机抽取1～3个班级作为研究对象。根据本土化健康教育促进模型理论，学生健康素养的水平与提升往往受到家庭参与、学校、教师健康水平等因素的影响。在此框架的基础上，依托数据调查结果，量化研究"家庭参与"在小学生健康素养形成和提升方面的规律性联系。调查总共发放了5760份问卷，回收5632份，回收率为97.78%，其中有效问卷5534份，有效率为98.30%，其中男生占调查总人数的50.5%，女生占调查总人数的49.5%。调查研究尽可能地考虑到学校分布、家庭的特征属性。因此，该数据基本能够代表北京地区"家庭参与"在校学生群体健康素养水平的现实状况。

2. 变量

(1) 因变量

根据世界卫生组织关于健康的定义：健康乃是一种在身体上、精神上的完满状

---

① 田澜，等. 小学生学习适应问题的整合性教育干预实验研究[J]. 心理科学，2004，30(6)：1389-1392.

② 卓晟珺，付伟. 国内健康素养研究进展[J]. 中国预防医学杂志，2013(8)：628-631.

态，以及良好的适应力，而不仅是没有疾病和衰弱的状态①。因此，本研究中将因变量“小学生健康素养”定义为小学生的健康素养不仅是指小学生群体拥有健康的躯体及生理表征，同时也应该具备健康的心理和完好的社会适应能力。课题研究团队依据北京地区小学阶段学生的特点（三至六年级），进行了本土化情境及语境表达的转化，并根据小学生健康素养的发展水平，围绕小学生健康素养的模型架构，从“家庭参与”的视角，对小学生健康素养的问卷框架进行了双重维度上的划分：纵向水平上，将小学生的健康素养划分为知识、技能以及行为和态度三个维度；横向水平上，划分为内容层次的四个维度（如图 2.3 所示）。采用李克特五点量表，1～5 分，得分越高，表示小学生所具有健康素养水平越高。在控制儿童性别、年级等情况下，分析“家庭参与”因素与小学生健康素养之间关系的 3 个研究假设，这些假设分别侧重于某一方面，以验证影响小学生健康素养的具体作用及大小，结合学生健康素养的综合指数，并将其划分为高、中、低三个等级。

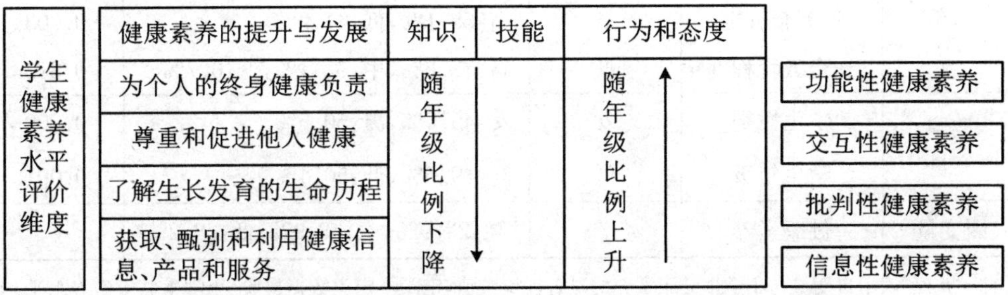

图 2.3 学生健康素养问卷维度与对应健康素养水平层次示意图

(2) 自变量

研究从社会分层的视角出发，借鉴了美国学者布劳和邓肯等人关于家庭资本，父母的职业、学历等因素与教育获得的相关性模型②。同时，参考了威斯康星学派的休厄尔（Sewell）等人针对个人努力、父母鼓励、家长参与等中介变量对于儿童健康成长的理论和问卷统计结果，以家庭特征因素作为一个整体的变量③，将自变量划分为家庭功能、家庭结构和家庭关系三大类，最终确定了 10 项变量，研究数据主要来自小学生群体相对应的抚养人信息，并根据分析模型要求进行了转换（见表 2.6）。

① 张文彤，闫洁. SPSS统计分析基础教程[M]. 北京：高等教育出版社，2004.

② Sewell W H, Shah V P. Social class, parental encouragement, and educational aspirations[J]. American Journal of Sociology, 1968, 73(5): 559-572.

③ Sewell W H, Shah V P. Parents' education and children's educational aspirations and achievements[J]. American Sociological Review, 1968, 33(2): 191-209.

表 2.6 各变量描述性统计及与儿童成长的显著性检验($n = 5534$)

变量类别	变量名称	参照	分布情况	p 值
家庭功能	经济资本	低	高:15.3%,中:63.0%,低:21.7%	0.004
	学历水平	低	高:71.0%,低:27.0%	0.155
	所在区域	郊区	郊区:42.3%,市区:57.7%	0.161
家庭结构	家庭组成	独生子女	独生子女:59.9%,非独生子女:40.1%	0.705
	家庭类别	父母抚养	父母抚养:86.2%,单亲或隔代抚养:13.8%	0.000
	家庭环境稳定性	低	高:80.5%,低:19.5%	0.000
家庭关系	参与决策程度	低	高:79.7%,低:21.3%	0.000
	相互交流频次	低	高:66.6% 中:27.1,低:6.3%	0.000
	性教育程度	低	高:58.1%,低:41.9%	0.003
	安全教育程度	低	高:32.2%,中:62.1%,低:6.7%	0.373
控制变量	学生性别	女	女:49.5%,男:50.5%	0.000
	学生年级	低	高:49.6%,低:50.4%	0.001
因变量	健康素养	/	高:22.9%,中:48.9%,低:28.2%	/

注:"p 值"表示自变量与小学生健康素养的显著性检验值,定距－定类数据检验(小学生健康素养水平)方法为卡方检验,检验方法为方差分析;"参照"指回归模型中自变量的参照组;数据来源:《北京市中小学生健康素养调查数据库》。

在家庭功能的变量设置中,基于北京市2016—2017年物价及经济消费水平,通过问卷调查询问家庭的实际人均收入范围进行分析,使数据更具有一定的地域针对性;采用家庭所在居住地相对于"户籍"所在地更能精确地描述其家庭功能性,将其划分为"市区""郊区"两个等级;此外,通过测量小学生父母及监护人的"学历"水平,反映家庭教育背景在提升小学生健康素养的水平上的影响及作用,将数据重新进行定义和分布统计,将专科以下定为"低"等级,将专科及以上定为"高"等级。

在家庭结构的变量设置中,根据郭晋芳、王梅等人的研究,将家庭结构划分为家庭组成、家庭类别和家庭环境稳定性三组自变量[①②]。其中,家庭组成变量以是否为独生子女作为界定;充分考虑了双亲抚养同单亲抚养、隔代抚养小学生群体间的差异性,将家庭类别变量定义为"高"和"低"两个类别;家庭环境结构的稳定性主要根据家庭在同一个地区居住流动性的差异来进行判别,分为"高"和"低"两个级别。

---

① 刘霞.个体和群体歧视知觉对流动儿童主观幸福感的影响[J].心理科学,2013(1):116-121.

② 郭晋芳.单亲家庭对子女社会化的影响探析[D].上海:华东师范大学,2014.

以往家庭关系对小学生健康素养影响方面的研究主要着眼于亲子沟通与家庭亲密度的相关内容①。文章在前人研究的基础上，将“家庭参与”涉及的性教育和安全教育因素纳入研究之中。问卷通过询问家长最近一月同孩子沟通和参与决策的频率，得到“频率”指数，根据题目提供“③经常、②偶尔、①从不”三个选项，在操作中，将代表不同程度的选项等级分别赋值3、2、1，并将其分布划分为“高”“中”“低”三个等级。通过询问家长最近三个月内同孩子进行“安全教育”和“性教育”的频率，得到家长对于孩子“安全教育”的数据，并将其划分为不同的等级分布。

(3) 控制变量

因小学生的健康素养在不同的性别、年龄、心理认知和发展水平上的差异，本研究中涉及的控制变量包括学生的性别和年级。变量描述性统计（如表2.6所示），p值表示自变量与小学生健康素养水平的显著性检验值。检验结果表明：除学历水平、所在区域、家庭组成和安全教育四个变量外，其他变量的p值均小于0.05，即表明小学生健康素养水平在这些变量的等级分布上，存在显著差异。

（六）研究方法与模型

对假设1至假设3的检验，本研究的因变量设定为高、中、低三个等级（定序变量），由此课题组研究团队采用定序因变量回归（Ordinal Regression）模型，它是二元累积概率（Probit）模型的拓展形式。因变量各类别概率相对于某一固定参照类概率建构起相应的发生比，形成两组不同的分类，等级建立因变量二分类的回归模型，充分利用次序因变量各类之间的大小秩序信息，其模型中各自变量的系数都保持不变，仅常数项发生改变②。因此，在实际模型的构建中，将因变量的累加概率进行函数转化并加以预测。定序因变量回归模型的这部分模型被称为尺度模型，基本公式(1)为

$$\text{link}\,(y_{ij}) = \theta_j - \sum \beta_m x_{im} \tag{1}$$

本研究采用SPSS 23.0版本软件模拟3种连接函数模型，其中link()为连接函数，y_{ij}（$i=1,2,3,\cdots,5534$，即样本量；$j=1,2,3$，即因变量的三个等级）代表第i个变量在第j等级上的累积概率；θ_j是第j个潜在的分界阈值（Threshold），即序列的混合截距；χ_{im}（$i=1,2,3,\cdots,5534$；$m=1,2,\cdots,9$，即自变量个数）是第i个样本的预测变量即自变量；β_m表示第m个自变量的回归估计系数，其获得的系数值为自变量等级转换到对照组水平的发生比率（优势比，Odds Ratio）的对数，因此可以获得回归估计系数的幂指数值，即公式(2)，含义为自变量不同等级之间的递进转

① 郑会芳. 农村留守儿童亲子沟通、家庭亲密度与其社会适应性关系研究[D]. 上海：华东师范大学，2009.

② 郭志刚. 社会统计分析方法：SPSS软件应用[J]. 人口与经济，2001(2)：58.

化(例如:家庭功能等级由低转换到高),小学生健康素养水平为 j 级的发生比是为 $(j-1)$ 级发生比的 $c_m=\exp(d_1z_1+d_2z_2+\cdots+d_mz_m)$ 倍,其具体公式可以表示为(2),其中用以解释异方差的变量 z 为模型自变量 x 中选出的部分自变量,自变量估计系数 d 的自然底幂表示相应自变量每增加一个单位,因变量驱逐的标准差为原有等级的倍数 c_m,如果 c_m 大于1,则表示对小学生健康素养的水平提升具有正向作用,反之为负向作用①。

$$\text{link}(y_j)=\frac{\theta_j-\sum\beta_mX_m}{\exp(\sum d_mZ_m)} \tag{2}$$

相关的模型摘要与数值如表2.7所示。

表2.7 定序回归分析各组模型摘要与参数估计值

维度	(模型内变量)	模型1			模型2			模型3		
		B	P	$\exp(B)$	B	P	$\exp(B)$	B	P	$\exp(B)$
家庭功能	X_1(经济资本=高)	0.102	0.068	0.903	0.016	0.793	0.985	0.006	0.923	0.996
	X_2(学历水平=高)	−0.029	0.789	1.030	−0.021	0.858	0.979	0.030	0.805	0.931
	X_3(所在区域=城区)	0.109	0.011*	1.116	0.072	0.015*	1.071	0.053	0.030*	1.148
家庭结构	X_4(家庭组成=高)				0.077	0.037*	1.080	0.085	0.025*	1.089
	X_5(家庭类别=高)				0.198	0.013*	1.219	0.483	0.000*	1.621
	X_6(家庭环境稳定性=高)				0.107	0.020*	1.113	0.100	0.035*	1.105
家庭关系	X_7(参与决策程度=高)							−0.113	0.205	0.893
	X_8(相互交流频次=高)							0.430	0.008*	1.537
	X_9(性教育程度=高)							0.131	0.026*	1.140
	X_{10}(安全教育程度=高)							0.084	0.919	0.781

① 鲍威斯,谢宇任强. 分类数据分析的统计方法[M]. 北京:社会科学文献出版社,2009.

续表

维度（模型内变量）		模型 1			模型 2			模型 3		
		B	P	exp(B)	B	P	exp(B)	B	P	exp(B)
控制变量	小学生性别＝男	−0.170	0.000***	0.840	−0.170	0.000***	0.843	−0.191	0.000*	0.826
	小学生年级＝高	0.020	0.181	1.02	0.012	0.461	1.012	0.003	0.846	1.003
常数	小学生健康素养＝低	0.891	0.000***		0.935	0.000*		0.976	0.000*	
模型拟合卡方 p			0.000***			0.000***			0.000***	
Cox and Snell R^2			0.023			0.026			0.033	
Negelkerke R^2			0.024			0.028			0.035	
平行线检验卡方^p			0.002**			0.005**			0.009**	

注：连接函数为 logit；各变量参照组见表 3.1，* $p<0.05$，** $p<0.01$，*** $p<0.001$。

（七）结果与分析

为探究家庭关系、家庭功能、家庭结构等变量如何影响小学生健康素养水平，研究采用逐步回归的形式，分别引入上述 3 组变量，建立 3 个序次回归模型。总体来看，随着变量的增加，Cox and Snell R^2 和 Negelkerke R^2（伪决定系数）越来越大，说明其模型解释变量的能力也越来越强。模型 1 中仅涉及家庭功能变量，Negelkerke R^2 为 0.024，表明小学生健康素养水平中的 2.4%可以被家庭功能进行解释；模型 2 中加入家庭结构变量后，R^2 增加 0.004；模型 3 加入变量后，R^2 增加 0.007。从 Nagelkerke R^2 的变化可见，家庭关系变量最能解释小学生健康素养水平的差异，其次为家庭结构变量，家庭功能的作用并不显著。

在模型 1 中，仅加入家庭所在地变量通过了显著性差异检验，表明"所在区域"变量对小学生健康素养水平的作用显著；其家庭经济资本和家庭成员学历均未通过检验，说明该因素对小学生的健康素养的影响并不显著。从回归系数的幂指数来看，家庭所在地为市区的变量因素对儿童成长有正向作用，且市区大于郊区，市区小学生获得较高健康素养的概率是郊区家庭儿童的 3.05 倍。因此，假设 1.1 和 1.2 被拒绝，假设 1.3 被验证。

在模型 2 中加入了的家庭组成、家庭类别、家庭环境稳定性三个变量对小学生健康素养的作用均为正向，分别为 1.08、1.22 和 1.11，且三者均通过显著性检验，因此假设 2 中的三组假设均得以验证。

模型3中加入了家庭关系变量，相比前两组模型拟合，该模型具有最高的解释力。依据统计结果，相互交流频率和性教育程度通过检验，且差异性检验显著，表明两者对小学生健康素养水平的提升具有显著作用。根据期望值数据统计结果，相互交流频次的期望值为1.54，即通过有效的家长和小学生间的沟通交流，可使小学生健康素养等级提高的发生比提高4.66倍；家庭性教育对于提升小学生的健康素养具有正向作用，即家庭成员通过对小学生进行性教育启蒙，相比于没有实施该行为的家庭类别，其获得较高健康素养水平等级的发生比为3.13倍；而家长参与“学习策略”决策 p 值大于0.05，表明对小学生的健康素养的影响并不显著，且从作用方向看，其对小学生的健康素养的形成具有负向作用。基于以上分析，假设3.2、3.3均得到验证，假设3.4被拒绝，而假设3.1为反向作用。

在控制变量中，依据期望值的数值，女生获得较高健康素养等级的发生比率要比男生多2.28倍；而“家长参与”在不同年级间小学生健康素养水平方面的影响并不显著。

（八）主要研究发现

本研究建立了小学生健康素养 Logistic 回归模型。以“家庭参与”作为一种独立的视角，探讨家庭因素对小学生群体健康素养水平提升的机制。

1. 父母学历背景、家庭资本对于小学生群体的健康素养水平没有显著影响

虽然家庭所在地越接近市区的小学生群体，其越可能拥有较高的健康素养水平等级；但是家庭资本和父母的学历水平并不对小学生的健康素养具有显著的绝对影响。我国地区经济差异和城乡二元分割特征使得教育资源不能得以均衡分布[①]，位于市区居住的小学生往往可以获取更多的学习资源和参与社会化实践的机会。虽然以往的研究表明，父母的学历与大学生的职业就业情况之间呈现正相关性[②③]，且具有较高健康素养水平及文化知识的父母，其子女在步入大学后将表现出更好的健康产出。但是，本研究发现：家庭成员的文化背景因素并没有对小学生的健康素养水平产生明显的影响。其原因可能与以下三个方面的因素相关：一是，测试小学生的父母群体，虽然在工作属性上存在一定的差异，但是作为新生代的70末、80后父母群体，在基本的日常行为习惯和基本健康意识上已经表现出明显的提升；二是，近年来，网络媒体等新媒介的宣传介入，使得新生代父母群体自身的健康素养水平在一定程度上得以提升，逐渐弱化了不同家长由于文化水

---

① 罗春花．广州市部分高校小学生健康素养现况及影响因素研究[D]．广州：暨南大学，2013.

② 孙小云．我国小学生心理健康现状及影响因素分析[D]．沈阳：辽宁大学，2017.

③ 龚继红，钟涨宝．流动儿童与城市本地儿童的家庭教育差异及影响因素：基于武汉市853份样本的分析[J]．学习与实践，2015(3)：106-114.

平所带来的差异；三是，较高学历的父母群体往往更加疲于工作，忽视自身健康，缺乏健康素养的有效示范传递。因此，在“家庭参与”的层面，可以通过家庭的途径，利用当地的优势资源，缩小城郊之间的资源差异，增加郊区小学生接触大自然的实践机会，搭建自然探索和健康生活的连接，以此提升小学生群体的健康素养。

2．家庭结构对小学生健康素养水平提升具有显著的正向影响

家庭组成为非独生子女；家庭类别为双亲抚养、家庭环境更为稳定的家庭结构，更加有利于小学生拥有较高的健康素养水平等级。研究表明：独生子女对家庭客观环境及氛围通常表现得更为敏感，而非独生子女则更多依赖于学校氛围的影响。造成这一现象的原因在于非独生子女家庭往往能够提供给小学生群体更多同他人交流和协作的机会，其应对和解决问题的能力也不完全依赖于父母，更容易在成长初期形成独立的人格特质；父母作为小学生早期获取信息和形成健康素养的基本保障，其家庭完整的结构和父母长期的陪伴对孩子身心健康至关重要，更加有利于小学生健康素养的形成。根据健康素养调查问卷的分析，流动小学生群体的家庭在生理卫生、营养健康和运动能力等方面的教育不够重视，比本地小学生家庭落后①，且同本地小学生家庭相比，流动小学生家庭更易轻视小学生的运动能力。而家庭类别为隔代抚养模式下的小学生群体，则更易处于为溺爱、放任和非专制教育的状态。因此，“家庭结构”的不完整或欠缺，对小学生健康素养形成与发展产生长久且负向的影响。

3．家庭关系在一定程度上对小学生健康素养水平提升有正向作用

在小学生健康素养形成和发展的重要阶段，良好的家庭关系能够为他们的成长提供更为安全的保障。首先，研究结果表明：虽然流动家庭和城市本地家庭对小学生安全教育方面的重视程度，没有呈现显著性差异。其原因在于：一方面，更多的家庭交流将有助于缓解小学生的焦虑情绪和心理压力；另一方面，家长作为小学生获取健康信息的重要途径，良好的家庭氛围也有利于小学生直接感受和获取健康素养的模范示范。其次，家庭作为小学生性教育启蒙的最佳“发源地”，现实中却呈现出“家庭场域”的严重缺位，当小学生在成长过程中面对一系列生理及身体变化，如果父母不加以及时教育和引导，往往也会对未来小学生的性格形成和心理状态的发展产生一定的影响，而家长通过家庭轻松的环境赋予小学生相应的自我防护技能，使其了解生命的产生及历程，知道家庭不同成员在家庭生活中的角色和责任，同样有利于小学生健康素养的综合提升。此外，小学生阶段作为人生成长的重要转折点，他们已经开始作为独立的个体展开自己的思考，进行自我判断和决定，

---

① 吉利．儿童性教育在家庭场域中的缺位[J]．中小学心理健康教育，2018(2)：18-19．

并逐渐表现出较强的自我独立解决问题的能力，如果父母过多地参与学习策略的制定，往往会让小学生失去面对困难的信心，无法获得相应技能的培养机会，丧失处理和解决事情的能力。由此可见，保持和建立良好的家庭关系才能对小学生群体的综合健康素养起到提升的作用。

综上所述，家庭作为个体早期接受社会化的场所，与学生个体的卫生习惯养成、个人饮食偏好以及运动习惯等具有密切的相关性。尽管该研究调查结果表现出，北京地区"新生代"家长群体的家庭经济背景和学历对学生早期健康素养水平的影响较小，为进一步深入了解其家庭经济背景及学历对学生早期健康素养水平的影响，还可以进一步通过全国范围内的大数据样本进行调研，使其结论更具有普适性和研究价值。此外，依据研究数据发现，非独生家庭结构模式和早期性教育启蒙对于小学生健康素养水平的提升具有显著正向作用。但是，研究结果也表明家庭中家长对于学生学习策略的过多干涉，本质上对学生健康素养的提升具有一定的反向作用。这些结果为我们从家庭视角阐述"家庭参与"和小学生健康素养水平间的规律性联系提供了具体而直接的依据。

三、同伴因素对学校健康教育的影响

从古至今，人类群体之间的相互关系往往会对群体成员间的行为产生一定的影响。在群体中，成员会受到来自同伴的压力或鼓励，对他们自身的表现行为会产生一定的思考，同时对于他人的行为进行判断。特别是在信息迅速传播的今天，一个群体或集体的普遍行为都会对个体的行为产生一定的影响，最终达成对群体成员观念和行为的集体约束，形成一定的规则，对个体健康行为的产生具有非常重要的价值和意义。一般情况下，同伴因素容易被理解为同伴关系，不可否认同伴关系是同伴因素中的重要组成部分。但是，同伴关系一般是指同龄人或者心理水平发展处于同一阶段的群体，在交往和发展过程中所形成的人际关系，一般分为同伴接纳和同伴拒绝两种类型①，与此处谈及的同伴因素并不完全相同。

但是，就其同伴因素所产生的影响而言，又不仅是局限于单一维度下的同伴关系，往往隐藏着更为复杂的内在关系，诸如学生个体在做出决定时，会受到群体意识、群体规范以及群体压力等相关因素的影响②。当学生个体参与到集体的学习和日常活动中，将与团队中的成员产生相互的联系，首先要在意识上要遵循团队的共同目标，将自身原有个体差异化行为和意识与群体集体的行为规则进行相互的融合和碰撞，在共同磨合的过程中，最终形成团队内部具有一定共识的意识。其次，团体意识会对个体的行为产生一定的约束力，并通过行为标准的限定，通过群

---

① 宋若飞. 同伴关系对留守儿童心理健康的影响及教育建议[J]. 中小学心理健康教育，2022(6)：56-58.

② 傅华. 健康教育学[M]. 3 版. 北京：人民卫生出版社，2017：224-225.

体目标的实现促进个体行为目标的改变。但是在某些时候，由于从众行为也会带来一定的负面效应，例如在课题组的问卷调查中，当询问中学学生“在聚会时，若有人让您抽烟或者喝酒，您的态度是?”在调查的4092份有效问卷中，有1.3%的中学生表示欣然接受，6.4%的中学生表示会视情况而决定，有22.1%的中学生表示坚决拒绝，70.3%的中学生表示不仅自己拒绝，还要劝诫别人。依据调研的数据，学生在应对真实的生活情境中，往往不能按照学生主体最初的主观意愿对事物进行最终的判断，其产生最终结果的过程受到了外围多重因素的相互影响，诸如学生受到环境刺激或言语激励，或者出对于现场气氛的迎合、拉近同伴之间的关系以及遵守某种内部规则，达成某一共同的目标，这些都会对学生是否做出一个健康的、负责任的决定产生一定的影响。因此，在进行同伴因素分析的过程中，很难将学生同伴之间的关系局限在某一个简单的人际关系框架之中，而是需要考虑同伴因素的综合性和社会性，辨识学生在所在社会环境中的角色和行为活动。

虽然学校、家庭和社会一直致力于营造和维护一个健康、良好的同伴关系网络，但是有时这样的网络并不是一个封闭的系统，总有一些关系范围难以预估，那么应该怎样解决这些问题？诸如在对学生进行防止吸烟、酗酒和滥用药物的教育中，以往的研究发现了一个卓有成效的行为决策方法，即协助学生学会面对各种生活情景，联系所获取的健康知识和信息，形成自身的健康信念，运用决策技能达到预防的目的。这种策略整合了学生的认知和情感因素，鼓励学生在考虑和尝试解决问题时，能够充分地运用他们的创造性思维，形成对外在同伴因素影响的响应能力。对于被认定为健康的行为和技能，学生可以效仿和参与到同伴组建的活动群体或任务之中，而对于被判断为非健康的行为和具体情境时，即使早期的教育过程中并没有为这一特定的情境做好应对准备，学生仍然可以很好地适应自己所处的环境，能够在他人的协助下，改变现状并与他人很好地合作，而这些能力都是无法通过传统教育模式培养而获得。因此，在实施健康生活方式教育时，教师应摒弃一些过时的陈旧思想和做法，以一种符合时代需要的新型教育模式来做好这项工作。

四、其他因素对学校健康教育的影响

学校健康教育情境中的教师群体、学生日常生活的家庭场景及家庭成员以及与学生们朝夕相处的同伴都是常规健康教育体系中公众普遍认可的影响因素，近年来也逐渐获得了学校和社会的关注。而除此之外，诸如国家健康教育的政府决策以及一些非常规教育系统的因素，在本质上也会对学校健康教育的有效推进产生持续的影响。

（一）政府决策对学校开展健康教育的影响

2016年8月26日，中共中央政治局审议通过《“健康中国2030”规划纲要》，强调全方位、全周期保障人民群众健康。该纲要将健康教育纳入国民教育体系，把健康教育作为所有教育阶段素质教育的重要内容。建议以中小学为重点，建立学校健康教育推进机制；构建相关学科教学与教育活动相结合、课堂教育与课外实践相结合、经常性宣传教育与集中式宣传教育相结合的健康教育模式，培养健康教育师资，将健康教育纳入体育教师职前教育和职后培训内容[①]。

2021年9月3日，教育部等五部门发布《教育部等五部门关于全面加强和改进新时代学校卫生与健康教育工作的意见》，也强调健康教育要以中小学为重点，完善以课堂教学为主渠道、以主题教育为载体，形成学校全员促进、学生人人健康的良好氛围[②]。与此同时，地方政府为提升学生的健康素养水平，也通过制定的政策文件，为一线基础教育阶段的学校提供了具体的发展条件和制度保障，诸如《北京市儿童青少年近视防控十条措施(征求意见稿)》的发布和落实，就提出要严格控制学生使用电子产品、切实减轻学生学业负担、切实强化体育课和课外锻炼等十项举措，严格落实各区、学校、班级儿童青少年近视防控工作。将儿童青少年近视防控工作、总体近视率和体质健康状况纳入学校绩效考核，同时对儿童青少年体质健康水平下降的所在区和学校依法依规进行问责。但是，从上层理念到学校健康教育的有效实施仍然需要经过漫长的过渡和转化过程。例如上述调研数据就呈现出一线教师在学习和理解政策和文件层面有所欠缺，仍然需要接受系统化的培训。只有这样才能将国家和地方的政策和文件要求转化为学生可学习的具体课程。

（二）非常规教育系统对学校健康教育的影响

美国学者勃朗芬勃伦纳(U. Bronfenbrenner)认为“能动性的发展促进着人与其所生活的环境之间进行着渐进式的相互适应”。其中所强调的环境在本质上是一个具有宏观的、多理论研究层次的生态系统，即多维度的环境因素不仅包含了学校，还涵盖了学校之外的伙伴关系、父母的工作单位、家庭的朋友等不同区域空间中的群体，这些非正规教育系统因素本质上也影响着学生个体的成长与发展。以芬兰基础教育阶段的科学学科的教学为例，学生学习的环境不仅涵盖了已有的传统教育系统和学习场景(主要以学校为主体)，同时还包含了非传统化的教育系统

① 国务院办公厅.“健康中国2030”规划纲要.[EB/OL].(2016-10-25)[2022-02-08]. http://www.gov.cn/zhengce/2016-10/25/content_5124174.htm.

② 教育部等五部门.关于全面加强和改进新时代学校卫生与健康教育工作的意见.[EB/OL].(2021-08-02)[2022-02-08]. http://www.moe.gov.cn/srcsite/A17/moe_943/moe_946/202108/t20210824_553917.html.

(植物园和博物馆),此外,非传统化的教育系统还很好地整合了现有的现实与虚拟场景(如图2.4所示),在一定程度上也激发了原有传统教育系统的活力,弥补了原有教学模式的不足,让学生能够更为真实的体验和模拟社会生活中的情境,尝试开展探究和解决问题。国内现有的教育和教学资源与芬兰基础教育阶段小学科学开设模式具有一定的相似之处,同样可以将基础教育阶段健康教育的内容融汇在不同的学习环境之中,以学校主体作为健康教育的核心,同时整合外源性的健康教育资源,打破学校原有健康教育的时间和空间维度。

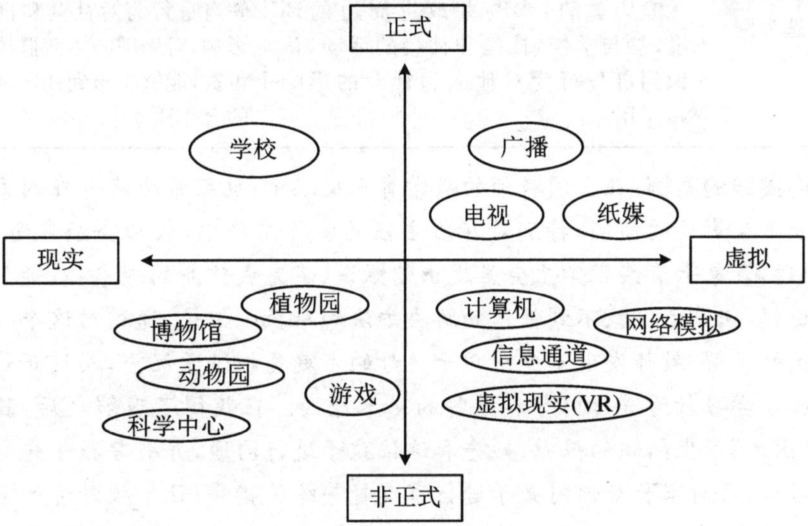

图2.4　芬兰基础教育阶段学生科学学习环境范围示意图①

学校健康教育目的在于如何教育学生成为一个真正健康并生活幸福的个体,使他们能够健康地生存,并提供充分的信息予以支持,并最终促使学生的健康态度和价值观转化成为学生的日常的健康行动或行为。由于每个人都生活在相对复杂和多样化的生态系统之中,因此这一过程的转化不仅需要"正规化教育资源"的供给,同时还需要"非正规教育资源"提供相应的支持和帮助。以芬兰基础教育阶段的健康教育为例,小学阶段的健康教育并没有以独立的课程形式存在(如表2.8所示),而是涵盖在学生生活环境、社会各阶层生活方式以及个人环境的多个层面,其中包括亲属、朋友、特定社区内的生活与交往等内容。因此,只有当健康生活方式成为每一个公民的必需时,健康教育才会成为人们生活方式的主流。

① 徐扬.芬兰基础教育阶段科学课程改革中的"边界消弭"伯恩斯坦视角下的芬兰科学课程与教育形态[J].全球教育展望,2019,48(3):11.

表 2.8 芬兰小学科学课程内容(环境教育与健康教育)①

年级和课程名称	一、二年级“环境与自然研究”综合性课程	三至六年级“环境与自然研究”综合性课程
主题内容(以国家课程标准可持续发展部分内容节选为例)	实践可持续发展的行为： ·环境教育：指导多领域实践可持续发展的策略，管理自身财产并合理地使用它们。降低生活中废物的产生，循环利用。了解家乡地域的环境及重要性。 ·健康教育：参与并改进周边的环境，参与学校，社区和社会的活动，认识到自身行为对他人和社会的影响和作用	营造可持续的未来： · 环境教育：让学生关注森林的生物多样性、气候的变化、文化遗产和资源的减少。 · 健康教育：关注健康促进，了解自身行为对社会和自然界的影响，对周围的生活群体和环境负责，能够参与到社区和全球化的合作活动中

国内实践的案例：在我国教师的教学育人反思中，也经常会有外在因素对学生健康成长产生影响的案例，特别是在班主任的实际工作中，教师会经常遇到“学困生”的问题，表象上看某位学生会呈现出爱撒谎、不完成作业的现象，教师如果按照常规的逻辑，似乎已经找不到任何的解决方法和路径。但是，通过对这个孩子背后家庭状况的了解，教师发现家庭中孩子父母的家庭负担过于沉重，而这正是导致其无法对孩子学习行为进行引导和监督的根本原因。在获得了理解之后，教师开始寻找“学困生”产生问题的根源，她先和这位孩子进行沟通，并引导孩子先养成记作业的好习惯，再对家长如何对孩子进行家庭督导给予指导，让学校外部的家庭因素成为驱动学生改变不良行为的持续动力，这也让孩子的行为逐渐呈现出良性的变化。②

本章思考题

1. 了解健康素养的培养对于基础教育阶段学生具有哪些重要的价值和意义。

2. 学校健康教育与健康促进两者之间的关系是什么？

3. 我国现阶段的学校健康教育实施的核心理念是什么？

4. 说出如何通过对所在学校健康教育影响因素的分析，匹配学校现有的教学资源，规划和改善现有学校健康教育的实施现状。

① 徐扬. 芬兰基础教育阶段科学课程改革中的“边界消弭”：伯恩斯坦视角下的芬兰科学课程与教育形态[J]. 全球教育展望，2019，48(3)：11.

② 案例来源：北京市西城区师范学校附属小学，初可。

第三章　中小学健康教育课程的实施

本章将详细阐述中小学阶段学生健康教育课程实施模式的理论基础，并进一步明确不同健康教育课程实施模式的应用情境和阶段划分依据。处于基础教育阶段的学校可以在进行教学模式的选择过程中，以此作为评价标准，对学校现有的状况进行评估，选择适合于本学校发展的健康教育课程实施模式。三个不同类别的课程实施模式实际上匹配了三种不同类型的学校：第一类是学校现有教学资源充足，课程体系完备，师资力量充足的学校类型，第二类学校属于已经具有一定的课程体系，需要在原有基础上进行课程体系优化的学校类型，第三类学校则对应了学校现有资源有限，但具有某些特色化的单门课程，可以进一步进行深度地开发、拓展的学校类型。三种不同的课程类别也呈现了学校在进行健康教育过程中的三个进阶发展阶段，当学校现有发展状况已经实现了从单一的课程过渡到了课程体系建设或者从课程体系进入到全学校健康资源整合的阶段，都可以进行动态模式的切换。本章旨在希望处于不同现状下的学校都能够从自身的实际情况出发，积极有效地推进学校健康教育的发展，找到适合于自身课程建设的具体实施路径。

第一节　三类中小学健康教育的课程实施模式

本部分提出的三类学校健康教育课程实施模式，没有孰优孰劣的区别。但是，为保证健康教育课程在学校的顺利开展，学校应该客观地评价学校资源的整体情况，不必照搬或刻意模仿某种模式的外在实施形式，而应充分利用学校已有的优势资源和特色文化基础，开发潜在资源，最终实现学校健康教育从知识、技能的学习到学生健康行为习惯的培养。

一、中小学健康教育课程实施模式的应用原则与阶段划分

在第一章第三节中，本书已经向读者呈现了健康教育课程实施的“三角结构模型”，该模型的设计遵循了健康教育理性行动与计划行为理论，同时也整合了以往健康教育阶段性行为改变理论的相关理念。中小学健康教育的课程实施模式的实施过程强调了健康教育的成效应侧重于学生健康观念、技能、态度和价值观的形成以及具体行为的转变。其本质目标在于学生自身功能性健康素养、交互性健康素养以及批判性健康素养的系统性养成，同时该模型还强调健康教育要以课程内容作为实施的重要载体，旨在帮助学生建立自身的健康信念（Belief）、态度（Attitude）、意向（Intention）和行为（Behavior）。

在健康教育实施的具体过程中，个体行为的改变可以通过对外在事物的态度转变而达成。健康教育课程实施的理论结构模型看似简单，但是在实际的教学和生活情境中，这类实际问题往往异常复杂，特别是学校作为学生长期学习和生活的重要环境，涵盖了诸多影响其自身发展的环境因素。研究者如果想要弱化群体健康行为对于个体的影响，单独地去看待一个独立个体的健康行为改变，让其在没有外力的作用下做出有利于个体健康的行为改变，这几乎是一个不可能实现的过程。例如：校园健康教育的案例中经常会遇到某些需要减肥的学生个体，但是在采取行为改变的过程中，周围人群会对学生的态度提供不同的意见：学生的父母可能会从心疼孩子的角度，觉得孩子现在的身体状况还可以，不需要采用控制饮食或运动的方式进行减肥。而这位学生周围的朋友和老师可能会觉得现在的体重增长已经影响了他的外在形象和身体健康，应该通过更为合理的饮食结构来改善现在的身体状况。这时我们就会发现，学生在做出这一选择的过程中就会考虑来自亲人、同伴和教师的建议，对最终结果产生众多影响。此外，还有更多的复杂因素，诸如突发事件以及当事者自身的内心活动，都会在这一过程中产生相应的作用。因此，从个体开始对一件事物产生自我的基本态度认知，到最终实现个体健康行为的转变，往往教学体系中所涉及的因素就不再局限于课堂教学的小场景，而是还会涉及学校环境中的诸多因素。

本章所论述的三类不同的健康教育课程实施模式，虽然在学校的选择条件、课程实施的方式等方面存在着一定的差异，且具有一定的应用情境，但由于健康教育课程的实施和健康教育课程所产生的实效往往不同于一般知识类课程所产生的实效，教师、家长可能在短时间内无法看到学生通过学习而获得健康成效，学生行为的改变往往要经历一个漫长的改变过程。同时，不同的课程实施模式要想在外在表现形式上与实施效果相互契合，其具体的实施还需要遵循一些基本原则：

其一，学校选择的健康教育课程实施模式类型要能够促进学生发现和学习到新的正向、积极的事物，形成新的观念，自觉建立与新鲜事物之间的联系，并产生意识觉醒，激发实施主体产生自主行为改变的意愿。这种意愿一般是由自身健康的“价值期望”所决定的，是未来个体为何要采取改变行为以及如何启动行为改变的持续动力。因此，人们经常会看到个体在开始改变健康态度之前，往往会计算健康行为获得的基本“收益”和付出“成本”，并在最终态度决定之前，进行不断的斟酌，反复推敲，甚至产生翻转。在这个过程中，前期计划的确定是非常关键的，这种计划的制定要综合评价“收益”和付出“成本”，选择在一定限度和范畴内实施健康教育的主体可以达成的“价值期望”。在宏观层面上，即学校在进行健康教育课程实施模式选择的前期就要明确学校健康教育的实施是指向了学生的哪类行为改变，付出成本是否在学校现有资源所能承受的范围之内。在微观层面上，当学生受到了学校健康教育课程的启迪，开始在思想意识上发生转变，这时也会在学校拟定的“价值期望”框架下形成自己的“价值期望”。

其二，学校健康教育课程实施的模式所营造的学校环境能够激发教师或学生制定健康改进的实施目标，持续采纳改进措施，寻求多方位的资源支持。其中，涉及的学校环境还包括学校内在的独特文化、学校的生态环境以及教师自身健康行为的表现等。例如，学校能够激发实施健康教育的教师群体将课程的设计和教学工作计划融入学生健康行为的改变计划之中，并最终通过健康教育行动的实施，推动学校、家庭及社会的整体运转。

健康教育课程模式的有效推进除了需要具备以上两个重要原则之外，其具体运转和有效地推进还需要经历以下三个不同的阶段，即准备期、行动期和持续期。

在准备阶段，学校可同高校科研机构合作，组建学校的健康教育专业研究团队，调动教育生态体系的多方资源（包括食堂、医务室、心理咨询室、学科教师、家委会等部门）的共同参与，依据课程的总目标梳理具有学校特色的分目标，完善管理制度，由团队成员分工负责学校健康教育课程的具体落实，将健康教育纳入学校日常活动。准备阶段良好的设计和规划能够在一定程度上为后期学校健康教育课程的顺利实施提供保障；同时，学校也能够以更为宏观的视角来整合现有的健康教育资源（硬件设施与原有课程体系），充分地激发学校健康体系中的有机元素，将健康教育以一种更为自然的方式融入学生的日常生活之中，以“润物细无声”的状态感受健康教育所带来的益处。

在行动阶段，学校依托合作的专业教师培训机构，定期对团队骨干教师进行健康教育课程开发和实施的培训。依据课题组前期的调研结果，很多处于基础教育阶段的教师自身缺乏对健康教育知识的正确认识，也迫切地希望通过后期持续的健康教育相关培训工作，帮助他们打破以往学科的边界，跨界教学将健康教育的相关内容同自身已有的学科教学内容进行有机整合，并在研发健康教育课程内容的过程中，提升课堂教学质量，为健康教育课程目标的具体落实提供载体。

在持续阶段，以区域健康教育课程示范学校为中心进行辐射，以课程评价促进课程目标和课程内容的动态调整，增加优质教学课例的展示和交流机会，推进健康教育学校的集团化课程资源的网络共享(已经建立“健康教育课程实施效果评价数据库”用于基地学校的问卷调查和方案收集)。

纵观整体的课程模式的设计，健康教育课程的实施是一个有阶段的、动态化的过程。由于在具体的实施过程中，各个学校在资源的分配和办学条件等方面仍存在一定的差异，应根据学校的办学特色、已有的校内外资源、现有的课程体系以及主题类课程推进具体模式的落实，以学校的健康教育带动社区乃至于整个社会范围内的健康教育进程。

二、基于多重资源整合的健康教育课程实施模式

基于多重资源整合的学校健康教育课程实施模式是指充分利用校内外的多维度资源，为学校健康教育课程的具体实施提供支撑、保障和反馈的一种课程实施模式。该模型将学校、家庭和社会视为一个完整的健康教育生态系统(具体如图 3.1 所示)，促使影响学校健康教育实施效果的多维因素在系统中相互作用，产生综合性效应。依据健康教育实施模式的“三角结构模型”理论，学校在采用多重资源整合的学校健康教育课程实施模式进行课程目标设定和落实方面，应依据学生对于健康素养的实际需求，从健康的知识、理念、技能和生活方式及行为等维度出发，以培养学生健康素养的 10 项基本健康生活技能的具体表现为目标(本书在第四章节中将详细介绍学生健康素养形成的十项基本健康生活技能的具体内涵及维度划分)，重新组建学校现有的教学和环境资源。

区别于以往的健康教育的课程实施模式，学校中不同的元素之间彼此相互独立(例如一些学校将生态环境与教学过程完全分离)。就该模式中教师自身角色和定位而言，教师不仅被视为是学校健康教育工作的设计者和实施者，同时还是学校健康教育的重点关注对象，特别是学校要对教师群体的心理健康状况具有充分的了解。而在多重资源整合的学校健康教育课程实施模式中，学校、家庭及社会的资源得以综合利用，将学校教育生态中的每一个组分细化为学校健康教育课程实施过程中的一个具体因素(诸如学校教师自身的身体和心理健康状况以及学校环境等)。以北京中国科学院第四幼儿园为例，就将教师自身心理健康状况纳入学校的生态系统之中，结合学校日常的校园节日(教师节、三八妇女节等)，定期开展教师之间的沟通和交流活动(科研学习、心理辅导)，同时让教师能够从同伴、学校环境中体会到工作的幸福感，并促使教师将这种幸福感转化为日常教学的动力，让处于

学校生态系统中的各个元素彼此之间发生互动，并最终实现家庭、学校和社会多重资源的二次组合与共促。

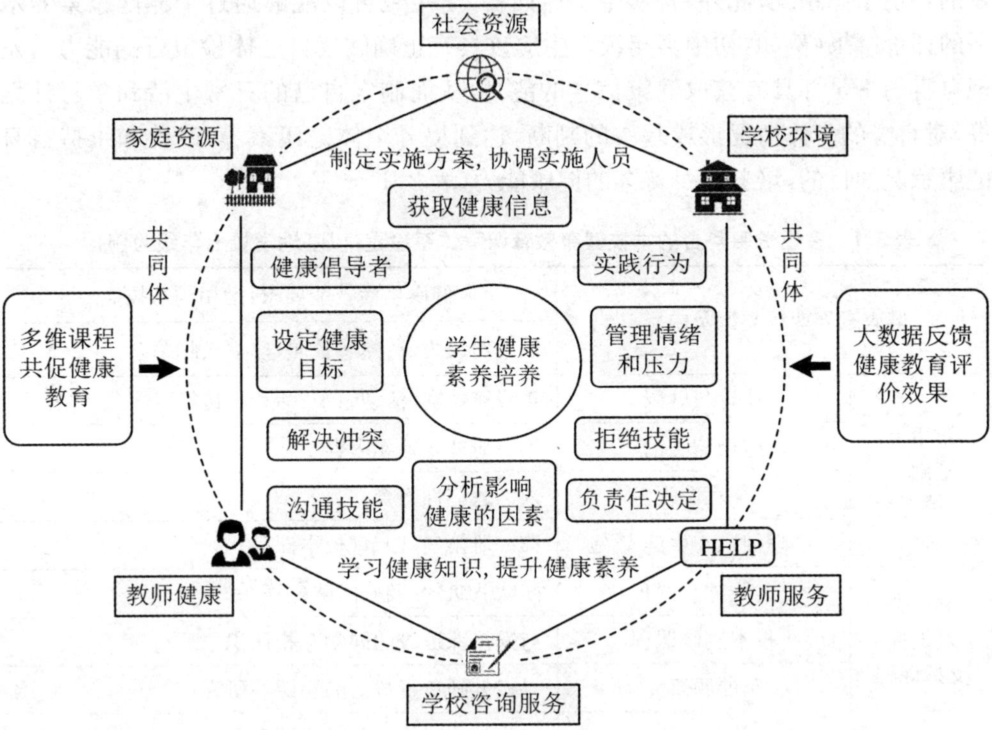

图 3.1　基于多重资源整合的学校健康教育课程模式图①

其次，该课程模式以学校内部信息化的大数据作为学校开展和实施健康教育的重要依据和评价指标，发挥数据统计在个性化课程设计实施过程中的作用和价值（相关内容将在本书第四章第三节中做详细介绍）。同时依托多维课程内容体系作为健康教育课程实施的重要途径，共同支撑学校健康教育生态系统的正常运行。

以往健康教育侧重于具体的实施过程，却忽视了健康教育在评价层面的反馈，依据以往学校健康教育的实践经验，数据的支撑体系能够反馈参与健康教育实施的多个群体，实现不同群体内部及之间的信息交流与共享，包括学校管理者、教职员工、学生、家长等。具体而言，学校管理者能够通过大数据信息的反馈（体检数据、体质监测数据、学生学业成绩、学生调查问卷等），进行基于本校特点的学校课程总体规划；教师能够通过健康大数据的反馈，改进和研究自身的教学行为（例如：学生心理状况、学生学习难点以及校内外体育运动强度、频度，学校环境指数等），

① 徐扬.健康教育课程创新实施模式的探索与实践[J].中国教育学刊，2019(7)：73-79.

指导其设计个性化的教学方案;学校环境层面,可以依据具体的采集数据(例如:校园体育设施建设、学生活动空间、心理咨询服务室、学校食堂等),进一步地改善学校的环境生态系统;此外,就学生个体而言,学生也可以能够通过个体健康素养水平的评价结果(例如:初中高年级学生应该具有正确阅读自己体检报告的能力),发现自身的不足并具有获取健康信息的能力,从而制定自己的日常生活和学习计划等,对自身的身体情况形成基本的判断,达到提升个体健康素养,改善和维持自身健康状况的目的,培养终身持久的健康能力(表 3.1)。

表 3.1 多重资源整合的学校健康教育课程体系设置(以基地学校七年级为例)①

健康素养课程类型及内容		健康生活技能要求:运用沟通技能
		以七年级为例:熟悉校园、建立人际关系
健康类基础性支撑课程	体育与健康	年级篮球赛(活动组织、活动宣传等)
	道德与法治	第二册 2、3 单元内容
	德育课程	入学适应性教育
	心理健康与生涯发展	第一册第三、四节(校本课程)
健康类发展性支撑课程	实践体验课程	团队队旗的绘制、团队建立
	校本选修课程	与选修课班级的同学互相认识
	小课题研究	寻找教师负责自己的小课题研究
学校环境支撑体系	营养环境	优化学校营养餐和健康饮食金字塔的海报的制作
	社会与情感环境	鼓励学生进行人际沟通
	物理环境	提供安全的沟通环境
健康服务		入学体检及心理测试
学校心理咨询服务		为缺乏沟通技巧的学生提供咨询和帮助
教师健康		班主任会+教师心理工作坊
家庭资源		引入家长课堂+家长学校线上讲座
社会资源		开发适合学生体验的社会资源

三、基于学校特色文化的健康教育课程实施模式

基于多重资源整合的学校健康教育课程实施模式固然具有一定的优势,能够从更为宏观的视角对学校健康教育的实施进行整体设计,帮助学校整合现有的教

① 案例来源:北京育才学校初中部。

学资源，但是部分学校在具体实施的过程中，可能由于原有可利用资源的有限性和局限性，难以调动学校内外多重资源并进行重新的设计和整合。基于这类学校的现实状况，应该如何“就地取材”，发挥学校现有课程体系的优势，进一步提升学生的健康素养水平？

基于以上学校的现实状况，学校可采用基于特色文化的健康教育课程实施模式进行健康教育课程的整体设计（如图3.2所示）。该模式强调学校可从自身现有的健康教育资源出发，依托学校已有课程体系，发挥学校特色文化的优势，以发展学生适应未来社会发展的十项关键健康生活技能，激发学校现有课程资源的活力和师资教学的动力，进行健康教育内容的融合与渗透。这种模式有效地保留了学校原有的特色课程体系，打破了原有的学科边界，特别是结合义务教育阶段初中学科及科学课程标准，也可通过跨学科综合实践活动的形式，使得健康教育能够融入学校的所有课程。此外，在课程实施的过程中，如果教师发现目前已有的课程对学校急需解决的健康教育问题或难点还有所欠缺，还可以在原有课程的基础上增加相应内容的融合点，逐步丰富现有的健康教育课程体系。

在具体的实施与操作层面。首先，学校在采纳该模式开展健康教育时，应依据健康教育实施的“三角结构模型”，采用“总—分—总”的形式进行具体课程体系的调整与丰富。一是学校可组建内部的课程研发团队（覆盖学校的各学科骨干教师），整合和确立学校原有不同学科中与健康教育相关的课程目标和课程内容（如图3.2所示）；二是删除不同学科中多次重复和交叉的教学目标和内容，选取一门学科作为具体目标的主要实施载体；三是设立不同年级内容维度空间的螺旋上升梯度，突出不同课程和活动在某方面健康生活技能培养上的层次进阶，最大限度地降低教学资源的浪费，推行多教师间跨学科、跨领域的授课模式，打破学科壁垒。该模式以拓展性课程、基础性课程和综合性实践三种课程类型作为实施载体，以校本课程的融合、学科渗透，主题实践活动的多种方式进行推进，构建学科课程内容与学生能力培养的知识点连接，从而实现健康教育在不同学科间的自然融合。同时，学校还可根据自身的特色文化和实际开展情况，选择一项到几项重点培养的健康生活技能作为学校健康教育培养的阶段性目标，结合学校具体的资源条件，开展系列的课程实践和学生体验活动。此外，该模式成功推进的关键还在于学校要有与课程教学内容相互匹配的课程评价体系。由于该模式主要是以渗透的方式对学生进行健康教育，因此评价方式也不应局限于某一个学科体系内的评价，需要综合学生的日常行为表现（包括课堂观察记录表、学生作业等），依据同学、教师和家长的综合评价数据，更加真实地反馈学生在课程中实际学到的知识。

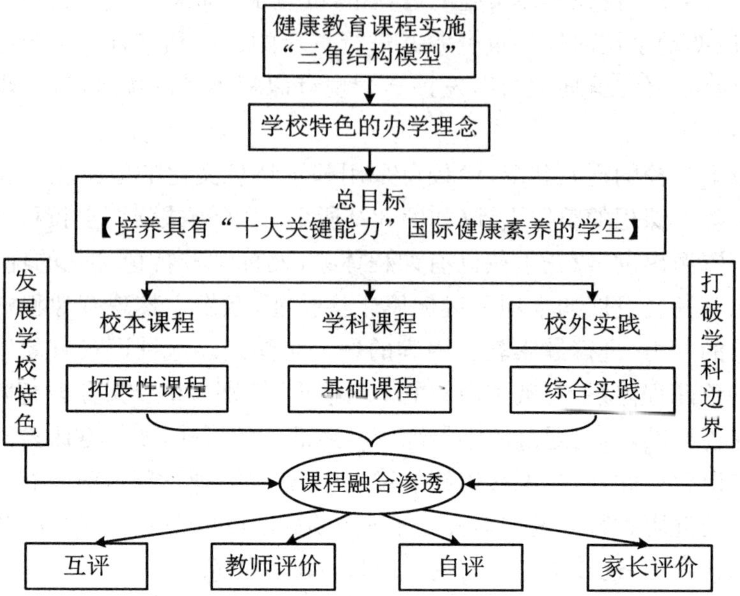

图 3.2　基于原有课程体系中融合健康教育的课程实施模式①

特别是在当今全球化的国际背景下，健康教育知识的信息量以“爆炸式”的方式激增，课时与知识需求间的矛盾日益凸显，教师课堂上的教学必然不能涉及所有健康领域的知识，那如何破解这一难题？国际健康教育及相关领域的研究认为：学校健康教育的目标应是为学生提供辨识健康常识和提供实践健康行为的机会，并通过健康能力的培养，使学生具有反思健康行为的意识，清楚地了解自身行为和健康成果两者之间的关联性。因此，学校可为学生营造真实的实践情境，关注学生健康素养所需关键技能的培养，帮助学生搭建学科知识和健康教育的相关链接（例如：我们在数学课的相关环节中引入计算肥胖指数 BMI 的测算方法，在化学课程中引入“地沟油”的鉴别等相关内容），使健康教育成为学生原有知识体系框架与健康素养形成的桥梁。在这样的融合式的课程体系中，任何一个学科都可以作为学校健康教育落实的重要载体。在走访和参与调研的一些学校中，很多学校具有自身独特的文化特色课程体系，例如北京育才学校小学部的“中医本草校本课程”、北京和平街一中的“和”文化课程以及海淀区羊坊店中心小学的“奥林匹克”课程等。这些都是基于学校特色文化而形成的优质课程体系，都在原有学校的特色文化的基础上进行健康教育内容的二次整合，使其更加成熟化和系统化，同时依托于原有课程体系而建立的健康教育课程体系也具有较好的实施效果和特色（表 3.2）。

① 徐扬. 健康教育课程创新实施模式的探索与实践[J]. 中国教育学刊，2019(7)：73-79.

表 3.2　健康教育主题在多学科课程中的融合(多学科案例)

学科	健康教育内容在学科教学中的融合
数学	数学活动链接： 小学六年级，教师可以让学生对于日常作息时间进行分配和管理，(包括做作业、休息、个人爱好、体育运动等)，计算以上这些活动占用一天 24 小时的百分比例？并比较前期计划数值与实际执行数值之间的差异，从而优化相应的时间计划，具体活动如下： ◆ 判断时间利用方式 ◆ 绘制时间计划表 ◆ 计算时间的百分比例 ◆ 进行时间规划与实际执行的分析 ◆ 完善时间计划表，制定更为合理的时间计划表
化学	化学活动链接： 复习物质的量浓度的相关计算过程，让学生们了解食用油中的酸值如何测定，酸值的含义是什么？树立公共卫生和食品安全意识。具体活动如下： 如何保证我们的食用油是安全的？ 食用油检测标准和酸值的代表意义等问题。 实验讨论环节： ◆ 如何测定油中的酸值 ◆ 如何配置物质的量浓度的溶液 ◆ 如何选用合适的检测指示剂 ◆ 交流实验结果，反思学习和计算食用油的酸值，了解化学学科中的相关知识对于自身健康生活的意义
艺术	艺术课程链接： 初中及高中学生可通过艺术类课程，了解什么是均衡饮食，例如搭建自己的食物膳食金字塔，给自己或家人制定一个合理的饮食指南和计划表，具体活动如下： ◆ 教师可提前为学生准备一定的素材，将班级的同学分成若干小组，每组同学分别设计一张海报 ◆ 画出“食物膳食金字塔”的轮廓图，并在里面填写上各种食物的图片，可以自己绘画作品 ◆ 可以从旧的报刊或报纸上剪下图片，在活动的过程中建立学生健康饮食和营养合理搭配的理念
生物	生物课课程链接： 人教版教材七年级生物《传染病》内容，利用生物学科作为健康教育课程载体，进行健康教育知识内容的渗透，在不增加教学任务的基础上，开展细菌和病毒的传播方式介绍，让学生知晓应该如何阻断传染病的流行，自身在日常生活健康保护中可以实践哪些行为。具体活动如下： ◆ 以西班牙大流感为例，分析传染病的传播途径是什么呢？ ◆ 分析身边由于传染病感染而生活受到影响的实例。陈述“患病”和“携带者”，“传染源”与“病原体”的区别？ ◆ 对于传染病的预防，初中生(作为个体)能做些什么呢？

在具体的课程实践过程中，学科任课教师还需要建立自身学科教学同健康教育之间的相互关联，帮助学生在日常的生活和学习中，用一种“润物细无声”的形式实现相关的教学实践。

四、以主题实践活动为驱动的健康教育课程实施模式

在现有的课程体制中，对整体设计健康教育课程体系仍然存在困难的学校，同样也可以利用学校宣传日、校园节日、综合实践课程和主题班会等形式，利用碎片化的时间片段，进行基于“大概念”的主题活动实践教学模式。该模式的实施能够在一定程度上缓解学校教学任务繁重与课时有限两者之间的矛盾，也能够在一定程度上解决当前健康教育师资不足的问题，让健康教育成为学校生活中的常规化活动。同时，也能够在一定程度上帮助学生将日常的学校生活情境同自身的健康成长问题相互关联，让学生在轻松愉悦的学习和生活环境中建立对健康自我的认知。

在具体的实践过程中，学校可以将“世界防治结核病日”“中国学生营养日”“全国爱眼日”“世界艾滋病日”等健康教育的主题活动和校园节日活动相互融合，依据学生的心理、脑科学的认知发展层次的要求，搭建学生认知水平、学习情景与能力培养之间的连接，塑造课程实施的新生长点。该模式强调知识只是行为改变的前奏，而不是直接作用于健康行为的改变，可通过以下三个不同的实施阶段予以落实。首先，教师需要对跨学科领域中那些可迁移的知识，即跨学科“大概念”进行筛选和知识体系的构建(可选择义务教育课程标准中跨学科实践部分的主题内容作为参照)；其次，学校可以最大限度地利用现有的资源，依据学生实际生活中密切关心的难点和热点问题进行健康主题的设计，确立同一个跨学科“大概念”主题下的不同学科共同参与的活动，打破不同专业学科的边界，最大限度地发挥多学科教师的力量，以团队协作的方式开展活动，帮助学生发展和扩宽他们原有的健康知识体系，树立和完善现阶段的健康目标。最终，匹配主题教学活动的实施目标，转化为学生实际的健康行为表现的评价量表，以学生实际行为表现的现状来判定教学的实施效果，改善和修订现有的主题教学活动设计，为学生的成长提供持久性的健康服务和支持。

基于主题活动实践教学驱动下的健康教育课程实施模式(如图 3.3 所示)是基于儿童、青少年时期所具有的天然学习兴趣和本能所提出的，旨在为他们提供真实的生活场景，满足学生的基本健康需求以及拓展学生潜在的学习兴趣，让学生能够主动地去探究健康知识的奥秘，完成从健康教育关键内容、概念“学习”到“实践”过程的行为转变，将以往教学中枯燥的学科知识转化为具体体验与探索，并最终内化为学生在未来健康生活中的行为习惯和能力。

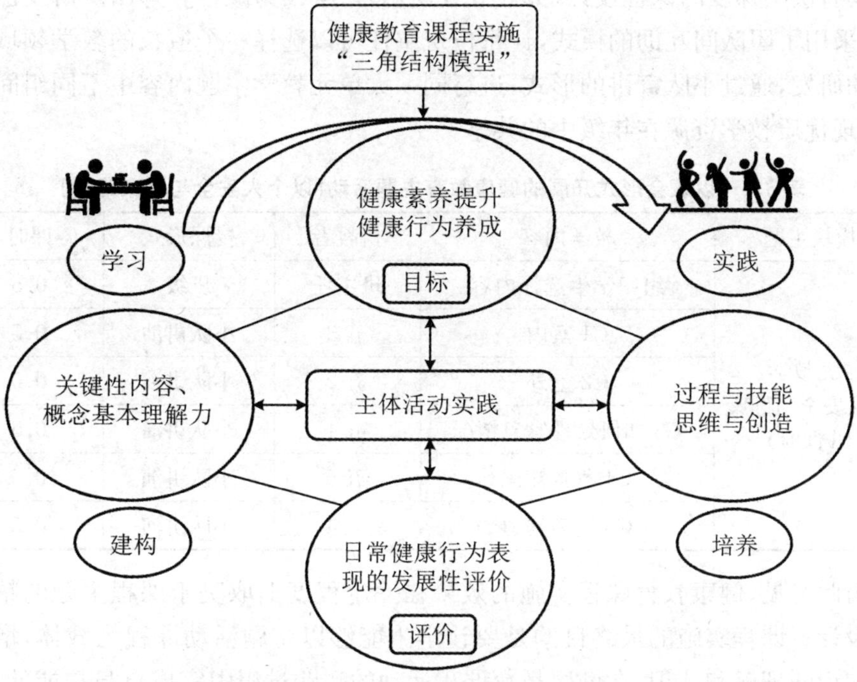

图 3.3　基于主题活动实践教学驱动下的健康教育课程实施模式图①

在参观一所我国台湾地区的农村小学时，研究团队观察到学校每年由于台风原因，会导致校园中大量树木遭受损坏，凌乱的树枝散布于校园各处，学校工作人员每次都需要花费大量的时间来进行日常环境的维护，此外，还要考虑这些树枝的后续处理问题。学校结合这样一个现实问题，调动多个学科的教师共同参与这一主题课程的设计（数学、美术等）。经过持续的研讨，教师们将这一主题聚焦于“健康环境的构建”，教师们将收集的树枝作为学生实践木工主题课程的原料，开发系列以学生团队为主体的创意课程，从基本的数学测量到美术图案的设计，都关注了学生在参与这一主题活动过程中对营造健康环境的认识培养，旨在帮助学生形成人与自然和谐相处的基本理念。同时，学生在制作电烙画、木质钥匙扣的过程中也体会到了团队合作以及与他人交流的快乐，培养了学生的社会适应能力。学生通过“学习”过程来实现知识建构，通过“实践”的过程来不断发展新的知识和技能，形成具有成长性的知识积累。综合看待这一健康教育课程的实施效果，虽然与学校现有的物质基础和资源条件密切相关，但是当外在条件无法改变时，学校仍可以利用当地现有的地理和特产等资源，开发基于主题的健康教育课程。也有一些学校通过确立的不同主题内容，将这些嵌入式的主题内容以班会课的形式在不同年级

① 徐扬. 健康教育课程创新实施模式的探索与实践[J]. 中国教育学刊，2019(7)：73-79.

开展具有层次梯度的课程设计(如表3.3所示)。学校为减轻教师团队研发课程的压力,采用了团队间互助的模式,让每位班主任可以选择一个擅长的教学领域进行课程的研发,通过小队宣讲的形式,进行同一大单元教学主题内容中不同组间的分享,实现优质教学资源在年级中的共享。

表3.3　以班会形式开展的健康教育主题活动(以个人安全与健康为例)

模块主题	教学内容	执教者	授课形式	课时
单元教学:个人安全与健康(3课时)	组织学生选择内容	班主任	班级	0.5
	C1 室内	五3	小队讲演	0.5
	C2 室外	五2	小队讲演	0.5
	C3 如何处理紧急情况	五1	小队讲演	0.5
	C4 急救知识	五5	小队讲演	0.5
	C5 远离暴力	五4	小队讲演	0.5

由此可见,健康教育课程实施的效果在一定程度上取决于课程主题的精心选择和设计。课程实施的最终目的是要让学生能够以主题活动课程为载体,增进对健康知识的理解和认识,在健康教育课程活动的实践过程中完成自身技能的培养,并通过学生健康行为的发展性评价和养成结果的双重评价,更好地反馈教师的教学和指导学生深入地学习。

综上,学生健康素养的提升不仅需要依靠社会的制度保障,而且依赖学校高质量健康教育课程实施模式的具体落实。涉及的三种学校健康教育课程实施模式,没有孰优孰劣的区别。但是,为保证健康教育课程在学校的顺利开展,学校应该客观评价学校资源的整体情况,不必照搬或刻意模仿某种模式的外在形式,而应充分利用学校已有优势资源,开发潜在资源,最终实现健康教育从知识、技能的学习到行为习惯的养成。学校健康教育课程实施模式的建立只是学校开展健康教育的第一步,还应结合学校调研和评价的相关数据,对开展健康教育的课程体系、教学设计和教学评价进行深入的探索,以此作为后续学校健康教育实施过程中的重要补充,进而发挥健康教育课程实施模式在健康教育生态体系中的核心作用,不断推进和完善特色化健康教育学校的发展。

第二节　中小学健康教育学校实施方案的设计

学校作为学生健康教育实施的重要场所,其健康教育的落实往往需要学校制定较为详尽的实施方案,并进行持续的推进和落实。相比于课程实施模式的选择,健康教育学校实施方案所涉及的研究范围更为具体化，注重实操环节，涵盖了学校健康相关课程的设置：人员管理、保障以及具体推进策略等。由此可见，一个优质的学校健康教育课程实施方案既要有课程实施的主体结构，又要有其后续实施的多重保障，具有一定的复杂性和系统性。因此，依据以往实践基地学校有效开展健康教育的经验，这些学校都有一些共同的属性，普遍具有详细、可执行的系统化实施方案，在后期学校健康教育具体的推进过程中都发挥了重要作用。在本节中，研究团队对以往基地学校所设计的优质实施方案进行了分析和总结，形成以下一些原则，希望能够帮助一线学校在进行实施方案设计的过程中，根据学校具体的情况进行设计。此外，已经具有实施方案的学校也可以参照这些原则，作为现有方案的评价标准，进行学校健康教育课程实施方案的修订和完善。

一、中小学健康教育学校课程实施方案的设计原则

（一）个性化与普适化相互结合的原则

健康教育课程实施方案的设计既要考虑所在学校自身学生中亟须解决的健康问题，又要考虑所在区域学生普遍存在的一些共性化的健康问题。综合评价课程内容维度的选择与分布，使其能够从学生的基本健康问题着手，逐步解决学校其他层面的健康问题。

（二）科学性与实效性相结合的原则

健康教育课程实施方案的设计既要根据学生身心发展的规律、学生不同成长阶段的实际需求，科学地开展健康教育，同时又要注重健康教育的实践性，便于操作，能够调动学校教师、学生的具体执行和学校其他参与者的有效参与。

（三）面向全体学生与关注个体差异相结合的原则

健康教育课程实施方案的设计既要面向全体学生，不放弃任何一位学生；又要关注学生的个体差异，根据学生年龄、心理、性别等特点和发展需要，开展有针对性的教育和引导，特殊学生需要“一人一方案”，做到“宏观之中见微观，微观之中有宏观”。

（四）知识习得与技能养成相结合的原则

健康教育课程实施方案的设计要关注学生在知识学习过程中健康生活技能的养成，不可“纸上谈兵”，强调健康知识与健康技能并重，指导课程的设计与实施既拥有丰富的健康知识、健康技能，又要涵盖丰富的、便于学生实践和体验的教学情境和教学活动。

（五）团队化与专业化相互结合的原则

健康教育课程实施方案的设计既要有专业化高校、科研院所合作与参与，获得指导，基于健康教育的理论和实施路径进行科学化的设计，又要聚焦内部优质课程开发和管理团队的组建，做到课程实施方案的设计既具有科学性和理论价值，同时在理论向实践转化的过程中，也能够依靠学校内部优质的一线教学人员进行保障和落实。

二、中小学健康教育课程实施方案的设计流程

学校实施方案的设计就宏观层面的价值而言，是学校整体育人环节中的重要组成部分，就微观层面的价值而言是学校引导、改善学生健康行为的有效工具。虽然在具体执行的层面，以往诸多原有的健康教育的模式理论更多的是从公共卫生的视角来看待学校健康教育工作，但是其中一些理论研究仍然对学校的健康教育课程的实施方案的设计具有一定的指导意义。本部分内容就借鉴了美国健康教育学家劳伦斯·格林（Lawrence W. Green）所提出的格林模式理论（Precede-Proceed Model），该模式于1970年被格林等人所提出，重点强调了学校健康教育在具体执行过程中的倾向因素、促成因素以及强化因素，同时可以采纳健康教育产生的预期结果作为整体实施方案设计的根本依据，综合考虑具体实施过程中各因素对学校健康教育实施效果的影响，同时结合健康教育的行为改变理论，提出了学校健康教育课程的实施方案设计的具体流程（如图3.4所示）。

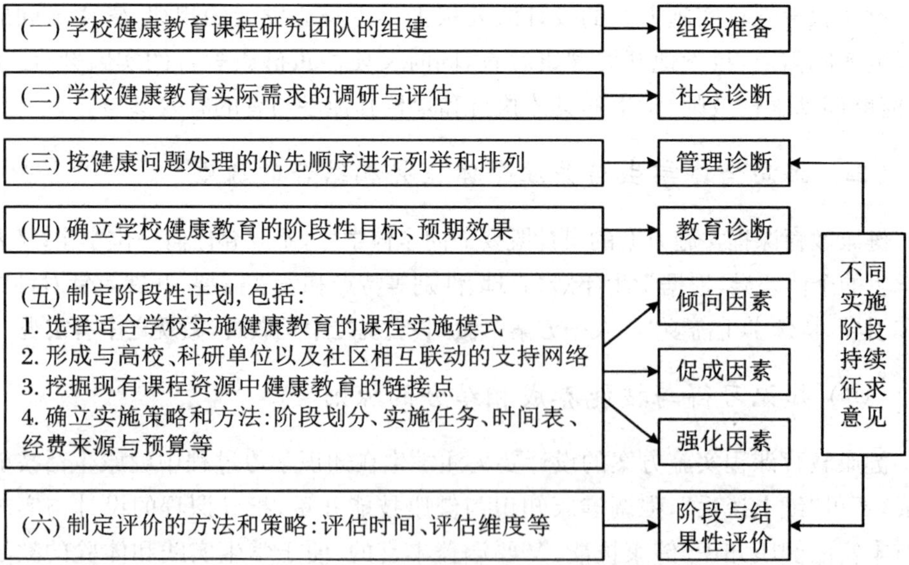

图 3.4　健康教育课程实施方案设计流程示意图

（一）学校健康教育课程研究团队的组建

学校卫生健康教育工作的落实首先需要一支专业的课程研发与管理团队，其团队的组建可以围绕以下三个层面进行设立，各层面之间可以进行分工与协作，统筹推进。第一层面，由校长对学校的健康教育工作方案的制定进行团队组建、整体规划和资源整合；第二层面，由学校各职能部门进行整体方案的设计及推进，如通过人事、财务、教务、德育等部门拟定实施计划、整体协调经费预算等工作，并充分借助家委会和教代会的力量，进行任务分配；第三层面，由校医和心理、体育、生物等学科老师组建成课程研发及实施团队，负责具体教育活动的设计推进。以北京市和平街第一中学、北京师范大学附属中学、海淀区羊坊店中心小学等学校为例，这些学校均在设计学校健康教育课程实施方案的前期，分别组建了健康教育专业团队，主要由校长或主管教学的副校长作为负责人，主抓学校健康教育的整体规划和统筹，下设主管德育的教导主任及任课教师，形成具有梯度层次的三级健康教育课程研发及实施团队。

（二）学校健康教育实际需求的调研与评估

对学校健康教育实际需求的调研与评估能够促使学校健康教育课程实施的方案更加具有针对性和务实性。例如学校可以依托现有中小学生体质健康数据库、中小学生体检数据进行分析，发现学校急需解决的健康问题；学校也可以针对现有的健康教育融合课程和特色课程进行课堂观察，根据课堂观察结果，对课程设计、实施和参与听课的学生进行深度访谈，将量化研究与质性研究相互融合，使学校健康教育课程的实施方案更加精准化，建议可以采纳以下几类学校常用的前期调研和评估方法进行学生健康教育课程需求的分析。

文献法：学校可以广泛查阅和精读国内外与健康教育相关的著作、论文、报告等文献资料，对健康教育、健康素养在教育领域的核心概念和应用范畴进行研究，为设计具有学校特色的健康素养和健康教育课程、开发调查问卷提供理论依据的框架、同时为学校后期的研究与健康教育课程实践提供坚实的理论基础和参考依据。

问卷调查法：为准确地了解学校现有健康教育的实施形式、课程模式以及开展的情况，针对学校健康教育工作进行问卷调查，研究对象可以是所在学校的中小学生、抚养人及教师。例如通过学生问卷了解学生目前对健康知识及行为的掌握程度，通过教师问卷和家长问卷了解学校健康教育开展情况及家长对健康教育的意见及要求，建立学校内部的健康素养数据库。

案例分析法：基于所在学校健康教育课程实践的情况，开展课程的研发，针对课程开展过程中存在的问题，对典型案例的课程实践进行深入剖析，组织骨干教师团队进行研讨，寻找已有学科与健康教育的关联，积累案例素材。

观察法：设计学校健康教育课程的评价观察量表，对学生在健康教育课程中所表现出来的“知识与技能”“行为方式”“观念态度”三个维度进行综合评价，通过观察发现健康教育课程实践中的现状和问题。

访谈法：为了研究成果更加具有科学性和严谨性，同时作为课程实践观察开展的补充内容，学校可通过随机抽样的方式对教师和学生进行个别访谈，通过访谈了解学校开展健康教育推进模式的实际情况以及教师实施的难点，并对材料进行整理统计。

（三）按照健康问题处理的优先顺序进行列举和排列

以一所实践基地学校为例，前期通过问卷分析的方式及学校教师的访谈结果，发现学生群体中普遍存在着健康知识和健康行为互不匹配的现象，学生虽然知晓饮料类、油炸类食物对身体的损害，但是还是会选择这样的一类饮品和食物作为饮食就餐的首选。此外，这所学校还通过前期的调查，发现学生在学校洗手时，往往不使用洗手液、香皂等，但通过访谈发现，主要原因是学校在多个卫生间配置的洗手液等物质本身就不充足，加之学生反映课间时间短、卫生间数量不足等问题，导致学生通常只是匆忙洗手，这是导致这一现象的一个原因。这些因素间接导致了学生及教职员工在洗手时使用洗手液、香皂的频率降低。可见这种由于外在物质配备不足所引起的健康行为缺失，以往难以被人们所察觉。在这个过程中，大数据的统计和反馈在一定程度上能够帮助学校进行相应资源的合理分配和整合，在如此庞杂的问题中进行判断，选择出哪些是学校可以在短时间范围内进行解决的，哪些是学校需要通过长期课程或活动实现的。一般而言，学校环境中由于硬件设施引发的健康问题，可以在问题发现之后，通过物资补给或宣传引导的方式得以解决，适应于短期内的问题解决，而关于学生自身生活习惯及行为层面的问题，往往需要通过学校采用特定的模式进行进一步的分析。例如学校可以应用SWOT分析法的相关理论，从当前学校健康教育发展的优势（Strengths）、劣势（Weakness）、机会（Opportunities）与挑战（Threats）四个方面，对学校现有的优势和劣势进行检查和分析，并根据学校在实施健康教育的过程中遇到的实际问题，进行学校、教师、社会资源等要素之间的重新组合或政策实施的调整（表3.4）。

首先，在学校健康环境因素的构建中，我们应该重点考察学校物质环境的相关因素，其中包括了学校现有的校舍房屋、绿化面积、操场以及相应的教学设施和设备。特别是近年来，随着电子信息技术的蓬勃发展，与学校健康教育相关的网络媒体、互联网设备逐渐进入学校环境，成为学校健康教育物质环境影响因素的一部分。此外，在学校整体的健康环境中，学校的食堂、医务设施以及由学生群体共同构建的环境（例如“无烟”校园的营造）等也是学校健康环境建设的一部分，通过教职员工共同构建的学校的外在环境促进学校教职员工及学生的身体及心理健康。因此，为综合考量这些因素的影响，学校在进行相应健康教育实施的过程中，可在方案制定的前期，通过查找以往健康教育实施过程中的不足，进一步发展和探究学校自身在健康教育课程发展中的方向。

表 3.4　学校健康教育整体资源 SWOT 分析

学校整体资源分析	S(优势)	W(劣势)	O(潜在机会)	T(隐含风险评估)
学校环境资源条件的调研评价				
地理环境条件综合评估	例：附近无大型的污染类企业，学校现有楼层建设中，教学楼每层有男、女生卫生间各一个，基本满足学生需求等	例：学校目前未提供学生饭后漱口的相关饮水设备和配备设施等	例：学校背靠广阔的周边环境区域，具有较大的绿化空间和面积	例：学校周边即将修建一条交通干道，需要加强学生日常交通安全的教育工作
学生人群人口特征分析	例：学校设有卫生急救和卫生防护方面的学生社团	例：学生群体中存在较大比例的留守儿童	例：班级学生水平比较均衡，学生的个人能力能够在班级环境中得到很好的发挥	例：学生人数多，对于学校和教师采纳小组合作式的教学活动有所限制
学校规模评估	例：学校创办 40 年，历史悠久，师资稳定	例：原有的校舍设施建设相对陈旧	例：学校现有应有一定的场地，可以用于学校学生日常体育设施的建设	例：学校原有的教学理念相对陈旧，后期改变存在一定的难度
硬件设备供给	例：学校的教室配有投影设施，具有一定的活动场所	例：缺乏体育、卫生等健康教育相关领域教师的指导	例：学校同校外图书机构合作，帮助学校建设新的图书馆	例：教师在教学中不能很好地将现有的硬件设施用于日常的教学
教师资源统筹	例：教师素质高，能够和学生进行很好的互动，教师具有能动自主学习的意愿	例：学校现有的校医人员数量不足，教师年龄较大，新教师教学经验不足	例：近年来，新教师数量及比例的增加，学历和教学热情高	例：缺乏新老教师在教学及教研管理的相关机制，不利于团队合作

续表

学校整体资源分析	S(优势)	W(劣势)	O(潜在机会)	T(隐含风险评估)
学校环境资源条件的调研评价				
社区资源供给	例:家长群体中有在医院工作的医护工作人员,部分家长能够提供相应的学生课外健康教育的实践场所	例:家长对于学校健康教育的需求相对复杂,父母忙于工作,缺乏同学生之间的交流等	例:社区具有一定的环境资源,例如博物馆、自然公园、社区服务站等	例:家长工作繁忙,教师设计活动前期投入较大,教师教学任务繁重,时间紧张
学校健康教育课程实施现状的调研评价				
例:健康教育课程的课程体系建设	例:学校经常举办健康教育的讲座和活动	例:教师之间缺乏跨学科间的相互交流和合作	例:已有的健康教育活动在实际授课过程中得到学生的认可和喜爱	例:不同健康教育内容课程的设置上具有一定的重复和交叉
例:运用多元教学策略实施健康课程	例:学校已有一定的健康教育策略使用的经验和基础	例:不能依据具体的活动类型和活动形式选择合适的健康教育策略	例:学校目前正参与相关健康教育教学设计的培训项目	例:缺乏在教师从理论到实践转化、研发过程中需要指导
例:健康教育活动实施现状	例:已有健康教育活动设计的初步方案	例:健康教育课程缺乏体系化设计	例:学校可安排专职教师负责帮助整理现有的课程素材	例:专职教师本身对与学科相关联的健康教育内容缺乏深入的理解,同多个学科教师之间的沟通还需要一定的协调时间

在评价的过程中,学校环境的安全性、舒适性以及卫生条件的良好水平均是实施有效健康教育课程的前提。但因为不同学校所在区域的差别,不能按照统一的标准进行前期的评估。因此,学校可以根据学校所在地的优势和劣势进行综合性的评估,针对学生现有状况来设置课程体系。

(四)确立学校健康教育的阶段性目标、预期效果

学校健康教育目标的实现往往是一个长期的过程,其内在的操作和实施体系

也非常的庞杂，且不同的环境元素相互交织，对整体目标的最终实现也具有一定的影响。因此，为了使学校健康教育的实施者和参与者在具体实践的过程中具有阶段性的收获，可以在长期健康教育实施的过程中设置短期的学校健康教育目标和阶段性预期成果。那如何设计适合于学校现有状况的健康教育阶段性目标？首先，学校应根据前期的健康问题处理的优先排列顺序进行判断，依据简单健康问题、比较复杂的健康问题和复杂健康问题三个维度逐层制定阶段性目标，并根据学校现有的状况和以往的活动实施经验，判断每个阶段可能产生的实际教育结果。本阶段的各个环节是一个动态变化的过程，其阶段性的目标可在实现学校健康教育总目标的过程中，根据实践任务的复杂性进行阶段性目标的拆解，对于复杂度较高的任务可以设置多个阶段性层次和阶段性目标（判断依据为学校在限定的时间内能够达成该阶段性的目标），且每一个目标所涵盖的内容维度相对聚焦，便于解决一个具体的健康问题。

（五）制定阶段性计划

学校制定的阶段性目标要在学校具体的实践计划中有所体现，具体指学校在不同阶段通过实施健康教育活动或任务达到的实施成效。特别是在一线具体的教学方案实施过程中，方案的阶段性计划应该包含执行时间、参与人员、具体任务等。其中执行任务的描述越明确，就越有利于教师在具体实践过程中的操作与落实，往往能够获得较好的实施效果。具体而言，首先学校在制定具体方案的过程中需要呈现明确的时间范围，并评估该项任务是否能够在计划的时间范围内完成（充分考量实施过程中难点突破所需的时间）；其次学校提出的任务要具体、明确、有针对性，匹配学校具体课程实施方案中所涉及的各类活动；最后学校要定期梳理已有的阶段性成果，以往在学校实施计划的制定过程中，只是关注了“做”的环节，而忽视了“思”的环节，造成了学校健康教育实施的优质经验不能得到有效推广和迭代升级，即在段阶段性任务结束的后期，学校要开展相应经验及实施路径的总结，积累实践过程中优质教学案例及丰富的教学资源，使其能够在一定程度上汇集学校的阶段实践成果，在区域学校中进行推广，并为下一个阶段的实施和过渡进行准备。

（六）制定评价的方法和策略

学校健康教育方案的具体实践还需要学校制定详细的评价方法和策略，并针对各个阶段的实施效果进行综合性的评价，提出具体的改进建议。具体包括：对实施策略及保障条件设计的评价、学生健康素养水平的评价、教师健康教育教学水平的评价等多个层面，并根据不同的评价需求设计有效的评价工具。同时，每个层面都要有与之匹配的评价方法，例如针对学校宏观层面的实施策略及保障方面的评价，更适于采用专家、教师以及学生访谈以及研讨的形式进行，更易于直接获取有效的反馈信息;针对学生健康素养水平的评价可以采用行为技能的考核和调查问卷的形式进行评价;课堂教学的评价可以采用听评课量表、课例研修等形式进行评价和反馈。这里值得注意的是,不同的评价方法都有具体的适用范围和情境,可以在健康教育方案制定的不同阶段,根据学校该阶段的具体要求进行评价策略及方法的选择和调整,也可以在某一个阶段,根据具体需求进行几种不同类别评价策略及方法的组合,最终让学校健康教育课程的研发及实施团队能够根据学校具体的教学和实践需求进行动态化的调整。在具体评价策略的选择层面,建议采用过程性评价与结果性评价相互结合以及动态调整的评价策略,注重过程性评价中对于学生技能的考核,让学校健康教育课程的设计可以随着学生实际的学习反馈进行动态的调整。

三、中小学健康教育课程实施方案的案例解析

本部分内容将结合以上提及的中小学健康教育课程实施的具体原则和设计流程,以一所课题实践基地学校的健康教育课程实施方案为例(2017—2018 年),具体解析一线学校应该如何进行课程实施方案的规划与撰写。通常学校健康教育课程实施的方案应该包含以下几个主体部分,分别是实施背景、实施目标、实施计划、职责分工、预期成果和保障措施几个层面,具体在每一个层面应充分地运用设计流程所提供的实施工具,满足不同阶段的预定目标,综合各种因素,进行相关内容的落实。

学校实施方案的撰写——北京海淀区羊坊店中心小学健康教育课程实施方案①

(一) 实施背景

解析:该部分内容的撰写应包括健康教育课程实施学校已有的课程体系、课程模块的梳理,学校原有的文化基础及特有的优势资源的分析,可使用学校健康教育整体资源 SWOT 分析工具进行具体操作。

学校从 2001 年北京申奥开始,就拉开了奥林匹克教育的序幕,至今已经历 20 多年相关课程的具体实践。作为北京市首批奥林匹克教育示范校,学校从最先的模拟古代奥林匹克运动会开始,到今天构建的奥林匹克教育理念体系和奥林匹克活动体系,出版了奥林匹克校本教材,开设了奥林匹克校本课程,形成了学校独特的奥林匹克教育特色。学校的德育工作逐渐也形成一个有"奥林匹克"内涵的学校

① 案例来源:课题实践基地学校——北京海淀区羊坊店中心小学。

德育框架和育人特色。在日常教育教学活动中注重培养学生建立积极、阳光以及健康的生活模式，把学生的身体健康、心理健康、社会适应等作为培养的重点，并与学校的育人目标紧密结合，旨在培养具有国际健康素养的小公民。由此可见，学校已有的办学特色和健康课题的研究作为健康教育课程的实践基地学校，能够为下一步推进北京市中小学生健康教育课程的实施模式奠定良好的基础。

（二）实施目标

解析：该部分内容的撰写应包括学校实施健康教育的总体目标和具体分目标（学校可根据自身的具体情况，制定现有时间阶段内可以完成的目标，目标要注重学校的实际执行力，不可好高骛远），应聚焦学生健康知识、生活方式以及学校具体实施的健康教育课程模式的研究，实现从健康知识的学习到健康生活技能培养的顺利过渡。

健康不仅是一种生活方式，还是一种良好的教育理念。羊坊店中心小学实施的健康教育课程以培养学生的健康素养导向，以培养学生的十大健康生活技能为重点，最终实现培养具有国际素养的小公民的育人目标。

◆ 普及健康知识：全员参与健康教育，将健康知识普及至学校、老师、学生、家庭的各个层面。

◆ 培养师生健康的生活方式：通过各种健康主题活动培养师生各种有益于自身、社会和全民族健康的行为和习惯，普及卫生科学知识，倡导文明、健康、科学的生活方式，提高生活质量与生命质量。

◆ 探索小学健康教育课程的实施模式，形成健康生活技能：把小学健康教育融入学校的校本课程，丰富学校的特色化课程体系。把小学健康教育融入学校的校园的环境和文化，促进校园文化提升。把小学健康教育融入学校的学生活动，促进学生综合素质的提高。

（三）实施计划

解析：该部分内容的撰写要与学校制定的年度教学计划紧密结合，一般分为计划阶段，主要指学校要制定相应的实施方案；实施阶段，主要指学校任课教师依据学校制定的方案进行健康教育的具体转化和实践；评价阶段，主要指学校定期整理和归纳在健康教育实践过程中积累和总结的优质案例和教学资源，同时，在持续完善、改进的过程中，将学校特有的特色文化融入具体的实践过程之中。

◆ 第一阶段：2017 年 3 月——2017 年 5 月：初步形成学校健康教育方案。

◆ 第二阶段：2017 年 5 月——2018 年 9 月：按照方案实施健康教育活动。

◆ 第三阶段:2018 年 9 月——2018 年 12 月:梳理健康教育成果阶段。

为了有效探索实施健康教育的途径,根据学校学生的年龄特征,设计出符合学生自然发展规律的教育途径,健康教育项目学校做到"五个纳入",即纳入学校发展计划、纳入学生活动、纳入体育活动、纳入课程资源、纳入校园文化,形成健康德育特色。

解析:在制定和推进实施计划的过程中,结合学校健康教育课程方案的设计原则,灵活选取符合学校发展的设计原则,进行选择性的应用和转化,使其在学校具体的实施方案中有所体现。

◆ 健康教育研究和课堂教学有机结合。

为丰富和完善学校的健康教育校本课程,将健康教育与各学科紧密结合,在课堂教学中渗透健康教育。每学期结合各学科特点,每月一节健康教育渗透课,详见学校课程安排表。

◆ 健康教育研究和校本课程有机结合。

将健康内容纳入到学校校本课程中,随堂渗透,与校内外活动课程紧密结合,广泛开展健康教育活动。

◆ 健康教育研究和开展主题实践活动有机结合。

通过开展丰富多彩的主题教育,让学生在活动中增长知识、开阔视野、培养健康意识、感受国际健康的意义,养成良好的健康卫生习惯,学会更好地生活,详见学校主题实践活动安排表。

(四) 职责分工

解析:在以往的实践研究中发现,校长在学校健康方案具体执行过程中具有非常重要的作用和价值,遵循设计原则和具体实施流程,设计具有层次梯度的团队结构,从学校健康教育课程实施的整体设计到具体课程的开展,在每一个重要的环节都设置了具体的负责人员,便于团队成员的后期操作与实践。

◆ 总负责人:学校主管健康教育的副校长负责健康教育项目整体工作。

◆ 学校具体课程实施方案负责人:学校教学主任负责健康教育项目学校与北京教育学院指导专家的联系及协调工作。

◆ 项目核心组成员:年级骨干学科教师(覆盖语文、数学、英语、体育、美术多个学科年级组长)负责学校健康教育项目的研究及推进工作。

◆ 组员:全体任课教师以各门课程作为实施载体,按照学校方案参与健康教育项目的实施工作。

（五）预期成果

解析：该部分的撰写建议呈现学校不同层次及目标的任务导向，包括：宏观层面学校健康教育课程实施模式以及微观层面学校健康教育实施的教学案例及资源建设等。

◆ 探索研究，初步形成具有学校特色且有效的健康教育课程实施模式。

把小学健康教育融入学校的校本课程，将小学健康教育融入学校的校园文化，把小学健康教育融入学校的学生活动。在学校原有的课题体系的基础上，形成一套以凸显“健康教育”为特色的校本课程体系，使健康教育在各个学科加以延伸，在课堂教学中渗透健康教育。

◆ 固化成果，初步形成中小学健康教育典型案例及课程资源。

在研究中，注重过程管理，注意积累研究资料，项目研究结束后，形成学校健康教育典型案例及课程资源，为有效推广北京市健康教育课程实施模式奠定基础。

◆ 成就学生，初步形成小学生健康生活素养。

通过健康教育项目，助推我校学生在认识自我、发展身心、规划人生等方面拥有良好的表现，并初步形成珍爱生命、健全人格、自我管理等健康生活素养。

（六）保障措施

解析：保障措施是学校制定健康教育课程实施方案中非常重要的组成部分，也是学校健康教育能够顺利实施的重要影响因素，对于学校健康教育课程实施目标的落实以及学校健康教育的有效实施具有非常重要的作用和功能。建议本部分内容可以从团队组建、专家指导、学校的内部宣传以及学校软件及硬件投入等方面进行撰写，有些学校存在物质基础薄弱的情况，也可以挖掘学校的特色资源，利用当地的地理环境资源作为开展健康教育的保障条件。

◆ 组织机构：成立健康教育项目研究工作领导小组，职责是策划、组织、协调、指导、监督等。由副校长担任组长，全面负责学校的项目研究工作。

◆ 形成专家团队：聘请“健康中国背景下健康教育课程的问题及对策研究”课题组的专家团队，成立专家指导小组。依据学校具体开展情况随时指导给出具体建议。

◆ 舆论宣传：学校宣传中心，借助校刊、校报、网站、大屏、展板等及时报道学校课题研究的各项工作，同时加强对外宣传，确保学校课题研究的实效性和广泛性。

◆ 学校投入:学校设有健康教育专项基金,加大投入力度,做好项目研究的保障。

由此可见,一个优质的学校健康教育课程实施案例,一定是遵循了课程实施案例的原则,组建了具有结构层次的研究团队,每个执行阶段的目标明确,同时注重了学校健康教育过程中学生存在的个性化问题与普适化问题,兼顾了健康教育的科学性与实效性,同时关爱学生群体中的特殊群体,尊重不同学生之间的个体差异,从综合运用多重资源培养学生多个层面的健康能力,将健康融入学生的实际生活。

第三节 聚焦健康生活技能培养的中小学健康教育课程实践

一、学生健康生活技能的概念内涵与维度划分

早在 1993 年,世界卫生组织就出版了学校健康教育的纲领性文件《学校生活技能教育》(《Life Skills the Education in Schools》),并进一步明确了学生在学习阶段应该具备的十项健康生活技能①(具体如表 3.5 所示)。这份纲领性文件对十项健康生活技能给出了明确的定义和解释,可以将这些技能理解为一个人的心理社会能力,即一个人有效地处理日常生活中各种需要和挑战的能力;同时也是一个人保持良好心态,并且在与他人、社会和环境的相处过程中,表现出良好的适应性和积极的行为能力。

2003 年,世界卫生组织对于健康生活技能的含义进行了明确的界定,发布了《健康技能——蕴含生活技能培养的健康教育:关爱儿童与健康促进学校的关键领域》(《Skills for Health Skills-based Health Education Including Life Skills: An Important Component of a Child-Friendly/Health-Promoting School》)这份指导性文件。将健康生活技能定义为个体及群体创造或维持健康生活方式的一种方法,它聚焦于发展个体及群体的知识、态度以及生活技能,并通过调用各种学习经验和沉浸参与式的学习过程得以实现。健康生活技能是展现个体及群体适应性和积极行为的一种表现,能够帮助个体及群体有效应对日常生活的需求和挑战。同时,健康的生活技能也是一组心理社会能力和人际交往能力的总和,能够帮助人们在应对问题的过程中做出明智的决定,解决问题。特别是在面对存在争议的社会议题时,健康生活技能的习得往往能够帮助个体调用自身所具有的批判性思维和

---

① 周凯,叶广俊.学校生活技能教育[J].中国心理卫生杂志,2002(2):123,127-129.

创造性思维，有效地与团队成员或者产生矛盾的个体、群体进行沟通，建立健康和谐的人际关系，以更为健康、高效的方式应对和管理自己的生活[①②]。因此，从健康生活技能的本质来看，世界卫生组织将健康教育的不同领域划分为：① 社会和人际知识，包括交流、谈判、自我肯定、合作和认同他人的能力；② 认知能力，包括解决问题、决策、批判性思维和自我评估的能力；③ 控制情绪的能力这三个维度[③]。

在此维度划分的基础上，根据日常健康教育与促进的不同实施阶段，结合我国的现有国情和教师教学实践的具体操作经验，课题组从学校实施健康教育的主体拓展性出发，对该部分的内容划分的维度进行了一定的调整，将学生健康生活技能维度分为以下三个维度，分别从认识自我、认识我与他人之间的关系以及认识我与身边事物的关系这三个维度进行了划分（如表 3.5 所示），即个体健康（侧重于维持自我健康状态的健康生活技能）、社会健康（侧重于与他人和谐共处的健康生活技能）以及人与环境（应对外来信息与外在环境互作的健康生活技能），最终达到自身与他人、社会以及环境之间的和谐共生，更好地适应未来社会的发展需求。

表 3.5　世界卫生组织健康生活技能的三个维度划分

个体健康（维持自我健康）	社会健康（与他人、团队和谐共处）	环境健康（应对外来信息与所在环境互作）
自信与能力提升的技能	与他人共情的技能	运用批判性思维进行判断的技能（具体指获取健康信息及服务方面）
情绪管理的技能	有效沟通的技能	健康决策的技能
压力管理的技能	与他人合作的技能	倡导他人健康的技能
—	拒绝的技能	—
3 项	4 项	3 项

在以上三类健康生活技能维度的划分中，每一个维度都可以在原有维度的设置上进行进一步的分解。以“个体健康”维度为例，自信与能力提升的技能维度可以进一步分解为学生能够做出负责任的决定、形成自身正确的价值观等相关三级维度下的健康生活技能。此外，基于不同二级健康生活技能维度的框架体系，对学

① Gilchrist L D, Schinke S P, Maxwell J S. Life skills counseling for preventing problems in adolescence [J]. Journal of Social Service Research, 1987, 10(2-4): 73-84.

② Gillespie A, Jones J T, D C, et al. Skills for health. skills-based health education including life skills: an important component of a child-friendly / health-promoting school [R]. Geneva, Switzerland, World Health Organization WHO, 2003: 8.

③ Mangrulkar, Whitman L V, Posner P, et al. Life skills approach to child and adolescent healthy human development [R]. Pan American Health Organization, PAHO, 2001: 22.

生健康生活技能的三级维度划分还包括：自我觉察与获取健康信息的技能、情绪管理和压力调节的技能、制定健康目标的技能、解决矛盾冲突的技能、拒绝不合理要求的技能、分析影响健康因素的技能、沟通和交流的技能、倡导他人与社会健康的技能以及实践自身健康行为的技能等。因此，学校健康生活技能的提出，实际上是要让学校在培养学生和教育学生的过程中，注重学生个体在日常生活、社会环境中所具有的心理社会能力，让学生理解“如何对待自己、如何对待他人以及如何面对世界”。

对健康生活技能的划分与分解有利于教师对教学目标的整体把握，便于将复杂的技能培养进行相对简单的技能分解，并且能够帮助学校将学校健康教育的教学目标与学生健康生活技能培养的目标、日常学科课程的教学目标以及学生的学习任务进行有机的整合，聚焦学生在日常生活和学习情境中急需解决的问题。例如，学校可以将“艾滋病”主题宣传活动的内容与学生的自我认知、问题决策等方面的技能培养目标进行关联，并通过角色互动、小组讨论等形式来组织和实施主题健康教育活动。由此可见，健康技能的培养需要教师在实际授课的环境中，不断地给学生提供练习的情境，并通过模拟情境中有步骤的练习，形成一定的健康生活技能。但是，在现实教学情境中，一些教师虽然能够察觉学生在遇到一定健康问题时的无助感和反常表现，却非常苦于没有具体而翔实的操作策略来帮助学生解决相应的问题。因此，教师在培养学生具备相应健康生活技能的前期准备过程中，要开展针对健康教育能力的自我提升，对相关健康生活技能以及技能实施的情境、具体步骤有所了解和熟悉。这种教学能力不仅对心理学科教师非常重要，而且对学科类或担任班主任工作的教师也非常重要。特别是教师对学生在不同生长和发展时期具备的健康技能的了解，能够明确学生在不同时期应该具备的基本技能和表现水平（如表 3.6 所示），从而帮助学生开展持续性的练习，并最终内化为学生自身一种日常的健康生活习惯和健康行为。

表 3.6 健康生活技能在不同教育阶段的学习表现①

阶段名称	健康生活技能在不同阶段学习表现
第一阶段 （小学一、二年级）	3a-1-1 尝试练习简单的相关健康生活技能； 3a-1-2 能在引导下，在生活中操作简单的健康生活技能
第二阶段 （小学三、四年级）	3a-2-1 实践基本的健康生活技能； 3a-2-2 能够在生活中独立操作基本的健康生活技能

① 台湾地区教育研究院. 十二年学生基本教育课程纲要暨中小学普通高级学校健康与健康与体育领域课程手册［EB/OL］.（2017-7-10）［2021-10-9］. http://www.naer.edu.tw/ezfiles/0/1000/img/67/676860840.pdf.

续表

阶段名称	健康生活技能在不同阶段学习表现
第三阶段 （小学五、六年级）	3a-3-1 流畅地操作基础健康生活技能； 3a-3-2 能够在不同的生活情境中，主动表现基础健康技能
第四阶段 （初中七至九年级）	3a-4-1 熟练地操作健康技能； 3a-4-2 能够因不同的生活情境进行调试和修正，持续表现健康生活技能
第五阶段 （高级中等学校十至十二年级）	3a-5-1 探索多元创新的方法，展现促进个人及群体健康的技能； 3a-5-2 运用多元策略，将健康与自我照顾技能弹性调整，并融入生活情境，展现出个人与群体的健康生活方式

注：修改自台湾地区教育研究院《十二年学生基本教育课程纲要暨中小学普通高级学校健康与体育领域课程手册》。

二、学生健康生活技能的内涵

依据研究团队在个体健康、社会健康以及环境健康三个维度对学生在健康素养水平上的划分，每一个学生必备的健康生活技能都是一个复合型的技能综合体，往往涵盖了几类基本技能。为便于教师在实际教学中建立教学目标与健康生活技能之间的联系，以下研究内容对不同的健康生活技能的内涵进行了解析。

（一）维度一：个体健康（维持自我健康的技能）内涵的界定

1. 健康生活技能一（自信与自我能力提升的技能）

自信（Self-Confidence）是学生对于自我价值多角度、客观的判断。这项健康生活的技能要求学生能够对自我的个人价值及自我认知具有明确的认识，知晓自身在某些领域具有的优势，在某些领域存在的不足，同时对自我的评价做出正确的判断。自信可以表现为学生能够在不同场域里发挥个体的作用及价值，积极地融入班级和学校的群体之中，参与学校和社会事务的决策，表达自己合理的观点，即使在遭遇一些挫败和困难时，仍然能够对自我努力的表现予以肯定，客观、理性地分析原因。自我能力提升的技能主要表现在学生能够依据自身现有的能力水平层次，寻找与设定目标之间的差距，并借助自身、家庭成员、教师以及社会环境资源的帮助，实现对于自我能力的提升，并在参与活动的过程中保持积极的状态，合理地处理和应对实现过程中的各种困难。

2. 健康生活技能二（情绪管理的技能）

维护情绪（Emotion）的健康是保持学生健康生活状态的一个重要层面，并与学生体验过程中所从事的学习和生活情境相互依存。同时，情绪管理技能也是影响学生社会化的一个重要因素[①]。情绪是个体判断外界客观事物能否满足自身的需要，从而产生的一种态度、体验以及相应的行为反应，包括生理成分、表情行为成分和主观体验的成分[②]。一般人类情绪的产生往往依赖于两种条件：一方面，当个体受到外界环境因素的刺激，例如个体接受了来自同伴、家长和教师的鼓励、赞许，表现为其行为获得了外界的认可，就会产生积极的情绪；另一方面，个体未达成自身预期的目标，所带来的消极感受，也可将其称之为消极情绪[③]。人们常见的四种情绪为快乐、悲伤、愤怒和恐惧。因此，学生情绪管理的健康生活技能主要是指学生能够知道如何表达自己的不同情绪，并知晓在何种环境下用何种方式进行表达；同时能够管理自己的愤怒，防止自己的言行失去控制，并懂得用何种方式宣泄自己的愤怒；当接收到他人批评时，能够认真地倾听，并做出判断，对于合理的建议进行采纳，具备一定的心理弹性(Resiliency)。

3. 健康生活技能三(压力管理的技能)

人的一生总会经历不同的生命历程，由于个体对外在压力的处理和承受能力差异，使得这些来源于心理、生理和社会交往层面的压力，有时会产生诸如精神紧张(Distress)等情绪表现。特别是当个体的情绪长期处于一种消极的状态，未能获得及时、有效的处理，在一定累积的条件下，最终会损害到个体的心理和身体健康的状况。因此，在学生识别到这种压力感受的初期阶段，诸如学生已经感受到了自己在身体层面的应激反应(诸如在某种特定条件下手心出汗、睡眠障碍等)，应知晓一些基本的控制和调节自身压力的方法，及早地认识到这种超强度压力对身心发展的危害，并及时提醒自己开展有效的调节活动，使得这种极度消极的压力表现能够逐渐调整为积极的状态，从而使得这种负面的压力有所改善，不会对身心健康造成不良影响，也不会将这种不良的压力感受传递给身边的家人和周围的同伴。因此，压力管理的健康生活技能所具备的价值和意义在于学生能够通过合理的、冷静的思维方式以及合适的具体行动，来调动机体本能的反应，在识别外在因素与自身现状能力的基础上，尽快地进行回想，调用以往经历过程中相似的经历和具体方法，进行新情境下新问题的解决，将负面压力进行动力转化或消解，实施对于自我压力的调节。

---

① 韩雨. 小学生情绪能力测验编制及其与人际互动中社会决策的关系[D]. 南京：南京师范大学，2021：1.

② Cross T L, Coleman L J, Stewart R A. The social cognition of gifted adolescents: an exploration of the stigma of giftedness paradigm[J]. Roeper Review, 1993, 16(1): 37-40.

③ Tyson D F, Linnenbrink-Garcia L, Hill N E. Regulating debilitating emotions in the context of performance: achievement goal orientations, achievement-elicited emotions, and socialization contexts[J]. Human Development, 2009, 52(6): 329-356.

（二）维度二：社会健康（与他人、团队和谐共处的技能）内涵的界定

1. 健康生活技能四（与他人共情的技能）

共情（Empathy）作为一种稳定的人格特质，通常代表了一种常规化的心理品质[①]。同时，共情作为一种即时的情绪反应状态[②]，有学者认为“共情”是一种分享和感受他人体验和情感的能力，具有以下四个层面的特征：其一，个体能够对他人的情感状态进行判断；其二，这种状态要与另外一个人的情感状态发生关联；其三，这种情感状态是通过观察或者想象他人的情感状态而被激发的；其四，个体与他人的这种情感要具有一定的“边界性”，能够判断出自己这种情感是否来源于他人而非自己[③]。因此，对于学生群体而言，与他人共情的健康生活技能主要是指学生能够对周围的同伴、家人、老师等密切接触群体的情绪具有一定的认识和理解能力，并通过观察他人的情绪状态，体验观察者的心态，形成对他人情绪表现的关注，包括对他人的悲伤产生关心，对他人的喜悦产生快乐等相应的感应与行为。

2. 健康生活技能五（有效沟通的技能）

在日常生活中，与他人的有效沟通是个体保持良好的心理状态和获得社会支持的重要途径。一般情况下有效的沟通能力应该具有以下三个特征：包括目标性、选择性和动态性。其一，就目标性而言，沟通的目标在于不同个体之间能够实现信息的传达、帮助他人、感受乐趣以及表达情感中的一项或几项功能[④]；其二，就选择性而言，通过有效沟通做出的决策和展示是个体持续及理性选择的结果，包括沟通的方式、沟通的策略以及对他人信息的输入和对他人信息的输出[⑤]；其三，就动态性而言，在特定的情境下，个体的沟通行为会随着事情发展的情境变化而发生动态转变[⑥]。由此可见，虽然学生群体在先天沟通能力方面具有一定的差异性，但是这里强调的有效沟通的健康生活技能是指学生群体可以通过一定的后天训练和培养，能够以积极的方式与他人进行交往（例如建立和保持友谊、与家人和睦相处），并能够采用恰当的、非过度性伤害的方式处理与他人的关系，最终实现对事件的合理解决。

---

① 秦瑜. 共情对中学生亲社会行为的影响[D]. 重庆：西南大学，2021：3.

② 孙伟. 不同情境下特质共情、状态共情对利他行为的影响[D]. 济南：山东师范大学，2016：5.

③ Vitaglione G D , Barnett M A . Assessing a new dimension of empathy: empathic anger as a predictor of helping and punishing desires[J]. Motivation & Emotion, 2003, 27(4):301-325.

④ Kellermann, K. Communication: inherently strategic and primarily automatic[J]. Communications Monographs, 1992,59(3), 288-300.

⑤ Luhmann N. What is communication? [J]. Communication Theory, 1992, 2(3): 251-259.

⑥ 邓自鑫. 中小学教师人际沟通能力特点研究[D]. 重庆：西南大学，2010：3.

3. 健康生活技能六(与他人合作的技能)

针对什么是合作,以及如何培养学生与他人合作的健康生活技能,国内外许多心理学家、社会学家都有着不同的概念及含义界定。同时,在其核心的概念的界定层面也具有一定的差异性。《心理学大辞典》中就曾指出:“合作是为了共同的目标而由两个以上的个体共同完成某一行为,是个体间协调作用的最高水平的行为。”[①]不同群体间的合作往往需要群体人员之间具有共同的目标作为合作的基础要素,并通过彼此间的相互协作行为,达到实现共同目标的目的,在此过程中展现出一种表现性行为。因此,对学生与他人合作的健康生活技能应该发生在实现群体任务达成的过程之中,合作成员要具有一定的开放性、目标性和高效性。所谓开放性,强调参与者要与他人能够进行资源和成果的共享,目标性则强调了群体之间要有正确的、可达成的共同目标,高效性则规定了不同成员之间在实现和完成任务时的达成程度,并通过具体的集体性活动参与和任务的驱动得以实现。

4. 健康生活技能七(拒绝的技能)

学生在实际学校的场景中,对来源于同伴之间的要求或者不合理的行为要求,个体拒绝的行为表现往往会受到多重因素的影响。其中同伴压力就是学生经常接触的生活场景,例如当有同伴邀请你一起吸烟,学生应该如何拒绝。通常来源于同伴的压力被分为“积极的同伴压力”和“消极的同伴压力”,特别是“消极的同伴压力”往往会带来一些负面的影响,对个体的心理和生理发展造成一定的伤害[②③],诸如嘲笑其他同伴,在团队中排挤某些同伴等。这时帮助学生应对来自同伴消极压力的最好办法就是通过自身肢体或言语的表达,坚定地表达自己拒绝该行为的立场,说出自己拒绝的原因,避免和远离危险的情境,在某些情况下学生也可以向家长、老师或其他信任的成年人进行求救,这样的处理方式其实就是拒绝技能通常的行为表现。此外,以往研究中也发现,以青少年非法药物的滥用为例,拒绝和自我保护的技能对于预青少年非法药物滥用具有一定的作用[④]。特别是对学生进行“药物供给”的认知和拒绝技能的培养,能够有效地降低药物滥用或减缓毒品尝试的发生[⑤]。由此可见,拒绝技能能够帮助学生远离危险的情境和因素,在一定程度上能够保护学生个体在生活情境中的安全。

---

① 朱智贤.心理学大词典[M].北京:北京师范大学出版社,1998:9-10.

② 郭蕊,梁建成,邓树嵩.一般自我效能、动机和同伴关系与高中生拒绝烟草行为技能的关系[J].卫生研究,2013,42(6):943-949.

③ 郭蕊,邓树嵩.感觉寻求、一般自我效能和不良同伴与青少年拒绝技能的关系[J].中华流行病学杂志,2012(8):792-795.

④ 何倩.基于需求的初中生非法药物滥用预防干预模式效果评价[D].武汉:华中科技大学,2009:38.

⑤ 潘佳雁.中学生同伴交往接受和拒绝的归因研究[J].心理科学,2002(1):64-68,127.

（三）维度三：环境健康（应对外来信息与外在环境互作的技能）

1. 健康生活技能八（运用批判性思维进行判断的技能）

运用批判性思维进行判断的技能主要聚焦个体如何获取有效的健康信息、产品和服务的能力，并依据这些信息、产品和服务做出明确的选择。因此，这里对学生批判性思维及判断技能的含义主要包含以下两个方面：一方面，就学生个体而言，该项技能有利于学生通过对自身性格、优势、不足以及兴趣爱好等进行的一个综合性的评估，最终做出客观的评价结论；其次，就学生同外界环境信息之间的交互过程而言，还包括了个体在与外界信息、产品和服务接触的过程中的三个重要环节，分别是何时获取、怎么获取以及如何评估和判断。该项技能的习得有利于学生个体自身意识的发展，感知自己情绪的变化以及强化与周围群体的人际关系，并逐步建立自信心，保持和发展良好的人际关系。同时，学生作为社会中的个体，也需要在自我与社会环境之间建立某种连接，成为环境中的一个从属部分，并与外在环境之间形成一定"和谐共生"的关系。此外，这种关系的建立也往往需要个体在从外在环境中获取信息的过程中，能够从信息中提取重要的关键性元素，让自我与外在环境发生"化学反应"，内化成自身思维意识的一部分，指导学生未来的健康实践行为。诸如学生在进行食品采购的时候，能够针对食物标签上的信息进行有效的检索和提取，在进行自助食品选择的时候，能够将现有情境与头脑中已有的健康饮食金字塔的结构进行匹配，从而做出正确的选择。

2. 健康生活技能九（健康决策的技能）

在个体健康行为的研究中，进行健康决策的过程往往被视为是一个复杂的问题，前期会经历信息的接收、整理和处理，并依据现有环境的条件及影响因素，内化为自身对于现有健康水平的一个相对客观的判断，后期会在此基础上提出具体的解决策略。可见个体以往的健康素养水平和健康信息处理能力在一定程度上决定了个体健康决策的属性。

健康决策技能的运用要求个体能够依据周围群体的意见、环境条件以及现有资源等相关因素进行综合判断，包括所做出的决策是否符合国家法律的规定、是否具有安全性以及是否符合当前个体现有阶段的认知和能力水平等。个体生活在一个群体环境之中，在进行最终决定的确定过程中，往往会受到周围同学、老师和长辈们对于健康行为决定和行为的意见，这些意见将对个体最终采纳何种行为产生一定的影响，造成行为干预或干扰。特别是当个体遭遇外界不良因素干扰时，学生还需要对有利因素和有害因素进行区分，并运用一定的批判性的思维来思考和分析已获得信息的真伪，判断这些信息和自身以往经验之间的关系，从多角度、多方位、全面地进行思考，从而能够灵活地应对，并最终做出更加合理的决定。由此可见，健康决策的技能不是单一的技能，本质上是个体在综合运用以上这些技能的基础上，实现个体行为改进的过程，同时也是维护个体健康的一种表现。

3. 健康生活技能十(倡导他人健康的技能)

相比于以上提及的九项健康生活技能，倡导他人健康的技能则更加具有现实意义和长远效应，能够在一定小范围或广大的区域范围内进行推广，增加健康教育及健康促进的实效性。因此，倡导他人健康的技能要求个体能够在实现和保障自身健康状况和安全的前提下，首先个体能够将自身从外界环境中获取的健康信息进行整合，其次内化为相应的具体实施策略，并最终实现健康倡导行为的落实。学生需要在实际的生活情境中，分辨出什么是有利于学生健康的行为，什么是对学生健康造成危害的行为，而学生最终采纳健康行为的评判标准，就是该行为是否能够在一定程度上使得个体远离具有危险的因素和环境，保障自身的安全和健康的状态。此外，学生能够向他人及社会宣传和倡导健康理念，帮助周围的群体实现共同健康。学生可以通过与周围的同伴、家人进行健康问题的交流与探讨，也可以收集可靠的信息进行整理，以海报或者主题班会形式进行宣讲，将这样一些信息以合适的方式向周围的同伴和家人进行展示。

(四) 健康生活技能与健康教育内容之间的关系

由于健康生活技能的具体落实需要学生在不同的生活情境中进行应用，并与学生现有阶段的认知水平密切相关。因此，健康生活的技能可以运用嵌入式的方式融汇在不同健康教育的主题内容之中。依据我国 2008 年《中小学健康教育指导纲要》所划分的五大领域，2019 年北京市结合当前近十年间中小学生在健康教育领域的需求以及外界物质、环境的变化特征，补充和强化了某些内容主题，发布了《北京市中小学健康教育指导纲要(试行)》。该“纲要”在原有五个内容主题领域的基础上，对于原有健康教育的内容和范围进行了拓展，中小学健康教育的主要内容包括：个人卫生习惯，生长发育与性健康，营养与健康，疾病预防，烟草、酒精与毒品，心理健康，运动与健康，安全应急与避险等 8 个领域。同时依据 2022 年义务教育阶段《体育与健康课程标准》(2022 年版)中对健康教育内容的划分，将其分为健康的行为与生活方式、生长发育与青春期保健、疾病预防与突发公共卫生事件应对、安全应急与避险①。因此，本研究聚焦学生健康技能在不同内容维度上螺旋式的水平上升，并按照不同学段的差异，将学段一(小学一、二年级)、学段二(小学三至六年级)、学段三(初中七至九年级)、学段四(高中十至十二年级)分配到不同的四个阶段之中，强调了不同阶段的主题内容选择要更加适合于学生个体在当今社

① 中华人民共和国教育部. 教育部印发《义务教育课程方案和课程标准(2022 年版)》. [EB/OL]. (2022-04-08)[2022-05-04]. http://www.moe.gov.cn/srcsite/A26/s8001/202204/t20220420_619921.html.

会条件下的生理及心理的自然发展。在国外健康教育生活技能与主题内容相关的研究中，以美国《健康与幸福》系列教材为例，它就将幼儿园至中小学阶段健康教育涉及的内容划分为了几个不同的层面，包括心理与情绪健康，家庭与社交健康，生长和发育健康，营养，个人健康与体育运动，暴力与预防伤害，酒精、烟草和其他药物，传染病和慢性病，消费者健康和社区以及环境健康这十个方面的内容①。由此可见，健康教育的主题内容是学校开展和实施健康教育的重要载体，也是与学生日常生活密切相关的实际情境，主题内容与学生技能不能以割裂的形式存在，要让学生在学习生活中知晓具体技能的使用方法、实施过程和步骤，同时也要让学生能够体验到在何种情境下采用哪种健康的相关生活技能，知晓健康技能使用后会带来怎样的结果。

三、聚焦学生健康生活技能培养的课程实施策略

随着 2008 年《中小学健康教育指导纲要》的颁布，国家对健康教育课程的实施也逐渐实现了单一化向多元化课程实施模式的转变。学校不仅仅可以利用体育与健康、品德与社会、生物等学科课程作为健康教育实施的载体，对健康教育的内容进行渗透；同时还可以利用综合实践活动、讲座等多种方式开展主题式的健康教育活动。2016 年 8 月 26 日，中共中央、政治局审议通过《"健康中国 2030"规划纲要》，强调全方位、全周期保障人民群众健康。该《纲要》将健康教育纳入国民教育体系，把健康教育作为所有教育阶段素质教育的重要内容，建议以中小学为重点，建立学校健康教育的推进机制；构建相关学科教学与教育活动相结合、课堂教育与课外实践相结合、经常性宣传教育与集中式宣传教育相结合的健康教育模式②。但是，学校在实施健康教育的具体过程中，却往往忽视了学校组织管理层对于健康教育课程体系的整体设计、实施环节、课程评价等方面的全面规划，使得学校层面的健康教育工作并没有发生明显的改观。针对 2016—2017 年北京市 16 个区的 48 所学校分层抽样调查的统计结果：80%的以上的学校虽然认同健康教育开展的重要性，也开展了健康教育方面的内容讲授。但是，这些健康教育课程的内容和体系往往是零散的、碎片化的，实施过程也缺乏课程框架的整体化、系统化的搭建和梳理，最终导致健康教育课程的落实仍然停留在表面的形式上。

由此可见，健康教育课程在传统学科教学课程设置中的角色和地位的转变尚需时限。学校往往将课程实施的重点落实在文化课上面，给予充足的课时保障，却忽视了对学生健康素养的培养和提升。此外，由于目前我国高等教育领域在教育

① 余国良，雷雳. 健康与幸福：八年级上[M]. 杭州：浙江教育出版社，2014：IV.

② 曾钊，刘娟. 中共中央、国务院印发《"健康中国 2030"规划纲要》[J]. 中华人民共和国国务院公报，2016(32)：5-20.

学与医学中均未设置健康教育专业[①]，也没有提供持续专业的教师资源，学科教师在传递知识的过程中由于缺乏专业知识的支撑和后续补充，健康教育的后续师资力量和专业指导同样是学校所面临的实际困难。因此，无论是采用以上何种健康教育模式开展健康教育，学校在开展健康教育的过程中都亟须实施具有本土化的健康教育实施策略。研究团队结合具体的实施路径与经验，提出了以下健康教育课程实施的具体策略（如图 3.5 所示）。

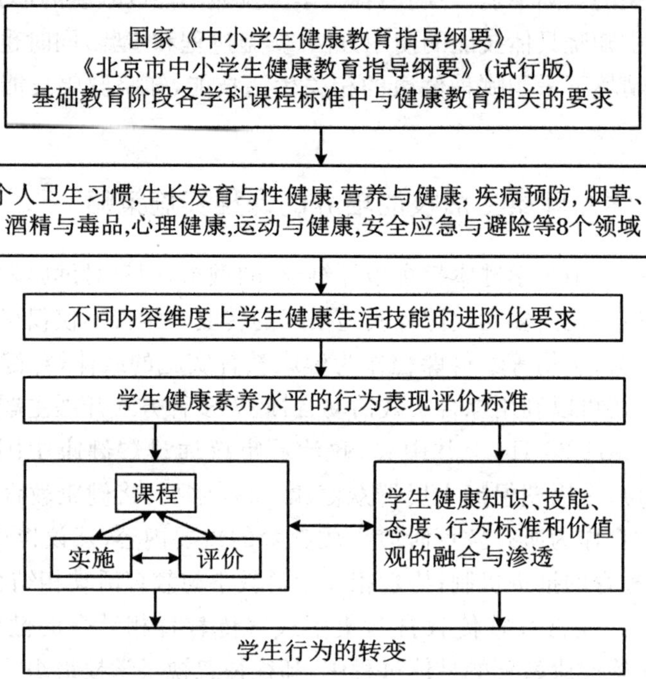

图 3.5　聚焦学生健康生活技能培养的课程实施策略

在学校健康教育课程的具体实践环节中，学生健康生活技能的培养，一方面需要具体的专业理论和依据支撑，另一方面也要有可操作的实施路径和载体，才能最终将顶层设计与规划进行具体的落实。由于我国现有健康教育主流的课程实施模式并非独立课程形式，这就要求学校可以根据自身学校的具体情况进行相应策略的细化（如图 3.5 所提供的具体实施策略），参考国家《中小学健康教育指导纲要》《北京市中小学健康教育指导纲要（试行）》以及各学科的课程标准，特别是随着 2022 年新版义务教育阶段课程标准的发布，其中涵盖了大量跨学科实践活动的模块，例如生物学科中就涉及了大量与健康教育相关的内容主题，例如发酵食品的制

① 中华人民共和国教育部高等教育司. 普通高等学校本科专业目录和专业介绍[M]. 北京：高等教育出版社，2012.

作，探究泡菜中亚硝酸盐的含量，这些主题内容都为学校实施健康教育提供了很好的实施载体，教师可以将亚硝酸盐过量对于人体危害的这一概念进行学科渗透，使学生不仅能够知晓亚硝酸盐的来源，产生危害的机理，还能进一步迁移到学生的日常生活，让学生自己做出判断，说出腌制食品的合适食用量[①]。体育学科也提供了"身心共成长"等跨学科主题实践活动，将生物学科、体育学科等相关学科进行整合，设置不同可供评价的四个层级水平标准，便于教师在活动实施过程中对学生的实际表现进行评估。由此可见，各类别课程作为健康教育的渗透实施主体，虽然在主题的选择和侧重上有所差异，但都凸显了学科的引导作用，同时为学生对接现实生活中的真实情境提供了丰富的情境资源，能够综合实现对学生多维健康生活技能的复合式培养。

四、构建以学生健康生活技能培养为核心的课程设计

（一）课程设计的基本依据及研究背景

以上内容均强调了健康教育课程旨在提升学生的健康素养水平，对学生健康生活技能的培养具有重要的功能和作用。2021 年 9 月 3 日，教育部等五部门发布《教育部等五部门关于全面加强和改进新时代学校卫生与健康教育工作的意见》，结合《"健康中国 2030"规划纲要》的具体要求，强调健康教育要以中小学为重点，完善以课堂教学为主渠道、以主题教育为载体，形成学校全员促进、学生人人健康的良好氛围[②]。但是，在以往与健康素养相关的学科教学实践中，教师普遍缺乏从基本教学素材到实践教学案例的具体转化路径，盲目堆砌教学素材，课堂情境设置常与学生实际体验相距甚远。一方面，课堂教学在形式上造成了教学目标与评价任务间的不匹配；另一方面，学科教学在本质上也并不能帮助学生形成较为系统的健康生活观念。因此，一线学校及教师群体实际上更加关注如何设计出能够提升学生健康生活技能的课程。在本部分内容的介绍中，课题组将结合一个具体的高中实践案例进行解析。相比于小学及初中阶段，高中阶段的学生面临着课时紧张、考试压力大的现状。在访谈的过程中，大量的学校及教师反馈，相比于其他年级段的学生，这一阶段的学生更加需要相关健康教育支持和心理疏导，但是又存在着课时不足与现实学生需求相互矛盾的现象。因此，为解决这一现状，将健康教育与原有的课程模块进行整合似乎是一种更为有效的方式。对其开展受益终身的健康教

---

① 中华人民共和国教育部. 教育部印发《义务教育课程方案和课程标准（2022 年版）》[EB/OL].（2022-04-08）[2022-05-04]. http://www.moe.gov.cn/srcsite/A26/s8001/202204/t20220420_619921.html.

② 国务院办公厅."健康中国 2030"规划纲要.[EB/OL].（2016-10-25）[2022-05-04]. http://www.gov.cn/xinwen/2016-08/26/content_5102636.htm.

育，使其在未来的生活中持续保持健康的生活状态。那么教师应该如何组织与健康相关的单元教学内容？在具体的设计过程中，又将如何提升学生的学科核心素养及其所蕴含的健康素养？

在具体课程设计的过程中，研究团队发现原有教材中的资料素材过于零散，不利于构建学生的健康观念。因此，教师对于原有的单元章节进行了调整。以"人类遗传病"单元教学为例，研究团队打破了教材中原有的自然单元章节，采用了"杜氏肌营养不良症"(Duchenne Muscular Dystrophy，DMD)(近年来备受科研领域关注，且高发的一类遗传病，以往教材这部分采用的是红绿色盲案例)作为单元教学的主题情境，依据生物单元教学设计及实施路径，以"疾病表象分析—疾病致病机理探究—疾病预防与治疗"为教学主线，重新构建单元教学结构。将第 2 章第 3 节伴性遗传、第 5 章第 1 节基因突变部分及第 3 节人类遗传病进行重新组合，以此帮助学生形成健康生活的理念，提升学生的健康素养水平。同时，为实现学生在知识链接层面的紧密性和连贯性，增强学生对减数分裂中染色体行为的理解，还将原有 5 章第 1 节基因重组部分、第 2 节染色体变异与第 2 章第 1 节减数分裂等内容重新组成一个新的单元(基因与染色体的关系)，作为本单元课程开展的实施基础①。

(二) 健康教育课程设计的实施路径

以提升学生健康素养为核心的单元教学强调了教学设计的整体性和完整性。如何实现从教学素材选择到课程教学目标的具体落实？教师可以通过以下具体的实施路径得以实现(如图 3.6 所示)。首先，教师应从单元教学的健康主题内容的选择出发，寻找适合学生个体发展的学科素材，建立健康教育与原有生物学科相关内容之间的关联。学科素材可以是与学生健康生活相关的社会热点问题、与学生实际生活相关的真实情境或者是当前学科前沿领域的研究问题。其次，综合不同的资料和素材来源，初步确定单元教学的主题；此外，单元主题的确立还应与教学目标相互匹配，教师需寻找适应学生现有阶段个体发展与认知水平的真实情境素材，并依据总目标对不同课时的分目标进行分配，从而实现健康素养相关内容对学生整体健康观念及素养水平的发展；再次，课时素材的选取和研发需要关注不同课时之间的连续性与关联性，设计与教学目标匹配的评价量规(过程性评价与结果性评价并举)；最后，教师可依据不同课时对于学生个体及群体单元教学目标的要求，设计与之匹配的具体任务；在此基础上，教研组最终依据整体教学目标的课时分布，形成具系列化的教学内容，并以此作为学生健康素养提升的重要载体。

① 案例来源：课题实践学校——北京市第一六一中学，郭琳萍，李艺，曹春媛。

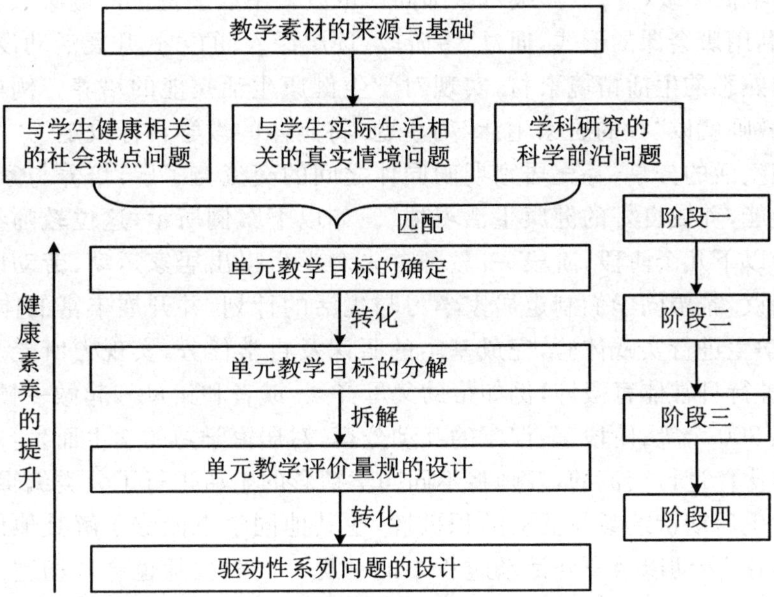

图 3.6　基于学生健康素养提升的课程设计路径

仍以“杜氏肌营养不良症”这个案例为例，教师希望学生以观看情景剧的方式，对研究问题产生浓厚的兴趣，教师共设计了三个学时的教学环节，在情境“连续剧一”的设置中，教师提出了核心驱动问题：即杜氏肌营养不良症以什么方式遗传？在情境“连续剧二”的设置中，教师继续提出核心驱动问题：杜氏肌营养不良症的分子机制是什么？在情境“连续剧三”的设置中，教师最终提出本课时最为核心的问题：如何有效预防和治疗杜氏肌营养不良症？在这三个核心驱动问题的设计环节中，教师采用了不断追问的形式，让学生从能够接触到的日常健康现象，逐步内化为学生对健康现象背后理论的认知和理解。由此可见，该单元课程是以健康相关的学科大概念为统摄，围绕大概念、重要概念和次级概念展开教学。同时设置了大量丰富的学生体验活动，在每一个任务活动中都匹配了教学的前期目标。能够在学生作为咨询师、探究致病机理和如何进行预防等教学环节中，充分地发挥其分析问题和解决问题能力。学生在体验中理解基因不仅仅代代相传，而且在 DNA 复制进行传递时会发生改变，并通过了解基因治疗的过程，认识到基因在传递过程中改变的致病基因可能被纠正。此外，教师在活动任务的布置中，多次让学生以医生的身份参与判断，增强了学生对问题客观、辩证的认识和理解，能够从事物发展的多个层面认识到生物学科对人类社会发展的价值，每一个结论的获取都来自学生的实际体验，学生能够作为咨询师，参与密码子解密以及对生活情境等案例的分析。最终，学生能够认识到未来自身实践行为的选择对自身生活的影响，“润物细无声”地提升学生健康素养水平。

在小学低年级(一、二年级),教师同样可以采用以上提供的健康教育课程实施路径,利用班会课的形式,通过“多阶段、逐层深入”的方式开展活动设置,发掘学生身边熟悉的生活情境素材,实现对学生健康生活技能的培养。例如疫情居家期间,教师就以“我的居家生活”为主题,将具体的教学目标设定为“学生通过居家期间生活的分享,补充居家期间同伴之间的交流与了解,培养与家人沟通、交流的技能,养成良好的健康生活习惯”。如以下案例所示,这位教师将活动环节设置为以下几个阶段,阶段一:教师首先对学生提出居家运动、劳动以及健康生活的倡议,希望同学们制定居家学习与生活的计划,并开展丰富的体验活动;阶段二:学生进行实践体验,完成基本的听课及自学任务,实现力所能及的家务劳动,并进行日常体育锻炼,例如帮助父母择菜,或者和父母一起做一顿饭,每天完成跳绳300个等;阶段三:课堂的互动分享,对居家学习的学生而言,内心是十分渴望与伙伴进行交流的,教师将不同同学精彩的生活进行了分类编辑和展示,增强了学生后期持续参与活动的积极性,让其他同学也能够了解其他伙伴居家期间在体育、劳动以及户外活动过程中的情况。同时教师也会现场邀请同学进行发言分享,在分享的过程中增强学生对健康重要性的自我认同。以下是一位同学的分享:“六一儿童节就快到了,在这个属于我们的节日里,我想和同学们一起分享一下我的学习和生活感受。在学习方面,我每天除了完成老师布置的视频学习和下午的答疑活动,还根据自己的学习兴趣,选择参加了一些活动和比赛,给自己制定了一些阶段性的小目标,每当实现了一个小目标,就觉得特别有成就感。在生活中,我和家人一起做手工、品美食,种蘑菇,帮助家长做家务,是妈妈的小帮手。在运动方面,我每天坚持做操,打羽毛球、踢足球和跳绳,不去人多的地方活动。同时,居家期间坚持自己的兴趣和爱好也是一件很幸福的事情。最后,我想说居家生活虽然很充实,但是我很想念我的学校,想念我的老师和同学们,想念和大家一起合唱的日子,预祝各位同学六一儿童节快乐!”最后,这个班级的学生还在云端一起进行了合唱,弥补了未能参与期末合唱的小遗憾。在疫情居家学习期间,这种线上与线下相互结合的班会形式,能够让原本课堂上的讲授类课程变得更加生动,并通过学生的实际生活体验,增加学生对健康不同层面的深度理解。这种理解既包含了学生心灵层面的健康,也涵盖了学生身体层面的健康,最终通过学生实际的参与和体验,激发学生的自我主观能动性,实现对自我健康的认知和理解[①]。

---

① 案例来源:北京市西城区师范学校附属小学,初申申。

本章思考题

1. 学习者能够进一步理解学生健康生活技能的概念界定与三个维度的划分，能够说出维度划分的基本依据。

2. 学习者能够结合具体的教学实践案例，进一步深度理解学生健康生活技能的内涵，以及如何在教学中关注并实现对学生健康生活技能的培养。

3. 学习者能够结合自身学校的实践案例，理解基于学生健康生活技能培养的实施策略是怎样的？应该如何设计以健康生活技能培养为核心的教学目标即评价标准。

4. 学习者能够说出以学生健康生活技能为核心的课程实践路径可以分为哪几个阶段，每个阶段的具体含义是什么。

第四章　中小学健康教育课程的评价

本章围绕学生必备的十项基本健康生活技能，提出了一线学校及教师应该如何匹配学生现有的生理和心理水平，以不同的实施方式，来设计不同的健康教育课程形式。同时，基于基础教育阶段不同年级学生(小学一至二年级、三至六年级、初中，高中)必备的进阶式健康生活技能水平，提供了与现阶段学生能力相互匹配的教学素材和螺旋上升的案例分析作为参考，结合目前国内学校健康教育的实施现状，从健康教育课程"顶层设计"和"具体落实"的双重角度，分别从课程设计本身以及学校大数据反馈的两个层面，研究并讨论了如何针对学校健康教育课程的实施进行有效的评价。

第一节　基于健康生活技能培养的健康教育课程目标

促进学生健康生活技能养成无疑是学校开展健康教育的核心要素。一个合格的学校应通过健康教育的实施实现以下三个层面的具体任务。一是，学校需要利用课程体系，科学化、系统化地开展健康教育，加强健康教育师资队伍建设，逐步建立一支科学化、专业化的健康教育教师队伍，同时发挥健康教育教研团队的育人功能，切实发挥健康教育在预防和解决学生健康问题中的重要作用。二是，学校要深入了解本校健康教育的工作机制，分类、有序地进行，既要尊重学生的身心发展规律，又要尊重学校当地的文化和环境特征。三是，区分健康教育的共性群体和个性群体，既要保证共性群体的健康教育服务，又要兼顾特需学生的独特属性，使全体学生的健康素养都能得到基本保障并不断地提升。为实现以上的健康教育目标及具体任务，学校应有计划、有组织地开展关于健康知识的传授和健康行为的培养活动，帮助学生采取健康的行为，减少危险行为，激发社会责任感，最终实现身体的、心理的以及社会的平衡和安宁，保持幸福的状态。

本节依据世界卫生组织提出的十大基本健康生活技能，结合学校具体任务的需求，构建了健康教育课程的评价标准，旨在通过实践活动塑造健康行为的知识与生活技能体系，为学生在个人生存、发展、交往等方面的问题提供具体的评价依据，并教给学生为了幸福生活必须具备的生理、心理、情感准备以及社会生活的基本技能。其中，本章介绍的八大课程内容的主题是实现基于学生健康生活技能培养目标的重要载体，分别从不同角度对健康生活美好愿望的实现进行了具体的细化和解释。

一、中小学健康教育课程评价标准的确立及使用原则

健康教育的知识能够对学生健康生活技能掌握的快慢和深浅产生影响，同时健康生活技能的掌握又能反过来影响学生对于健康知识的理解和应用。健康教育既不是单纯的知识传授，也不是单一的技能养成，而是要将二者有机地结合，才能让学生以知识的学习促进技能的发展，以技能的培养完善健康教育的知识体系。因此，学生健康素养水平的提升既要实现健康知识与健康生活技能的相互促进，又要实现两者之间的统一。结合我国当前健康教育的课程实施模式，世界卫生组织提出的这十项健康生活的技能在不同的学科课程标准及政策文件中均有所体现（如表 4.1 所示），学科教师及学校管理者可以根据现有的课程内容设置，在不同学科领域融合以下健康教育主题内容。

表 4.1　十项基本健康生活技能与健康教育相关“课标”“纲要”的关系

健康生活技能的目标维度	《中小学健康教育指导纲要》	《体育与健康课程标准》(2022 年版)	《中小学心理健康教育指导纲要》(2012 年修订)
自信与自我能力提升	无紧密关联内容涉及	活泼开朗，体验快乐，乐于与他人交往，适应自然环境，交往与合作能力提升，适应自然环境的能力增强	认识自我、学会学习、人际交往、情绪调适、升学择业以及生活和社会适应等方面；树立自信，乐于学习；培养职业规划意识，树立早期职业发展目标
情绪管理	学会正确处理人际关系	学会通过体育活动等方法调控情绪	增强调控情绪、承受挫折、适应环境的能力；抑制冲动行为；认识心理异常现象，掌握心理保健常识和技能；应对失败和挫折的能力
压力管理	掌握缓解压力等基本的心理调适技能	了解体育活动对心理健康的作用，认识身心发展的关系	了解心理调节方法；在学习生活中感受解决困难的快乐，学会体验情绪并表达自己的情绪；学会恰当地、正确地体验情绪和表达情绪
共情、沟通、与他人合作	加入同伴群体的技能，能够与人友好相处，培养有效的交流能力	建立和谐的人际关系，具有良好的合作精神和体育道德	树立集体意识，善于与同学、老师交往，培养自主参与各种活动的能力以及开朗、合群、自立的健康人格；进行恰当的异性交往，建立和维持良好的异性同伴关系，扩大人际交往的范围

续表

健康生活技能的目标维度	《中小学健康教育指导纲要》	《体育与健康课程标准》(2022年版)	《中小学心理健康教育指导纲要》(2012年修订)
健康决策	无紧密关联内容涉及	正确理解体育活动与自尊、自信的关系，懂得营养、环境和不良行为对身体健康的影响	建立正确的角色意识，培养学生对不同社会角色的适应，增强时间管理意识，帮助学生正确处理学习与兴趣、娱乐之间的矛盾；克服学习困难，正确面对厌学等负面情绪
运用拒绝技能	无紧密关联内容涉及	无紧密关联内容涉及	无紧密关联内容涉及
运用批判性思维进行判断的技能	无紧密关联内容涉及	学会获取现代社会中体育与健康知识的方法	培养学生健全的人格和良好的个性心理品质
做健康的倡导者	无紧密关联内容涉及	无紧密关联内容涉及	正确认识自己的优缺点和兴趣爱好，在各种活动参与的过程中悦纳自己

评价标准的使用规则：

根据儿童和青少年生长发育不同阶段的特点，评价标准依据不同的健康生活技能领域，分别采用小标题进行了标注，重点突出对某一项健康技能的要求。同时把：① 个人卫生习惯，② 生长发育与性健康，③ 营养与健康，④ 疾病预防，⑤ 烟草、酒精与毒品，⑥ 心理健康，⑦ 运动与健康，⑧ 安全应急与避险共8个领域的具体内容，合理分配到四个学段中，分别为学段一(小学一至二年级)、学段二(小学三至六年级)、学段三(初中七至九年级)、学段四(高中十至十二年级)。四个学段的内容相互衔接，循序渐进，不断强化和促进学生健康知识与技能的掌握、健康知识与观念的树立以及健康生活方式与行为的养成，分别采用需要(1～8)编号进行标注。然后设置为学段编号，小学一至二年级、三至六年级、初中和高中分别采用序号(1～4)。此外，技能在不同维度上的具体表现采用序号(1～5)，不同的序号关注学生在知道、举例说明、理解、分析、应用以及个体行为的转变，但值得注意的是，八项健康生活主题内容的选择并不局限于提供的某一个领域，而是指与该领域更加相关，此外，这六个不同能力水平要求也不是在每一个健康生活技能维度都有所体现，在某些注重行为表现的领域更加突出了对学生行为表现的描述。例如在自信与自我能力维度下，年级为小学一至二年级的学生，生活技能的具体行为表现类别一，就采用序号 1.1.1 进行标注。

学生健康生活技能评价标准的确立对个体健康生活习惯的养成具有重要的作用和价值，同时也为个体的健康促进提供了重要的引导方向。本部分内容是在相关健康教育经典理论以及世界各国健康教育课程标准的研究基础上，所形成的一系列评价框架及标准，很多标准的获取来自实践学校的经验总结，希望能够为学校的管理人员提供相应的参考，同时一线教师也可以根据自身学校的具体情况在原有提供标准的基础上进行修订和调整，使其更加具有实用性，符合所在学校自身发展的特征。

二、基于中小学健康教育课程多维目标评价标准的分解

（一）健康生活技能——自信与自我能力提升技能的评价标准

自信与自我能力提升的健康生活技能是指学生能够理解自我身心发展的规律与特点，描述自己的心理特性，并形成健康的身体意向与自我概念，产生对自我价值的认识和理解，形成自信和自尊的意识。自信与自我能力的提升是个体对健康目标持续追求的重要表现，能够让个体通过后天不断地学习，逐渐增强个人的基本能力，并在某些特长领域有所发展。具体评价标准如表 4.2 所示。

表 4.2　学生健康生活技能之自信与自我能力提升技能的学段分解

小学一至二年级	小学三至六年级	初中	高中
6.1.1　学生能够知道自我的概念，知晓自信能够给自己的生活带来积极的影响	6.2.1　学生能够举例说明什么是自信的表现，描述自信的感受	6.3.1　学生能够了解青春期发展阶段的身心变化；能够自我悦纳，并接纳自己与他人的变化	6.4.1　学生能够丰富对自我概念的认识，能够对自信和自我提升行为产生的结果进行预测
6.1.2　学生能够认识自我判断的标准是多个维度的	6.2.2　学生能够知晓自尊、自爱的行为与自我健康状况之间的关系	6.3.2　学生能够描述自信、自我能力提升与保持健康状态的相互作用关系	6.4.2　学生能够描述自信、自尊以及自我人生目标实现之间的相互关系
6.1.3　学生能够描述自己 1～2 项的兴趣爱好	6.2.3　学生能够举例说明什么是乐观、自信的心理品质；尝试说出自信是如何促进个体健康发展的	6.3.3　学生能够尝试采用自我能力提升与促进的方法，促进自身健康的发展	6.4.3　学生可以分析出哪些途径可以帮助个体更好地获得自信和自我能力水平的提升
—	—	6.3.4　学生能够分析出家庭以及外界环境中对自我能力提升的有利和不利因素	6.4.4　学生能够阐述外界环境中有利于个体自信发展与能力提升的相关发展因素，并具有一定的身份认同感

（二）健康生活技能——情绪管理技能的评价标准

情绪管理的技能是指学生能够在自我不同的发展与认知阶段，逐渐了解和体察自己和他人的情绪状态，并掌握一定的情绪调节方法，学习合理表达情绪的技巧，运用有效的方法来调控情绪。同时学生还能够充分地调动有效资源来应对压力、挫折所带来的问题，从而提升自己的心理弹性。具体评价标准如表 4.3 所示。

表 4.3 学生健康生活技能之情绪管理技能的学段分解

小学一至二年级	小学三至六年级	初中	高中
6.1.1 学生能够了解各种情绪的不同表现	6.2.1 学生能够知道简单的情绪调节的方法	6.3.1 学生能够识别自己或者他人的极端情绪，掌握更多情绪调节的方法	6.4.1 学生能够熟练掌握有效的情绪调节的方法与技巧
6.1.2 学生能够通过观察来学习情绪表达的技巧与方法	6.2.2 学生能够识别什么是消极情绪	6.3.2 正确理解情绪表达的个体差异性	6.4.2 能够识别出自己不良的健康情态并及时进行调整
6.1.3 学生能够举例说明如何应用情绪调节的方法	6.2.3 学生能够面对挫折等外在因素带来的消极情绪体验	6.3.3 学生能够识别自身情绪表达对自己人际交往的影响	6.4.3 学生能够理解情绪表达与调节的意义
—	6.2.4 学生能够初步具有调控自己情绪的意识	8.3.1 学生能够根据自身情绪的变化，在必要的情况下及时求助和做好自我保护	6.4.4 学生能够分析自身不同情绪表达对人际交往的影响
—	—	—	8.4.5 学生能够在自身情绪情况超越自我调节范围的前提下，向外界寻求相关的外源帮助

（三）健康生活技能三——压力管理技能的评价标准

来源于心理、生理和社会交往层面的压力，有时会带来负面的影响效应，但适度的压力和合理的压力调节有时也可以将压力的负面影响有效地转变为一定的人生动力。如果学生掌握了有效应对压力的方法，具备区别压力与痛苦的能力，开展相应的自主实践，并运用积极的压力应对方式进行压力缓解，这对提升学生心理弹性以及保障个体的健康成长都具有非常重要的意义和价值。具体评价标准如表 4.4 所示。

表 4.4　学生健康生活技能之压力管理技能的学段分解

小学一至二年级	小学三至六年级	初中	高中
6.1.1　学生能够在成人的指导和帮助下学会识别压力的信号，知晓压力的来源	6.2.1　学生能够知晓一些显著的压力的信号及压力来源	6.3.2　学生能够区分积极与消极的压力应对方法，运用积极的应对方式主动调节自己的压力	6.4.3　学生能够依据具体的压力来源，选择采用不同策略
6.1.2　学生能够简单举例出自己压力的一些生理及心理表现（例如：心跳加速、出汗等）	6.2.2　学生能够依据自己的一些紧张的心理和生理表现，提示自己进行压力调节	6.3.3　学生能够对于自己产生压力的来源进行归类，分析判断造成压力的原因	6.4.3　学生能够依据具体情境，采用不同的方式和方法对压力进行调节
6.1.3　学生能够向信任的朋友和亲人倾诉自己压力的一些生理及心理表现	6.2.3　学生能够了解缓解压力的具体方法和基本步骤，在课堂模拟情境中进行演练	6.3.4　学生能够学会选择合适的减少压力的方法，更加高效地管理自己的压力	6.4.4　学生能够熟练并综合地运用多种缓解压力的方法，主动调节自己的压力，并能够区分痛苦与压力，尽可能消除压力所带来的负面影响
6.1.4　学生能够学会一些简单应对压力的步骤和方法（例如：深呼吸等）	6.2.4　学生能够尝试应用缓解压力的简单方法进行日常的实践应用	6.3.5　学生能够在面对痛苦时主动进行调节，提升自身压力管理的有效性。当超越自我调节能力时，能够知道要主动向他人寻求帮助	6.4.5　学生能够辩证地看待压力的影响，灵活选择适当的方法或途径减少压力的有害影响，并能够与他人分享自己感知压力和化解压力的感受

（四）健康生活技能四——与他人共情技能的评价标准

对于学生群体而言，与他人共情的能力更加关注学生对周围同伴、家人、老师等密切接触群体的情绪认识和理解能力，并通过观察他人的情绪状态，体验观察者的心态，形成一定的内心感受，试图通过他人看待事物的视角去感受他人特定情境下的情绪，包括对他人的悲伤情绪产生关心，对他人快乐情绪产生愉悦的感受等行为表现。具体的评价标准如表 4.5 所示。

表 4.5　学生健康生活技能之与他人共情技能的学段分解

小学一至二年级	小学三至六年级	初中	高中
6.1.1　学生能够知道一些判断同伴或家人情绪状态的基本方法	6.2.2　学生能够学会倾听和感知他人的情绪信号	6.3.3　学生能够初步分析出同伴情绪变化产生的原因	6.4.3　学生能够根据同伴或家人的情绪变化，思考一定的策略
6.1.2　学生能够举例说明一些简单的情绪感知和表达的方法	6.2.3　学生能够依据同伴的情绪表达，理解他人所处的状态	6.3.3　学生能够换位思考，理解和体会同伴或家人的情绪	6.4.4　学生能够从理解他人的角度，做出相应的回应和反馈
6.1.3　学生能够观察出同伴或家人是快乐的还是悲伤的	6.2.4　学生能够倾听同伴的话语，理解他人言语的意思	6.3.4　学生能够基于他人情绪的变化进行识别，做出相应的反馈	6.4.5　学生能够综合地运用多种策略和方法，主动回应他人的情绪表现
—	6.2.5　学生能够基于他人的情绪的表达，做出对同伴的反馈	6.3.5　学生能够在面对同伴感到痛苦时主动提出帮助，在超越现有能力范围的条件下，主动向教师或家长进行反馈，寻求帮助	6.4.5　学生能够通过他人情绪的表达，知晓他人的需求和所处的环境氛围，并合理地表达理解和提供适当的帮助

（五）健康生活技能五——有效沟通技能的评价标准

该评价标准要求学生能够运用较为合适的语言、行动和肢体语言，合理表达自己的情绪和观点，清楚地阐明自己的思想、感受和信息，能够运用一定的沟通技巧，来倾听他人表述，并合理地表达自己的诉求，确保与沟通对象之间的相互理解。具体的评价标准如表 4.6 所示。

表 4.6　学生健康生活技能之有效沟通技能的学段分解

小学一至二年级	小学三至六年级	初中	高中
6.1.1　学生能够在老师或家长的引导下，初步了解表达需求，沟通的基本技能	6.2.1　学生知道 3～4 项有效的语言和肢体的沟通技能	6.3.2　学生能够区分出不同情境，建立情境与沟通技巧运用之间的联系	6.4.3　学生能够依据不同的情境和需求，选择不同的沟通技巧

续表

小学一至二年级	小学三至六年级	初中	高中
6.1.1　学生能够与周围的同学成为朋友,进行言语交流	6.2.2　学生能够举例说明朋友、团队成员之间应该怎样进行沟通	1.3.3　描述良好的沟通对学生生活和学习的影响(主要在个人卫生习惯领域,普遍适用于各个领域)	1.4.3　学生能够分析出沟通是如何影响自身健康行为和习惯的(主要在个人卫生习惯领域,普遍适用于各个领域)
6.1.3　学生尝试运用沟通技能与同学、老师交往	6.2.4　学生能够采用一些沟通的方法,表达自己的合理需求	6.3.3　学生能够运用沟通的技能,自主参与各种活动(主要在心理健康领域,普遍适用于各个领域)	6.4.3　学生能够在参与各项活动中灵活采用不同的沟通技巧(主要在心理健康领域,普遍适用于各个领域)

(六) 健康生活技能六——与他人合作技能的评价标准

与他人合作的技能强调学生能够在参与活动或在完成任务的过程中,表达出对他人劳动付出和劳动成果的认可与尊重,能够在团队共同努力的过程中,贡献不同的观点,提供力所能及的支持与保障(这种支持不局限于智慧层面,也可以是对任务完成有利的各类行动或物质的保障与服务),同时评估自身的参与价值,为团队共同目标的实现贡献个体的力量,与团队成员共同分享集体成果、经验和喜悦的一项能力。具体评价标准如表 4.7 所示。

表 4.7　学生健康生活技能之与他人合作技能的学段分解

小学一至二年级	小学三至六年级	初中	高中
6.1.1　学生能够知道一些与他人合作的基本原则	6.1.3　学生能够举例说明如何与他人进行合作,共同完成一项任务	6.3.4　学生能够掌握一定与他人协作的知识和技巧	6.4.4　学生能够熟练地应用与他人协作完成复杂任务的技巧
6.1.5　学生能够积极主动地参与集体活动	6.2.4　学生能够进行简单的分工与协作,具备一些简单的合作技巧	6.3.5　学生能够参与一些适合自身能力的社会实践或跨学科实践活动	6.4.5　学生能够适当地参与学校、社区的项目式学习,尝试通过集体的力量解决一些复杂的现实问题
6.1.5　学生能够在参与活动的过程中承担一定的任务	6.2.5　学生能够在团队中完成一定的活动任务,理解和接纳他人的意见	6.3.5　学生能够有意识地参加学校和生活中的各项活动,适当地参加社会公益活动	6.4.5　学生能够在参与活动的过程中实现个人的价值,认识到个体在群体活动中的作用和价值

（七）健康生活技能七——拒绝技能的评价标准

本部分内容强调学生要对不良的认识和行为具有一定的拒绝技能，能够有效降低来源于同伴、家人以及外在不良环境的诱惑。由此可见，拒绝技能能够帮助学生远离危险的情境和因素，在一定程度上能够保护个人在生活情境中远离危险的环境，从预防的视角最大限度地保障个体的安全。具体的评价标准如表4.8所示。

表4.8 学生健康生活技能之拒绝技能的学段分解

小学一至二年级	小学三至六年级	初中	高中
5.1.1 学生能够知道饮料、烟酒与自身健康的关系，知道被动吸烟的害处，在日常生活中避免烟酒的伤害	3.2.1 学生能够拒绝他人为其提供的不健康的饮食推荐	3.3.2 学生能够举例说明拒绝不健康食品的诱惑	5.4.1 学生能够分析出拒绝不健康食品的原因
8.1.2 当遇到威胁或危险的情况能掌握基本的求救方法	5.2.2 学生能够在课堂模拟情境中主动抵制他人关于吸烟和饮酒的要求	2.8.2 学生能够清晰地知晓拒绝他人的一些基本技巧	5.4.2 学生能够拒绝槟榔咀嚼、吸烟（包括电子烟）、饮酒等不良的行为习惯
8.1.3 学生能够判断自己是否处于威胁或存在潜在伤害的环境之中，具有一定的自我保护意识	2.5.3 学生能够简单说出自身拒绝他人不合理要求的理由	5.3.3 学生能够向他人说明拒绝槟榔咀嚼、吸烟、饮酒、毒品的理由	2.12.3 学生能够熟练应用拒绝的技能，理性说服他人停止不合理的行为及要求
3.1.4 学生能够对于不健康食物说“不”	2.5.4 学生能够对性侵害说“不”，对于超越自我能力范围的情况，及时向家长和教师反映和求救	2.8.4 学生具备预防性侵害的基本技能，能够主动远离具有潜在危险因素的环境（例如，远离不良行为的人群）	2.12.4 学生能够具有一定识别危险因素的能力，分析拒绝不良行为与保护自身健康之间的关系

（八）健康生活技能八——运用批判性思维进行判断技能的评价标准

运用批判性思维进行判断的技能主要是指学生能够获取有价值的信息、产品及服务，对诊断和处理健康问题至关重要。本部分的评价标准关注了如何获取有价值的健康资源及信息，帮助自己提升健康水平。具体评价标准如表4.9所示。

表 4.9　学生健康生活技能之运用批判性思维进行判断技能的学段分解

小学一至二年级	小学三至六年级	初中	高中
1.2.1　学生能够知道可以通过图书、互联网、媒体等方式获取健康信息	1.2.1　学生能够知道健康信息和服务能够有利于个人的健康成长	1.3.1　学生能够分析有效健康信息、产品或服务的特征	1.4.1　学生能够评价有效健康信息、产品或服务的有效途径
2.2.2　学生能够说出 1～2 种可靠的健康信息的来源	2.2.2　学生能够列举出 3～4 种有效健康信息、产品或服务的一些重要来源	2.3.2　学生能够充分利用家庭、学校和周围的社会健康资源，解决一定的健康问题	2.4.2　学生能够灵活应用家庭、学校和团体中能够促进健康的资源，解决一些复杂的健康问题
—	—	4.3.3　学生能够找到有效而可靠的健康服务	4.4.3　学生能够评估获取的信息是否为真实、有效的信息
—	—	4.3.4　学生能够描述在哪些情况下需要何种专业健康服务	4.4.4　学生能够判别什么时候需要健康服务

（九）健康生活技能九——进行健康决策技能的评价标准

实施健康决策的技能与之前提及的各类技能具有密切的联系。儿童及青少年最终的健康决策往往受到个体的价值观、生活理念、道德标准等一系列因素的影响。学生需要落实健康决策和保持健康的行为，有利于个体提高自身的生活质量。具体评价标准如表 4.10 所示。

表 4.10　学生健康生活技能之进行健康决策技能的学段分解

小学一至二年级	小学三至六年级	初中	高中
2.1.1　学生能够依据自身存在的健康问题，制定一个短期的健康目标	2.2.1　学生能够依据自身的健康问题，列举出解决该健康问题的几种选择	2.3.1　学生能够深入分析各种选择的利与弊，从而做出正确的健康选择	2.4.1　学生能够依据综合性的权衡和判断，做出健康选择
2.1.2　学生能够举例说出 1～2 个需要进行健康决策的情境	2.2.2　学生能够识别可能需要进行决策的健康情境，并尝试做出分析	2.3.2　学生能够依据具体的健康情境，分析采纳何种健康选择	2.4.2　学生能够依据综合性的判断结果，做出客观的健康选择

续表

小学一至二年级	小学三至六年级	初中	高中
2.1.3 学生能够为实现短期目标，提出具体的解决方法或分析什么时候需要他人帮助	2.2.3 学生能够区分什么时候适合独自进行决策，什么时候适合合作做决策	4.3.3 学生能够解释学校及社会的健康促进政策是如何提升健康水平、减少传染病传播的	4.4.5 学生能够分析出学校及社会的健康促进政策及法律法规是如何提升健康水平，减少传染病传播

（十）健康生活技能十——倡导他人健康技能的评价标准

学生能够表现出促进个人、家庭和社区健康的能力，能够运用相关技能，帮助同伴、家人和周围社区的人群改进健康行为模式，实践健康的行为等。这个标准将有助于学生获取健康信息并鼓励其他人采纳健康行为。具体的评价标准如表4.11所示。

表4.11 学生健康生活技能之倡导他人健康技能的学段分解

小学一至二年级	小学三至六年级	初中	高中
3.1.3 学生能够根据自身健康的体验，在家庭范围内提出健康倡议，例如制作一份健康食谱	8.2.2 学生能够说明某种避免和降低健康风险的健康实践案例	6.3.2 学生能够列举出个体应该如何影响和支持他人做出积极的健康选择的案例	6.4.3 学生能够通过行为表现出应该如何影响和支持他人做出积极的健康选择
6.2.3 学生能够接受他人的鼓励，做出有益于健康的行为改变	6.2.3 学生能够根据健康问题发表观点，并提供准确的信息依据	6.3.3 学生能够针对健康状况的改进提出独特的个人见解，并采用准确的信息来支持论点	6.4.4 学生能够利用准确的合作伙伴和社会规范来促进健康信息的传递
2.1.3 学生能够根据个人对健康的感受和需求，在班级中提出简单的改善建议	4.5.2 学生能够鼓励他人做出积极的健康选择	2.3.3 学生能够通过团队合作来倡导个人、家庭和学校关注群体健康状况	2.4.3 学生能够通过团队合作来改进个人、家庭和学校的健康状况
—	—	8.3.4 学生能够了解到不同的受众群体，可以采用不同的信息以及多元化的通信技术手段进行传播	8.4.4 学生能够针对特定的目标群体采用与之匹配的健康信息和通信技术手段，实施健康宣传

三、基于中小学健康教育课程多维目标的课程实施

中小学健康教育课程多维目标的设置是学生健康生活技能培养要求的具体体现。在教学过程中，教师依据具体的教学情境，进行不同年级间的整体规划，选取艾滋病和性病、暴力和伤害、不良的公共卫生和水环境、免疫缺陷、不良的口腔卫生、疟疾、呼吸道感染等相关的疾病（SARS，新冠病毒等）、烈性酒、烟草和药物、意外受孕和不良生殖卫生、寄生虫病、营养不良和饮食安全、毒品滥用、体育锻炼以及学生普遍存在的心理问题等内容作为教学内容的主题，将不同的健康技能进行渗透。主要通过独立课程、学科渗透以及主题式教学的方式实施。

（一）基于独立课程形式落实健康教育课程的多维目标

独立的健康教育课程模式是指学校在实施健康教育相关教育行为的过程中，将学校健康教育作为独立的一门课程，安排固定课时，定期开展健康教育活动的一种健康教育实施策略与方式，与课程实施相互匹配的课程评价也要以健康教育的实施过程和效果作为重点，从学生健康意识的树立、基本知识和技能的掌握、卫生习惯、健康行为形成等几个方面进行综合评价。

具体的评价依据可按照上述健康教育实施模式的“三角结构模型”的相关理论、《中小学健康教育指导纲要》和《北京市中小学健康教育指导纲要（试行）》中的课程目标以及上一节内容中涉及的健康生活技能维度，设计适合每个学段的健康教育课程。由此可见，学校在实施健康教育课程的过程中，也可将课程内容作为课程体系设计的主轴，沿不同生活主题的框架展开，根据地区和学校的实际需求进行不断地开发。相比之前章节中所介绍的健康生活技能在不同年级中的表现，学校健康教育课程的目标相对宏观和抽象，要与学校的实际需求相匹配，能够凸显学校自身的特点。以育才中学初中部“心理健康与生涯发展”校本课程为例（如表 4.12 所示），依据课程的具体内容，不同的模块内容与学校的健康教育目标进行“一一对应”，让不同维度下的健康教育目标都具有具体实施的载体和依据。下文的案例实际上展现了这所学校不同课程内容载体以及课程目标之间的内在联系，同时也给予我们启示，健康教育课程的设计与实施往往并不拘泥于某一种单一的形式，而是呈现出教育领域中“百花齐放”的景象。

表 4.12　基地学校《心理健康与生涯发展》校本课程的设计①

年级		课程内容	模块		课程多维目标
六年级上	1	走进“心理健康与生涯发展”	心理健康	自我成长	学生能够了解心理健康的含义，以及本课程对自身成长的意义
	2	开启梦想之旅	生涯发展	职业规划	学生能够理解生涯发展的含义，正确理解学习与梦想的关系，以及学习的内涵，为自己的梦想主动学习
	3	初中生活大不同	生涯发展	学业发展	学生能够认识到初中与小学之间的差异，并通过运用自我、家庭、学校、社会资源主动适应变化，获得成长
	4	做一个受欢迎的人	心理健康	情绪人际	学生能够正确地理解人际交往的基本规则，以良好友善的心态在新学段主动建立人际关系
	5	新朋友·老朋友	心理健康	情绪人际	学生能够理性地处理刚升入新学段中常见的人际问题，例如：与旧朋友保持联系、认识新朋友等
	6	了解我的学习风格	生涯发展	学业发展	学生能够理解不同的学习风格，主动探索自己的学习风格，并结合自己的学习风格摸索适合自己的学习方法
	7	注意力“训练营”	生涯发展	学业发展	学生能够了解注意力的分类及对学习的意义，掌握常见的注意力训练方法
	8	记忆桥	生涯发展	学业发展	学生能够了解记忆方法的含义及对学习的意义，掌握常见的记忆方法，以此提升自身学习效率
	9	嗨，青春期！	心理健康	自我成长	学生能够了解青春期的定义及各发展阶段的具体状态，了解自己第二性征发育的情况，能够分辨自身发育是否健康
	10	大脑，你好！	心理健康	自我成长	学生能够认识到大脑结构、功能与学习之间的关系，掌握科学用脑的方法，建立良好的学习习惯
	11	心理成长电影：《帕丁顿熊》	生涯发展	学业发展	学生能够通过影片中帕丁顿熊在伦敦适应生活的过程，类比学生适应初中生活的过程，引导学生主动适应初中生活
	12	生涯实践活动：“他们”的初中生活	生涯发展	学业发展	学生能够采访家庭成员的初中生活经历，为自己的初中生活提供一些可借鉴的经验

① 案例来源：基地实践学校课题组成员——北京育才中学初中部，张蕾。

(二) 基于学科渗透方式落实健康教育课程的多维目标

该模式主要指学校以促进学生适应未来社会发展的关键能力为目标，将健康教育的内容渗透到不同学科之中，并以此作为学校健康教育实施的重要载体，开展学校健康教育的一种健康教育实施策略与方式，该课程实施方式中目标的设定更加倾向于建立学科教学与学生健康生活之间的关联。学校健康教育在学科课程中的融合和渗透也可依据健康教育实施模式的“三角结构模型”，确立学生健康素养的总目标和分目标，在不同学科中进行整体的规划和设计，同时通过不同的实施阶段得以实现。其一，整合学校原有不同学科中与健康教育相关的课程目标和课程内容；其二，删除不同学科中多次重复和交叉的目标与内容，对某一个目标采用以一门学科作为主要的目标实施载体，其他学科相互辅助的形式；最终设立具有年级差异的内容维度和螺旋上升的课程体系，突出不同课程和活动在某方面健康知识、技能培养上的优势，最大限度地降低教学资源的浪费；其三，健康教育在学校的具体实施还需要学校管理层的配合和教师的相互合作。

在具体的实施过程之中，学校要将健康教育内容融入体育、生物、化学、历史、地理等课程的教学过程之中。由于当前我国中小学普遍采取此类健康教育的方式，为进一步提高学生健康素养的水平及学校健康教育的教学效果，全体教师都应了解健康教育的内容，明晰学科教学在提升学生健康素养中的重要作用，自然地将健康教育内容有机地渗透到日常教学之中。同时，依托不同的学科课程载体，帮助学生提高健康意识，掌握必要的健康知识与健康生活技能，建立健康的生活方式与行为，减少或消除影响学生健康的危险因素。

要实现这一目的，一方面，教师需要开展健康教育活动的开发，积累丰富的课堂教学素材，传递健康知识。例如学校已有的课程内容，进行健康教育内容在不同学科中的融入，在同一健康教育的主题下，将健康教育的内容同数学、化学、艺术和生物课程进行融合，让学生在学习的过程中了解到肥胖指数的具体计算方法，如何鉴定合格的食用油，制定合理的饮食计划等内容。另一方面，在学校的课程管理层面，学校还可以根据自身特色，选择一项到几项重点培养的健康生活技能作为学校健康教育的培养目标，结合学校具体的资源条件，开展系列的课程实践和学生体验活动。同时，学校的健康教育模式以学校已有的拓展性课程、基础性课程和综合性课程三种课程类型作为实施载体，以校本课程的融合、学科渗透、主题实践活动的方式进行推进，构建学科课程内容与学生健康能力培养的知识点连接，让健康教育在不同学科之间实现自然的融合。如表 4.13 所示。

表 4.13　基地学校学科渗透方式开展健康教育课程的实践案例①

学科类别	课程性质	课程内容	课程多维目标	培养形式
体育与健康	国家必修课程	结合《体育与健康》课标的要求，提供与学生年龄相符的体育活动和比赛	1. 通过体育活动享受运动的快乐，发展自身的身体素质 2. 引导学生在业余生活中能够科学地进行体育锻炼 3. 敢于承担责任和正视失败	课程主导
道德与法治	国家必修课程	提供与学生年龄适当的关于生命健康的知识与方法（如爱护身体、养护精神；异性情感与爱情；情绪与情感的区别与联系；情绪的表达与调节；人际交往的方法与技能等）	1. 让学生了解与自己的生理健康、心理健康相关的行为、态度与信念 2. 了解人际交往中的正确态度、行为与信念，符合法律和道德要求 3. 为培养学生成为身心健康、有道德和法律观念的公民奠定基础	课程主导及渗透
生物	国家必修课程	1. 提供与学生年龄适应的生物常识 2. 帮助学生了解自己身体发育、疾病预防等相关内容的知识及方法 3. 帮助学生了解自己健康状态的知识	1. 帮助学生形成对人与自然和谐共生的理解 2. 培养学生尊重生命、关爱生命的态度	课程主导及渗透
德育课程	国家必修课程	提供给学生与学生实际生活密切相关的知识	1. 培养学生支持健康行为的个人价值观 2. 培养学生安全意识 3. 通过各种德育活动培养学生的社会主义核心价值观	课程主导
心理健康与生涯发展	校本必修课程	1. 提供与学生年龄适当的关于健康的知识与方法 2. 让学生了解同龄人健康相关的行为、态度和信念以及这些因素如何影响他们的健康	1. 为学生提供实践与提升健康技能的机会 2. 培养学生积极的心理品质，提升学生情绪管理能力，提高学生心理弹性 3. 培养并提升学生生涯适应力	课程主导

① 案例来源：修改自基地实践学校——北京育才中学初中部。

（三）基于专题形式落实健康教育课程的多维目标

依据2019年《北京市中小学健康教育指导纲要（试行）》对学校健康教育课程设置的要求，健康教育以专题的方式实施主要是指学校可围绕学生群体中备受关注的健康问题（例如，传染病预防、社会交往、肥胖、应对压力、校园欺凌等），或者从学生发展的角度来考虑如何应对未来社会中各种重大健康问题的挑战（包括艾滋病与性健康、滥用药物等问题）而进行的一种健康教育实施策略与方式。因此，学校健康教育专题教育的开展与实施要以提高中小学生群体的健康素养为宗旨，避免将健康教育仅仅作为健康知识的普及或健康教育理论的讲授，要注意教学内容对学生正确健康观念的引导，最大限度地预防和避免学生成长过程中可能出现的健康问题和危险因素。

学校可以借鉴前面章节中所介绍的健康教育实施模式的“三角结构模型”，作为学校进行专题活动设计的理论依据，以将专题活动以课程的形式予以呈现。例如，将“世界防治结核病日”“中国学生营养日”“全国爱眼日”“世界艾滋病日”等学校健康教育的主题宣传活动和校园节日活动相互融合，依据学生在不同阶段的心理和大脑的认知发展层次，搭建符合学生认知水平、学习情景和能力培养的课程内容和载体，与社会关注事件和学生实际生活相互结合，塑造健康教育课程实施的新生长点。因此，健康知识的习得只是学生健康行为改变的前奏，而不直接作用于行为的改变。学校健康教育的主题内容可通过那些可迁移的知识，即“大概念”主题下的知识体系建构，学校可以依托不同的主题内容和活动来帮助学生发展和拓宽他们原有的健康知识体系（如表4.14所示），树立和完善自身的健康目标，最大限度地利用学校现有的资源，解决学生实际生活中的健康问题。此外，学校也可以依托健康教育的大数据和学校现有的节日和活动进行健康教育课程的实施。

表4.14　健康教育主题课程涵盖的主题内容（以一至二年级为例）

活动年级	活动内容											
	营养健康	生理健康	体育健康	疾病预防	烟酒毒品与药品	智力健康	人格健康	情绪健康	人际交往	暴力与预防	环境与健康	应急与避险
小学一至二年级	绘制食物金字塔	身体的秘密主题班会	足球比赛	手上的细菌视频制作	给抽烟家庭成员的一封信	“我会学习”主题班会	认识自我手指画	关心我的好朋友	认识一位新朋友	如果吵架怎么办	班级环境主题班会	和陌生人说“不”

（四）基于综合实践类及课外的健康教育课程的多维目标

利用综合实践类课程开展学校健康教育实践具有诸多优势。首先，一般基础教育阶段的学校都设置有综合性实践的课程模块，或者可以利用初中新课程标准中占比10%的跨学科实践和工程课程模块，为此提供一定的课时保障；其次，学校的综合实践类课程一般以主题式和户外式的活动类型为主，多学科教师能够参与整体课程的共同设计和实施，这是一般普通类型课程所无法实现的；在以下实践学校的案例中，学校设计的综合实践类活动涵盖了科技馆、植物园以及安全馆作为课程实施的场所，充分地发挥校外资源的力量，对课内资源能够进行有效的供给和补充（如表4.15所示）。该综合实践类课程研发与目标设置指向于学生日常健康生活技能的培养，将十项健康生活技能分布在不同年级的综合实践活动之中，同时对技能的分布并没有采用平均分配的方式，一项综合实践活动只是重点关注学生某几项技能的重点培养，达到重点强化技能的目的。在课程体系的整体构建上，又能通过不同综合实践活动之间的有机整合，实现整体课程对于学生综合健康生活技能的培养。在以下的案例中，每一个活动下面又设置了不同的主题小模块，涵盖了多个学科的内容，为了便于操作，学校可以分为主体负责教师和辅助教师团队两个部分，以南海子公园这一活动为例，就采用了以生物、地理学科的教师团队为主，其他学科教师为辅的形式，同时基于具体的实践活动，提出了学生在完成此项活动中应该具备的健康生活技能。该案例提供了较为宽泛的技能维度，实际上学校可以在具体实施的过程中进一步细化，可将教学目标转化为学生健康生活技能的具体表现行为。

表4.15　课外健康教育课程实施设计与多维目标的设置①

实践地点	实践活动	多维目标：健康生活技能培养及运用
北京植物园	团队建设	主要健康技能3～5
	环境、生态考察	
	定向越野	
周口店	考古体验	主要健康技能1,2,7
	原始人生活体验	
	环境、生态考察	
南海子（麋鹿苑）	观鸟、动物喂养	健康技能2,4,6,8
	世界地球日纪念活动	
	根与芽活动	

① 案例来源：修改自基地实践学校课题组成员——北京育才中学初中部，张蕾.

续表

实践地点	实践活动	多维目标:健康生活技能培养及运用
永定河畔	长走	健康技能 6～10
永定河畔	水质检测	健康技能 6～10
永定河畔	环境、生态考察	健康技能 6～10
灵溪	定向越野	健康技能 1～4
灵溪	环境、生态考察	健康技能 1～4
灵溪	户外野炊	健康技能 1～4
海淀安全馆	急救措施体验	健康生活技能 8～10
海淀安全馆	自救措施体验	健康生活技能 8～10
海淀安全馆	安全防护知识学习	健康生活技能 8～10
中国科学院动物博物馆	参观与观察绘画	健康生活技能 8～10
农职院学农	住校学生的宿舍生活	健康生活技能 1～7
农职院学农	生活自理课程	健康生活技能 1～7
农职院学农	农业课程	健康生活技能 1～7
农职院学农	畜牧业课程	健康生活技能 1～7

（五）健康教育课程的多维目标实现的重要保障

为实现健康教育课程落实的多维目标，学校可结合自身的发展状况，综合物理环境的建设、“家校合作”以及互联网应用等多个层面，共同发展和促进学校健康教育发展。

1. 学校健康教育基础物质环境建设的保障

2018年，卫生计生部门在全国随机监督抽查了37531所中小学校的教学环境卫生，统计结果显示：中国中小学学校教学环境卫生总体合格率为59.1%，侧面反映出小学阶段的课桌椅配备合格率较低，高中阶段存在教室采光和黑板照度合格率较差的现状。特别值得关注的是，北京地区学校教学环境卫生指标总体合格率仅为27.93%，虽然课桌椅配备合格率达到99.7%，但是黑板照度合格率仅为38.7%。教室采光合格率为67.9%，处于较低的合格水平范围①。使得学生虽在护眼行为上有所改进，但是其不具有改变学校环境的能力，学校在健康环境的建设和改进上仍存在极大的改善和提升空间。可以通过教室视觉环境达标工程以及

① 吴瑶，等. 中国2018年中小学校教学环境卫生现状[J]. 中国学校卫生，2019，40(5)：745-748.

“智慧照明”试点等具体措施优化教室采光环境，进行学生视力不良的防控工作①。因此，学校健康环境的建设也同等重要，应采用健康的建筑理念，合理控制校园环境中的噪声、光照、温度和通风等环境因子，营造师生之间、学生之间、家校之间的和谐氛围，以学校的健康教育环境的改善来促进学校健康教育成效的改善，带动社区乃至整个社会范围内健康教育的发展进程。

2. 学校及家庭、社会健康教育服务的供给保障

学校开展健康教育时还应考虑外在资源的整合以及实施团队的组建（包括学校管理者、教师群体、家长）对学校健康教育服务的支持。特别是在某些特定的发展阶段，相关研究机构和行政部门能够对学校健康教育执行者的行为实施提供一定的指导和监督。在准备期间，学校可同高校科研机构合作，组建学校的健康教育专业研究团队，调动学校健康教育生态体系的多方资源，包括食堂、医务室、心理咨询室、学科教师、家委会等资源的共同参与，依据课程的总目标梳理具有学校特色的分目标，完善管理制度，由团队成员分工负责学校健康教育课程的具体落实，将健康教育纳入学校的日常活动，最终以区域健康教育课程示范学校为中心进行辐射，以课程评价促课程目标和课程内容的动态调整，增加展示和交流机会，推进健康教育学校的集团化课程资源的网络共享和交流（如表 4.16 所示）。

表 4.16 家校共建的健康教育课程实施的主题与多维目标（以初、高中学段为例）

	家校共建的健康教育主题	课程多维目标
1	陪孩子走进青春期	1. 了解孩子青春期特点 2. 认识青春期性健康教育的重要性 3. 掌握家庭青春期性健康教育的方法与途径
2	和孩子聊出好关系	1. 了解亲子沟通现状 2. 掌握青春期亲子沟通的方法 3. 掌握青春期亲子沟通的禁忌
3	帮孩子科学规划未来	1. 了解中高考改革的内容 2. 掌握家庭生涯规划的方法与途径
4	与孩子一起面对选择	1. 了解选考政策 2. 掌握选考的技巧与方法 3. 和孩子一起做出科学的决策
5	陪孩子度过初三、高三	1. 掌握与毕业年级的孩子相处的方法 2. 掌握帮助毕业年级的孩子疏解压力的方法 3. 掌握调节自己情绪与压力的方法

① 樊泽民，等. 中国综合防控儿童青少年近视行动方兴未艾[J]. 中国学校卫生，2019，40(12)：1767-1770.

3. 学校“互联网 + 教育”健康服务的保障

2020 年，在新冠疫情的影响下，网络媒体在健康教育领域中的作用和优势开始逐渐凸显，也促使教育领域开始关注网络媒体在健康教育领域宣传和引导过程中的重要价值。一些以互联网、微视频等为代表的新技术媒体的介入，使得健康教育信息的获取变得更加便捷，学生的学习过程更加个性化，一定程度上师生之间的交流与互动变得更为频繁和有效。在此期间，一些以健康教育为主题元素的微信公众号、慕课、微课等开始逐步进入中小学学生的课堂之中，同时也辐射到了中小学生所在的家庭成员，产生了巨大的影响。显而易见，健康教育开始以一种全新的形式走进人类的社会和生活交往空间。同时这一变化应该引起学校的关注，互联网在带来信息的快速传播和庞杂信息量的同时，也需要学校进一步开展获取科学信息资源的相关引导工作，帮助学生了解正确获取健康信息资源的途径和方法，提高师生的健康信息素养，使学生具有一定的批判思维，树立正确、科学和健康的价值观。

第二节 中小学健康教育课程的整体评价设计

一、中小学健康教育课程教学设计的评价标准

在教学的过程中，教师一直扮演着“设计师”和“评估师”的双重角色。这使得教师既需要通过持续不断的教学实践来诊断学生在日常学习过程中的实际获得，又要对自身授课的效果进行评价，该行为也能有效地帮助教师进行自我的反思和教学行为的再认识，实践持续性的教学改进。我国基础教育阶段一直非常重视教学评价体系的重要价值和作用。早在 2001 年，《基础教育课程改革纲要》中就曾指出：建立促进学生全面发展的评价体系。评价不仅要关注学生的学业成绩，而且要发现和发展学生多方面的潜能，了解学生发展中的需求，帮助学生认识自我，建立自信。同时也强调教师对自己教学行为的分析与反思，建立以教师自评为主，校长、教师、学生、家长共同参与的评价制度，使教师从多种渠道获得信息，不断提高教学水平，建立促进课程不断发展的评价体系。在具体课程的实践过程中，教师可以通过以下具体的评价标准（如表 4.17 所示），对现有的健康课程设计进行有效而持续的改进与迭代升级。

表 4.17 健康教育课程实施教师自我课程设计评价表

维度	指标	评价具体内容
教学设计	背景分析	1. 教师能够深度分析教学内容与学生健康生活之间的联系
		2. 教师能够基于数据、访谈等方法对学生学情进行深度分析
		3. 教师在学科融合类课程中，应注意健康教育内容在不同课程标准中的体现和内在关联，避免不同学科内容反复交叉，应有所侧重
	学习目标	1. 教学目标与学生现有阶段的健康生活能力水平相互匹配
		2. 教学目标要明确而具体，能够激发学生转化为健康的行为表现
	问题框架	1. 健康问题能够逐层递进，体现教学思路及学习认知层次
		2. 蕴含"问题链"，逻辑结构清晰，符合学生的自然认知规律
	方法策略	1. 能够采用多种生动、活泼以及学生易于接受的方式开展教学(例如戏剧表演等方式)
		2. 引导学生学习的策略和方法符合学生的认知规律和特点
	教学过程	1. 评价能够前置，让学生知晓完成任务的具体评价标准，活动之间逻辑结构清晰、完整，以学生为活动的主体；实现"教－学－评"一体化，让学生能够将健康意识转化为健康行为
		2. 教学活动设计引导学生主动参与学习，充分体现教师主导、学生主体学习的特性
	评价方式	1. 评价方案应注重多元化，采用过程性评价与结果性评价相结合的形式，关注学生学习的实际获得
		2. 评价标准简单，易于操作，同时能有效评估、检测教学目标的达成情况，具有实践性

这里以班会课为例来说明如何进行健康教育课程的实施与评价。班会是教师在日常教学中最为熟悉的一个情境，其课程的设计往往与学科教学不同，学生通常会在班会课上会表现得相对轻松，教师合理的教学活动设计能够让学生在体验和互动的过程中，形成复合型的健康生活技能。以下这个案例，教师聚焦尊重为核心的健康技能培养，该主题内容本质上是多项生活技能的一个复合体，涵盖了自信、共情以及与他人沟通三项健康生活技能。学生围绕这一生活情境中的真实问题与体验，从而理解对现实生活中的具体问题，往往需要通过多项生活技能的汇总，才能最终解决这一复杂问题。在本案例中，教师巧妙地应用了戏剧教育和学生体验的方式，发挥学生主观能动性，进行角色的体验，增强了学生对健康理念的理解。

案例分析　健康生活技能——尊重 班会

案例课堂实录：健康生活技能——尊重[①]

课例分析：依据以上的评价标准，教师在背景分析的环节能够针对学生实际生活中的情境进行教学素材的组织和主题的选择，作为一个五年级班级的班会活动设计，非常符合所教授学生现有的心理特点。

活动目标：

1. 学生能够理解什么是尊重，懂得应该尊重什么和如何尊重他人。

2. 学生能够运用正确的方法对待自己和他人。

3. 学生能够尝试体验尊重带来的快乐，在关心他人、尊重他人的过程中体验被尊重。

活动重点：知道应该尊重什么和如何尊重他人。

活动难点：体验尊重带来的快乐，明确尊重他人就是尊重自己。

课例分析：教师教学活动目标的设置清晰而聚焦，从知识、情感和技能实践三个层面予以呈现，生动而立体地刻画了应该如何落实以上提及的三项健康基本生活技能。

（一）情景喜剧导入

笑：同学们，这节课我们先来做一个情景剧轻松一下，大家都来展示一下自己的创作能力吧。这是一个好些年前发生的故事，在一个除夕之夜……

投影：

故事接龙（表演）

旁白：对这家面馆来说，最忙的时候，要算是大年夜了。平时直到深夜十二点还很热闹的大街，大年夜晚上一过十点，就安静下来了。面馆的顾客，此时也像是突然都失踪了似的。

旁白：就在最后一位顾客出了门，店门要关门打烊的时候，店门被咯吱咯吱地拉开了。

一个女人带着两个孩子走了进来。六岁和十岁左右的两个男孩子，一身崭新的运动服。女人却穿着不合时令的斜格子的短大衣。

“欢迎光临，”老板娘迎上前去招呼着。

“……唔……面……一碗……可以吗？”那女人怯生生地问。

那两个小男孩躲在妈妈的身后，也怯生生地望着老板娘。

① 案例来源：课题实践基地学校——北京海淀区羊坊店中心小学，刘春艳。

笑：大年三十，母子三个人就吃一碗面！接下来，故事会怎么发展呢？老板娘会怎么说呢？老板会怎么做呢？大家想想看……

同学们开始讨论

（二）交流与思考

1. 续写故事

笑：请几位同学说说接下来可能会发生的故事。

笑：嗯，老板是个好心人。那么在我们现实生活中还会有哪些可能呢？

2. 深入讨论

教师微笑总结：刚才大家发挥了想象，我们看到这个故事会有很多种发展的趋势，但如果你是那个老板或老板娘，你会怎么做？

笑：如果你是那个贫穷的顾客，你希望老板怎么接待自己？

3. 展示答案

教师微笑说：现在让我们看看故事是怎样发展的（继续表演）：

老板：案板上早就准备好的，堆成一座座小山似的面条，一堆是一人份，老板抓起一堆面，继而又加了半堆，一起放到锅里。

旁白：老板娘立刻领悟到，这是丈夫特意多给这母子三人的。

"喂，孩子他爹，给他们下三碗，好吗？"

老板娘在老板耳边轻声说道。

"不行，如果这样做，他们也许会尴尬的。"

热腾腾香喷喷的阳春面放到桌上，母子三人立即围着这碗面，头碰头地吃了起来。

"真好吃啊！"哥哥说。

"妈妈也吃呀。"弟弟夹了一块面，送到妈妈的口中。

"真好吃……"

"明年还能来吃就好了……"

不一会儿，面吃完了，付了150元钱。

"承蒙款待。"母子三人一齐点头谢过，出了店门。

"谢谢，祝你们过个好年！"老板和老板娘应声回答着。

笑：看完这个故事的结局，心里有什么样的感受？

生感叹：很温暖。

教师微笑说：是啊，很温暖，不仅温暖了母子三人，还温暖了你我这些读者，也温暖了当时处于萧条时期的一代日本人，这就是流传于日本的一个有名的温馨故事——一碗阳春面。

4. 探寻意义

笑：从这个故事中，大家得到了什么启示呢？

笑：当我们换位来思考，在你的生活中，你希望别人对你是什么态度呢？

笑：是的，我们要懂得尊重他人。

（三）实践

在校园中，在与同学实际交流中，我们到底应该怎样尊重他人呢？我们请几位队员上台做一个游戏。

1．人们一起跳舞的时候，需要保持步调一致，这就显示了尊重，因为这样可以防止互相碰撞。尝试跳一下图片所示的团体舞，看看你们是如何表示尊重的。

尝试团体舞

（1）和队员们站成一排。

（2）右脚向右移一步，左脚跟上，重复此动作。

（3）左脚向左移一步，右脚跟上，重复此动作。

（4）右脚向后退一步，左脚也向后退一步；右脚再向后退一步，左脚向右脚并拢。

（5）左脚向前一步，右脚后退一步，然后让左脚在右脚前面触地。

（6）左脚向前一步，并向左旋转90度，然后移动右脚，以便和左脚一起画一个完整的圆。

2．结束后，与队员交流：跳舞时彼此调不一致，是如何表示尊重的？如果有人步调不一致，会发生什么情况？

教师微笑总结：当然，有时候并不是我们心里不尊重他人，而是我们不知道如何去尊重他人。懂得怎样去尊重他人，不要让他人难堪。这是一种真诚的人文关怀。其实，尊重往往表现在一些细节上，比如着装、语言……

接下来我们分三组分别来制定"尊重细则"：在家里，尊重父母亲人需要注意哪些；在学校，尊重老师、队员需要注意哪些问题；走出校门，与社会上的陌生朋友相处需要注意什么？讨论10分钟，写成条目，等会儿交流。

3．讨论结果

第一组（如何尊重父母亲人）：出门和回家都要打招呼；跟父母说话也要有礼貌，不要耍性子；看电视时不要跟父母抢遥控器；不要嫌长辈唠叨，认真聆听长辈的嘱咐；自己过生日时也一定要记得留一定的时间和父母一起度过；做重要决定时也应认真考虑父母的意见……

第二组（如何尊重老师同学）：见到老师同学和同学都要问好；要尊重老师的劳动，上课应认真；不要给同学起侮辱性的绰号；不要去打听他人的秘密；对同学要有包容心；遇到难事要学会换位思考……

第三组（如何尊重陌生人）：注意礼貌用语"谢谢""对不起""没关系"应时刻挂在嘴边；遇到陌生人问路，不要不耐烦；看到路边乞丐在乞讨，你若要给他钱，请先蹲下来，再把钱放好；看到长得丑陋的或有缺陷的人，不要指指点点……交流、汇报。

4. 中队之礼

笑:同学们说得很全面,那么,在我们中队的日常生活中,队员们到底应该怎样表达对他人的尊重呢?请和我们一起做。

课例分析:在本部分中,我们观察到这位教师先从不同的生活情境入手,让学生思考在现实生活中与我们关系密切的不同类别人群(例如:父母亲人、老师同学以及陌生人),我们应该如何做到对他人的尊重?在后续的教学过程中,这位教师还对学生的健康生活技能表现提供了具体的行为指导,让学生理解如何通过我们的语言以及行动表达,实践对他人的尊重。这样的评价不是独立于课程教学之外的,而是在情境设定的过程中考察了学生对尊重的理解。

(1) 当其他队员受到表扬时——伸出大拇指
(2) 当其他队员受到委屈的时候——拥抱
(3) 当有的同学出现不友好的动作——轻拍肩膀
(4) 当其他队员有精彩发言时——鼓掌
(5) 当老师需要小助手的时候——举手
(6) 当同学需要帮助的时候——伸手
(7) 当有外校老师参观时——行队礼
(8) 当同学发生争吵时——发出嘘的声音
(9) 当同学成功时——露出一个笑脸

课例分析:从课程教学的方法和策略而言,教师在教学中更多地充当了引导者的角色,让学生自主地参与研讨、分享和体验,成为课堂学习的主角,以过程性评价为主,通过教师提供的评价准则,让学生对不同组别的问题回答进行反馈。由此可见,一个设计合理的健康教育课程,一定是以学生体验和学生的实际获得为最终目标的。

(四) 教师小结

尊重他人就是尊重自己,今天我们制定了详细的尊重细则,希望班委下课后多多征求其他小组意见,继续修改完善细则,希望在接下来的学习生活中大家根据细则要求去做、去实践,让我们的班集体更加和谐与默契。

二、中小学健康教育课程评价工具的设计

以往学校健康教育存在着相关教学目标与学生学习评价彼此割裂的现象。教师虽然在教学目标的设计中会设置一定的教学要求,但是在学生评价的过程中又使用了与前期教学目标不相匹配的教学评价,这使得两者之间缺乏必然的内在关

联，不方便教师获得有效的教学反馈信息，也无法实现“以评促学”过程的发生。本质上，一个有效的健康教育课程评价量表的设计应以逆向教学设计的理念作为核心驱动，教师能够以明确的学习目标为起点，以促进学生有意义的学习为宗旨，让教学评价设计成为优先于教学设计和教学实践开展的一种创新性教学活动。

（一）明确不同学科课程标准与健康教育教学目标的内在关联

由于我国中小学阶段的健康教育课程普遍不是以一门独立的学科课程形式而存在。一线学校健康教育的实践主要是以《中小学健康教育指导纲要》作为理论指导依据，采用分学科渗透、融合的方式实施，由于没有具体课程实施标准的指导，对教师自主课程转化能力的要求较高。但是，不同学科的教师可发挥自身学科的教学优势，间接从其他学科的课程标准相关内容的描述中进行提取，建立不同学科课程标准与健康教育相关教学内容之间的内在逻辑关联。以《义务教育科学课程标准》(2022 年版)为例(如表 4.18 所示)，就在不同年级设置了大量与健康教育相关的主题内容，以此作为教师开展和实施课程评价的依据。由此可见，健康教育评价首先需要学科教师在本学科领域开展深度挖掘，进行提取和强化，既要强化自身学科领域的专业优势，又要兼顾不同学科彼此之间的内在关联，综合考虑健康教育在学生现实生活中的意义和价值。

表 4.18　《义务教育科学课程标准》(2022 年版)中与健康教育内容有关的分年级呈现举例

内容维度	年级分布	具体内容
人体由多个系统组成	一至二年级	识别人的眼、耳、鼻、舌等器官，列举这些器官的功能与保护方法
	三至四年级	描述人体用于呼吸的器官，列举保护这些器官的方法； 描述人体用于摄取养分的器官，列举保护这些器官的方法
	五至六年级	说出脑是认知、情感意志和行为的生物学基础，举例说出保护脑健康的主要措施
	七至九年级	说出血液的主要成分及其功能，描述骨髓的造血功能； 知道血型，说出输血应注意的事项，认同无偿献血是公民应尽的义务。 描述人体泌尿系统的结构以及尿的形成和排出过程

（二）分析学生对健康教育的现实需求

教师在明晰预期评价标准的过程中，不仅需要对融合式健康教育相关内容的学科课程标准进行认真的研究、提炼和匹配，还需要进一步了解和分析学生对健康教育的现实需求，寻找学生感兴趣的真实健康问题，依据学生的个性化需求制定特色化的评价标准。例如课题实践基地学校就采用本课题组研制的学生健康素养调查问卷，针对全校初中阶段 577 名学生对青春期课程设置的具体需求进行了调研

(如表4.19所示)①。

表4.19 基地学校学生对青春期教育需求的调查结果

学生对学校青春期教育内容的需求	需求百分比
A. 青春期的生理和心理特征	72.4%
B. 月经/遗精及其保健	27.2%
C. 怀孕与避孕	14.6%
D. 如何与异性交往	21.5%
E. 解决青春期烦恼的方法	61.4%
F. 青春痘的防治	41.9%
G. 恋爱心理	19.9%
H. 其他	11.8%

通过以上学校对学生青春期教育内容的调研,我们发现学生对自身在青春期阶段的生理和心理特征、解决青春期烦恼的方法以及青春痘的防治等内容非常感兴趣,学校可以在后期课程内容的设置过程中针对这些问题,结合调研数据的结果,进行相关评价量表的设计,聚焦学生感兴趣的热点问题,开展课程评价设计,实现"以评促学"。例如,在青春期烦恼部分的评价量表设计中,可在"前测"过程中设计这样的问题:"张三是一名初三的学生,以前他的学习成绩一直不错,最近父母时常因为一些琐事在家吵架,影响了他的情绪,上课的时候也会想起这件事情,学习成绩下降了很多,自己也感到很烦恼,如果你是他,你认为应该如何调节自己的情绪?"在以上的案例中,教师为学生设置了一个与学生日常生活情境非常相似的问题。一方面,教师可以采用这种开放性的问题,通过学生的回答了解学生在面对这样一系列问题时的表现;另一方面,教师还可以结合前测内容,激发学生对类似问题的思考,在教学过程中教师还可以让学生通过情景剧的形式,对这样一个问题进行问题解决方法的模拟展示,实现前测评价与实际教学之间的关联。此外,教师还可以在后期评价中再设计同样测评维度的问题让学生进行应用,在新情境中运用学习的方法,强化学生对于类似问题的解决能力。

(三)了解学生的健康前概念认知水平

随着新时期互联网媒体资源等新兴信息技术的使用,学生获取信息的途径也不再单纯地依赖教师的知识传递,一些外界错综复杂的信息开始与学生原有的知识节点发生新的"化学反应",形成了学生的前概念。但学生认知过程中的理解和

① 数据来源:课题实践基地学校——大兴魏善庄中学,曾静。

自身认知水平差别，对教师评价标准的确立也产生了一定的影响。因此，学生头脑中的潜在意识并不是一张“白纸”，教师应设计更为详细而具体的多种测评方式，去了解学生已经具有的前概念认知水平。通常情况下，教师常用的方法包括课前访谈、课堂前测、课前调查问卷、简答题和小活动等。前期测评数据的结果能够反馈学生的现有状况，使教师更有针对性地实施教学活动。特别是教师以学生参与活动的形式进行评价，可以模糊“评价”的痕迹，更易于被学生接纳，让学生在轻松的环境中进行评价。

以往健康教育课堂教学的最终目的就是要帮助学生构建健康教育领域的概念知识体系。但是，对学生原有认知中存在的某些误区和片面性的理解，教师可以采用诊断式评价来判断学生现有的水平层次。这种诊断式的评价，一方面能够帮助学生了解自我的认知水平，激发潜在的学习兴趣；另一方面，教师也可以根据前期学生学情数据的基本诊断，更好地规划课程，为课程的设计提供一定的佐证。例如，教师可以在课前进行问卷的调查与设计，发现学生潜在的迷思概念（如图 4.1 所示）。案例中的这位教师就在课前针对高中阶段学生健康密切相关的人类遗传病部分进行了调研，并设置了开放性问题，询问学生如何推测一对夫妇的孩子患有某种遗传病的概率，并说出具体的方法。

遗传病课前小调查

本调查仅2道题,用于了解大家对遗传病相关知识的了解程度,请根据现有经验作答即可,不必额外查询资料,谢谢配合!

***1. 若孩子患有某种遗传病，但其父母均不患此病（孩子确实是亲生的），是否可能？**

○可能

○不可能

***2. 观察患某种遗传病的多个家族，发现女患者和正常男性婚配，后代只出现男患者和正常女性，致病基因很可能定位在哪种染色体上？**

○X染色体

○Y染色体

○常染色体

图 4.1　高中遗传病主题教学内容的课前小调查①

（四）确定学生学习的预期结果

以上论述非常具体地介绍了一个教学评价设计形成的三个重要环节，但在现实教学的过程中，教师对学生整体预期结果的判断不全是教师个体的独立行为，而往往是一个教研组、一所学校，乃至于一个区域内的整体驱动和集体智慧的结晶。

① 案例来源：课题实践基地学校——北京一六一中学，李艺。

此外，教师在进行教学评价设计方面往往存在以下一些误区。以往有些评价的设计只是聚焦学生问题反馈过程中的最终表述，却忽视了对学生健康意识形成过程的评价。例如，教师对学生之间沟通能力的评价，不能仅以学生之间的互评作为主要的评价依据，还要重点去观察学生在日常活动、任务过程中的实际表现，否则这样的评价往往存在一定的片面性，也背离了教师评价设计实施的初衷，对学生未来的学习改进也造成了理解的误区。

在教师确定学生学习预期结果的过程中，需要注意预期结果的描述要具有可测性，即教师能够通过具体、明确的表现行为描述，来判断学生所具有的健康素养水平。以《中小学健康教育指导纲要》为例，教师可依据"纲要"具体的健康教育内容的主题和要求，采用"关键"的行为动词，明确地告知学生在完成具体健康任务过程中应达到的认知水平或行为表现，使学生对教学目标的认识更加清晰化和具体化。在具体的操作层面，教师还可以依据学生在知识、技能和态度价值观等方面的不同要求和认知梯度，按照学生能力达成的不同阶段，选择合适的行为动词。例如在知识水平层次的要求上，教师可以采用描述、识别、列出、列举和举例等行为动词（主要针对知识记忆类别的学习）；在理解水平层次的表现上，教师可以结合具体的教学内容，采用说明、举例、概述、区别、解释、选出、收集、处理和阐明等行为动词进行描述（主要针对健康问题的深度理解和辨析）；在行为表现层面，教师可以采用体验、参加、参与、交流等行为动词对学生的任务提出具体的表现要求（主要针对学生健康行为的表现）。此外，在完成以上两个环节之后，教师还可以将这两个部分的提炼词汇进行二次组合，形成教学目标的具体阐述。例如《义务教育科学课标》(2022 版)中对健康教育内容的介绍，就对学生的行为进行了明确的描述，例如描述人体用于摄取养分的器官，列举保护这些器官的方法等。

（五）中小学健康教育课程评价案例解析

以上研究提供了评价标准制定的具体实施路径，教师在具体实践的过程中还可以依据不同的教学需求，进行个性化的设计和转化。以下提供了三种不同形式的评价类别：案例 1 聚焦教师的课堂教学，主要用于评价学生的课堂行为表现；案例 2 聚焦学生的课后作业，建议教师可以从多个维度综合评价学生的健康行为表现；案例 3 和案例 4 侧重学生实践操作的能力，旨在通过具体的操作过程，评价学生对健康知识或概念体系的认识。三种不同类别课程评价方式的实施将有利于教师全方位、综合、客观地评价学生现有的健康素养水平，也让健康教育的评价形式更加多元化。

◆ 案例 1　依据学生理解维度的不同表现实施评价

课堂教学中的健康教育评价应该如何设计和实施？以初中生物"传染病"相关

章节的单元教学为例，教师设计了一个情境导入的游戏环节：让学生来体验“传染病的传播过程”。学生在鼓声中，用左手传递涂抹有洗衣液的玩偶。鼓声停止后，用荧光检测笔先照射左手，看到荧光；再照射右手，发现无荧光，而玩具上却存在大量荧光，证明蓝色物质来自玩具。然后，教师提出了两个问题：(1) 同学们左手上或多或少都发出了蓝色荧光，而右手上则没有，玩具上检测到荧光，说明这种荧光物质是从哪里传来？(2) 这种蓝色的荧光是通过什么方式从一个同学“传染”到另一个同学的？可见有趣的活动设计及情境设置，能够在一定程度上激发学生的自主学习动机，但同时需要教师在课前要进行有效的问题设置，另一方面，学生课堂表现的评价标准要有可测量的评价依据（如表 4.20 所示）。

表 4.20　对学生健康素养的表现性评价（“传染病”一课实例）①

理解维度	问题引导	学生课堂表现的评价标准
解释	什么是传染病和传染源？它们又是如何传播的？为什么人们知晓大量传染病的相关信息，有时还是难以预防传染病	学生能否说出预防疾病的基本措施和手段
阐明	通过体验传染病的传播过程，关注预防传染病的措施，养成良好的卫生习惯，增强社会责任感	体验活动后，学生讨论出荧光剂模拟实验中所表现的传染病的传播途径
应用	关于传染病的预防，初中生（作为个体）能做些什么呢	课堂上，学生能够实践新版的“七步洗手法”；课后，学生小组制作传染病预防的宣传手册或开展主题演讲（可同班会活动相结合）
洞察	以西班牙大流感为例，分析传染病传播的途径	学生运用批判性思维来审视历史进程分析传染病大规模传播的原因
移情	分析身边由于传染病感染而生活受到影响的实例。陈述“患病”和“携带者”；“传染源”与“病原体”的区别	学生能够从易感人群的角度出发，阐述自己的生活受到了传染病传播的哪些影响？能够区别“患病”和“携带者”；“传染源”与“病原体”以乙肝和狂犬病为例进行分析
自知	如何通过学习和宣传他人“传染病”的相关知识，重视健康，能够说出经验中（群体活动中）预防传染病的措施	学生反思：如何从自身做起，成为一名“预防传染病”宣传员

◆ 案例 2　依据学生作业的过程性成果实施评价

特别是在“双减”政策以及学生劳动教育实施的背景下，部分教师开始尝试将

① 郑国华，徐扬. 基于 UbD 逆向教学理论的“传染病”单元教学设计[J]. 中学生物教学，2020(1)：25-27.

学生日常的作业同学生实际的健康生活情境进行关联，在作业设置的过程中，通过任务驱动以及表现性作业，帮助学生理解健康生活的理念。在以下的案例中，这位教师采用了学生日常生活中熟悉的各种发酵食物，让学生运用所学的知识去尝试各种食品的制作，同时增进对微生物相关知识的学习。相比于传统模式的纸笔测试，这种评价方式更为生动、形象和立体化，教师可以通过学生多个方面的行为表现，判定其对健康饮食、健康与营养的理解。比如在这一教学案例中，教师将腌制咸菜与制作泡菜的过程进行了对比，分析两种不同食品所带来的次级代谢物质对人体的影响，最终帮助学生做出正确的饮食选择（如图 4.2 所示）。

学生作业示例

食品	相关的微生物
酸奶	乳酸菌
啤酒	酵母菌
醪糟	霉菌、乳酸菌、酵母菌
面包	酵母菌
米酒	酵母菌

作业一

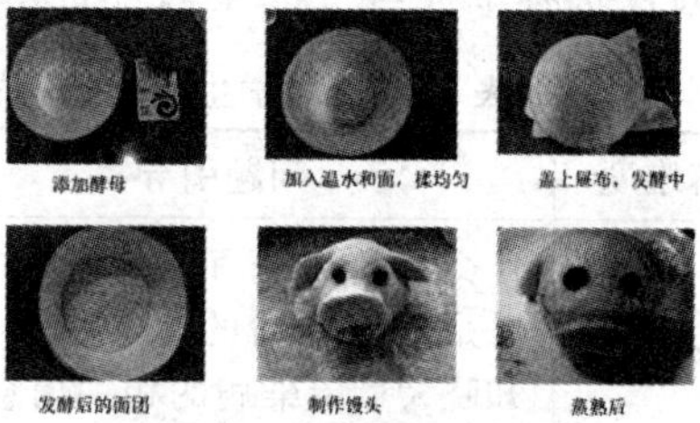

作业二

食品名称	保存方法	原理
密封零食	防腐剂	保持食品干燥，不为细菌和真菌提供有机物
罐头	密封罐装	真空加热，减少细菌真菌
蔬菜	低温冷藏	低温，降低细菌、真菌繁殖速度
面包	抽真空	大多数微生物需要氧气，除去氧气后微生物无法存活

作业三

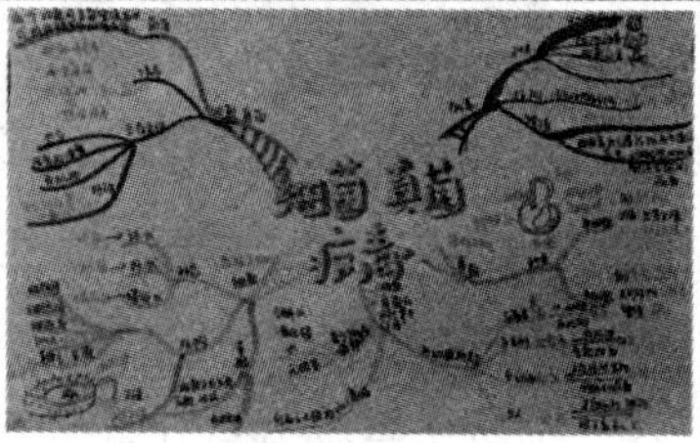

作业四

图 4.2　以学生健康素养表现性作业作为评价依据①

◆ 案例 3　依据学生组装实验模型的行为表现实施评价

对于某些抽象、不易理解的健康教育相关内容，教师还可以采用学生容易理解的模型，辅助性地帮助学生增强对人体生命健康的整体认知和理解。例如在以下案例中，教师依据前期学情分析，发现七年级的学生因为无法直接观察到血液流动的过程，更无法深入理解血液循环中各结构与功能的相互对应关系，不易理解血液循环以及血液循环中体循环与肺循环的连通机理。因此，教师可通过模型的构建，观察学生在实际模型操作过程中的具体表现，以行为表现判定学生对健康知识的掌握和理解情况（如图 4.3 所示）。

① 张美君，徐扬. 初中新课程标准视域下生物学单元作业设计与实践：以“细菌和真菌”单元作业设计为例[J]. 生物学通报，2022，57(12)：13-17.

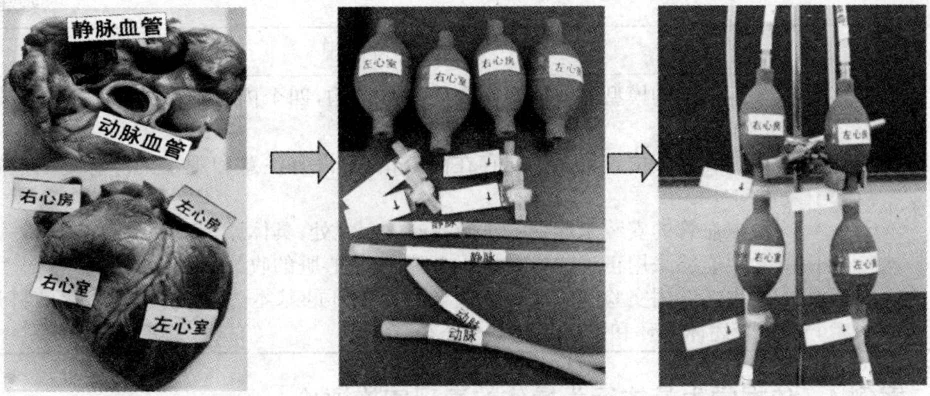

图 4.3　心脏模型的组装与搭建示意图①

教师可根据学生在组装模型过程中的具体表现，结合教学目标进行评价标准的制定，这里的评价标准根据学生的实际表现水平差异被分为四个水平梯度（如表4.21)所示，并通过学生具体的表现性行为，判断学生现有的健康水平处于哪一个阶段，同时评价量表的设计也能够为学生的具体操作提供引导，实现“以评促学”。

表 4.21　实验模型的评价量规设计模板②

水平	具体评价表现
水平一	1. 学生安装的模型能够体现心脏的基本结构，四个内腔的位置正确，血管位置准确 2. 心脏和瓣膜位置正及方向正确 3. 模拟血管的安装能够导入正确的液体存放处，体现体循环和肺循环 4. 学生能够采用正确的方式挤压心脏，模拟心脏的收缩和舒张的状态 5. 学生能够用实验演示和科学语言的表述方式展现和说明体循环和肺循环的具体路径
水平二	1. 学生安装的模型能够体现心脏的基本结构，四个内腔的位置及血管位置连接正确 2. 心脏和瓣膜位置正及方向存在部分错误，没有观察到静脉瓣的位置及方向 3. 模拟血管的安装能够导入正确的液体存放处，但具体原理理解不清晰 4. 学生能够采用正确的方式挤压心脏，模拟心脏的收缩和舒张的状态 5. 学生能够用实验演示展现和说明体循环和肺循环的具体路径，部分过程不能用科学术语准确表述

① 案例来源：研究课题参与教师——北京汇文中学，张晓菲。

② 案例改编自北京教育学院初中生物实验教学设计与评价专题培训班成果。

续表

水平	具体评价表现
水平三	1. 学生安装的模型能够体现心脏的基本结构，四个内腔的位置及血管位置连接正确 2. 心脏和瓣膜位置正及方向存在部分错误，没有注意和观察到静脉瓣的位置及方向 3. 模拟血管的安装未能导入正确的液体存放处，具体原理理解不清晰 4. 学生能够采用正确的方式挤压心脏，模拟心脏的收缩和舒张的状态 5. 学生能够用实验演示展现体循环和肺循环的基本过程，用非学术化的科学用语表述体循环和肺循环的基本路径

案例 4　依据学生具体行为操作的表现实施评价

教师在进行学生健康行为的观察时，还可以通过学生的实际行为表现来评价学生对健康知识和技能的掌握情况，判断学生是否将以往的学科知识转化为学生实际操作的具体行为（如表 4.22 所示）。该部分内容不单纯考查学生对于知识的理解，而是将知识同学生的实际体验进行了相互融合，不仅让学生在观察心脏的过程中知晓心脏的基本结构，同时教师还将这部分内容同学生日常生活中的心肺复苏等必备急救知识进行了结合。同时教师在教学中还可以结合当前学校健康教育的工作重点，以 2021 年 8 月北京市教育委员会发布《关于做好校园自动体外除颤仪（AED）配置工作的通知》为例，就要求各级各类学校可根据学校的实际情况选择安装数量，要考虑到学生的密度、活动强度以及适当的距离进行安装，每个学校至少配置一台。在明显位置张贴 AED 位置导向图，强化 AED 现场管理及宣传工作。可见学校可将具体的政策要求同本部分的内容进行关联，引导教师开发相关课程，并进一步设计 AED 模拟急救等相关体验类的实践课程。

表 4.22　《观察心脏的结构》实验评价量表①

步骤	操作要求	评分标准	分值（满分:30）	评分范围
1	实验用品准备	学生能够依据实验需求，检查实验材料及用具是否完好、齐全	1	优秀：26～30 良好：21～25 及格：18～20 不及格：18 分以下
		学生能够戴好一次性手套，做好卫生防护	1	
2	心脏外形观察	学生能够结合心脏示意图，根据心尖朝向判断心脏的正面及背面	1	
		学生能够依据心脏实物，识别和区分心脏的四个腔	1	

① 案例改编自北京教育学院初中生物实验教学设计与评价专题培训班成果。

续表

步骤	操作要求	评分标准	分值（满分:30）	评分范围
2	心脏外形观察	学生能够通过体验心脏四个腔壁的厚度，感知心房壁和心室壁之间的差异	1	优秀：26～30 良好：21～25 及格：18～20 不及格：18分以下
		学生能够根据心脏各腔壁的厚薄程度，判断心脏各腔的功能	1	
		学生能够结合模型和图片，识别出与心脏各腔相连的血管，并说出其基本的结构特点	2	
3	心脏灌流实验	学生能够观察并描述从肺静脉处注入模拟“血液”，“血液”从哪里流出	1	
		学生能够观察并描述从主动脉处注入模拟“血液”，“血液”从哪里流出	1	
		学生能够观察并描述从腔静脉处注入模拟“血液”，“血液”从哪里流出	1	
		学生能够观察并描述从肺动脉处注入模拟“血液”，“血液”从哪里流出	1	
		学生能够通过以上观察实验，总结心脏内的血液流动方向	2	
		学生能够总结从动脉注入液体失败的两个实验，归纳瓣膜的功能和作用	1	
4	心脏解剖实验	学生能够正确使用解剖刀，切开心脏的左心室和右心室，观察并验证心脏左右心室壁的厚薄程度	1	
		学生能够尝试用玻璃棒连通心脏各腔	1	
		学生能够归纳心脏四腔上下相通、左右不通的特点	1	
		学生能够使用玻璃棒从肺静脉插入，观察并验证肺静脉与左心房相连	1	
		学生能够使用玻璃棒从上腔静脉插入，观察并验证上、下腔静脉相连，并与右心房相连	1	
		学生能够使用玻璃棒从左心室插入，观察并验证左心室与主动脉相连通	1	
		学生能够使用玻璃棒从右心室插入，观察并验证右心室与肺动脉相连通	1	
		学生能够观察心房与心室之间的房室瓣，描述瓣膜的开口方向	1	
		学生能够归纳出血液从心房流向心室	1	
		学生能够正确使用解剖剪，剪开主动脉和肺动脉基部	1	

续表

步骤	操作要求	评分标准	分值(满分:30)	评分范围
4	心脏解剖实验	学生能够观察动脉与心室之间的动脉瓣,并描述动脉瓣的开口方向	1	优秀:26～30 良好:21～25 及格:18～20 不及格:18分以下
		学生能够归纳血液从心室流向动脉	1	
		学生能够根据动脉瓣的观察,解释心脏灌流实验时,从动脉注水失败的原因	2	
5	整理实验用品	学生能够协助老师将心脏统一回收,清洗实验用具,整理干净桌面	1	

此外,2021年北京市生物中考的32题也从内容选材上涉及了AED的相关内容,提供了急救现场的处置流程图,同时提出问题,为了让更多的公众了解,让学生提出一些建议。可见即使是在学科教学的环节设置中,也开始逐渐关注对学生急救行为操作及学生健康意识的综合考察。希望通过这种评价的方式引发学生对公众健康的思考,形成一定的社会责任感。

三、中小学健康教育课程实施效果评价系统软件的应用

(一)平台的公益属性特征

健康教育课程实施效果评价数据库是国家社会科学基金"十三五"规划2017年教育学青年课题——"健康中国背景下健康教育课程实践的问题及对策研究"的阶段性研究成果,现已取得国家软件著作权。为更好地服务于基础教育阶段的学校和教师,对平台的使用,可与课题负责团队所在单位北京教育学院进行联系,获取免费的使用权限和功能账号,同时提供一定的数据分析和健康教育课程评价的指导。

(二)平台主页面介绍

平台首页为系统的操作主界面,分别设有导航栏、公告信息以及操作功能模块入口(如图4.4所示)。除问卷调查模块可通过发送链接的形式,分别以学生、家长和教师的身份参与测试,其他模块均需使用具有相应权限的账户登录之后才能进入,否则系统将给出相应提示。

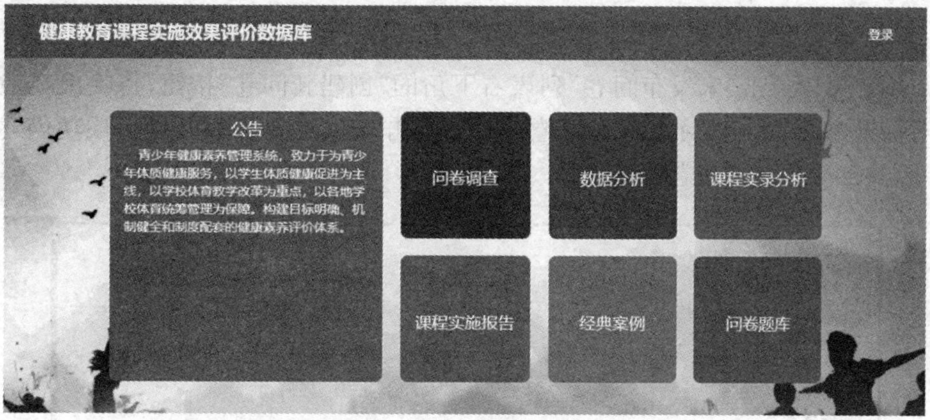

图 4.4　健康教育课程实施效果评价数据库系统首页

（三）系统的登录与权限

除问卷调查页面外，导航栏将出现在所有其他功能页面的顶端，为用户提供快捷的返回首页操作、登录注销操作以及分配账户入口。导航栏左侧为系统标题，在任何界面点击此标题将快速返回到系统首页，右侧为登录入口或已登录用户名。

在未登录状态下，导航栏右侧显示登录入口，点击此按钮将唤出登录对话框，（如图 4.5 所示）。填写正确的用户名和密码之后点击“登录”按钮即可成功登录系统。管理部门北京教育学院“健康中国背景下健康教育课程实践的问题及对策研究”课题组将对不同用户的使用权限进行分配和整合。

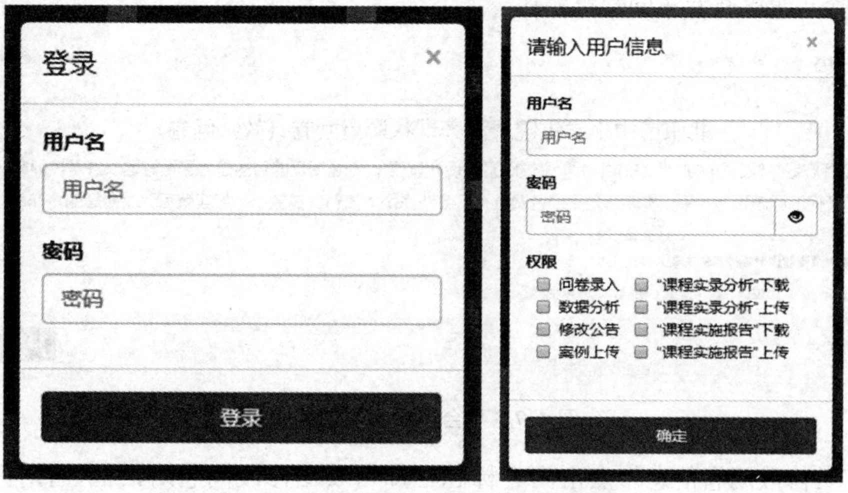

图 4.5　登录对话框及分配权限对话框

（四）问卷的设计、测试发布与统计

用户可以点击“未发布问卷”列表右下角的“创建新问卷”按钮，将唤出新建问卷对话框，如图4.6所示。填写问卷信息后点击“立即创建”按钮，即可成功创建新问卷，并自动跳转到问卷编辑页面。

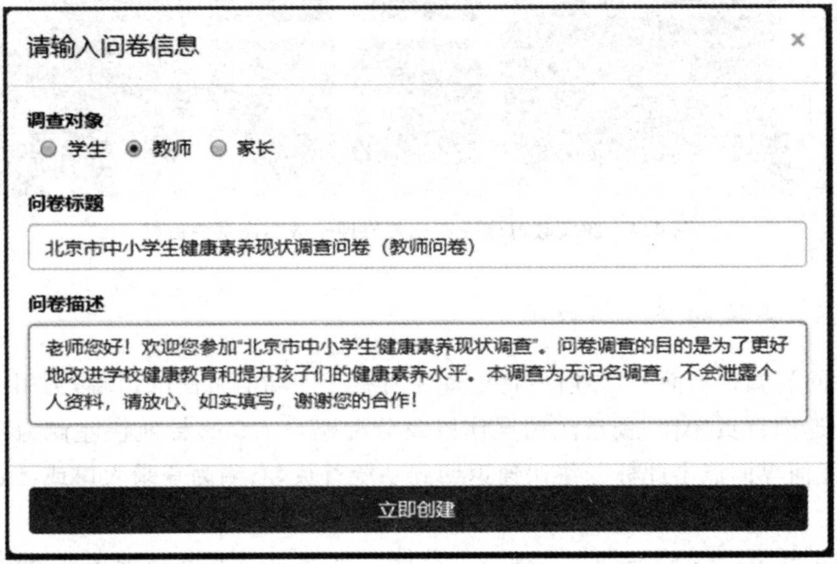

图4.6 新建问卷对话框

之后用户可以点击“未发布问卷列表”中的问卷标题，即可跳转到问卷编辑页面，如图4.7所示。在此界面中，我们可以进行修改问卷信息、添加问题、插入问题、删除问题以及发布问卷等操作。

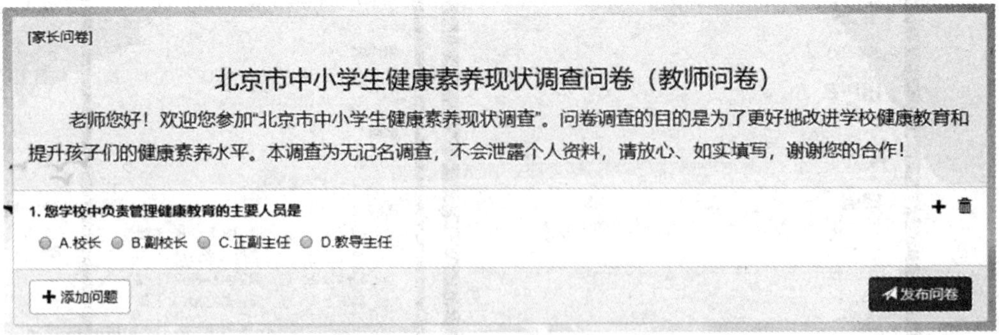

图4.7 平台进行问卷的编辑

（1）修改问卷信息。点击问卷标题栏即可唤出修改问卷对话框，可对问卷标题和问卷描述进行修改，问卷类型不可修改。

(2) 添加问题。点击左下角“添加问题”按钮即可唤出添加问题对话框。选择问题类型，填写问题和选项后点击“完成编辑”按钮即可添加了一个问题。其中，问题的题号将自动生成，无需用户输入；选项将自动以大写字母进行标号，无需用户输入；点击选项右侧按钮可删除指定选项；选项至少需保留两个。用户可以点击首页“问卷调查”模块入口，进入问卷选择界面，用户根据自身角色选择相应问卷即可进入问卷作答页面(如图 4.8 所示)，选择不同的身份进行问卷测试。

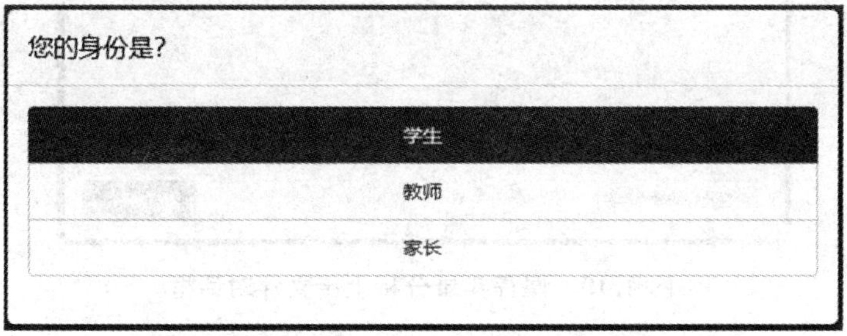

图 4.8　自身角色选择相应问卷界面

(五) 原始数据的导出

指定时间范围后点击页面左下角“导出原始数据”按钮，即可下载在该时间范围内提交的答卷原始数据的 Excel 表格。若不指定时间范围，将导出所有时间范围内的答卷原始数据。

(六) 课堂实录分析

使用具有“课程实录分析下载”权限或“课程实录分析上传”权限的账户登录系统后，点击首页“课程实录分析”模块入口即可进入课程实录分析文件列表，如图 4.9 所示。

图 4.9　课程实例分析和下载界面

若用户已经具有课题组分配的“课程实录分析下载”权限，则每个文件后会显示下载按钮，否则不会显示该界面。用户可以点击下载按钮即可下载对应文件。

若用户具有“课程实录分析上传”权限，则右下方会显示“上传文件”按钮，否则不显示。点击“上传文件”按钮，将唤出上传文件对话框，如图 4.10 所示。

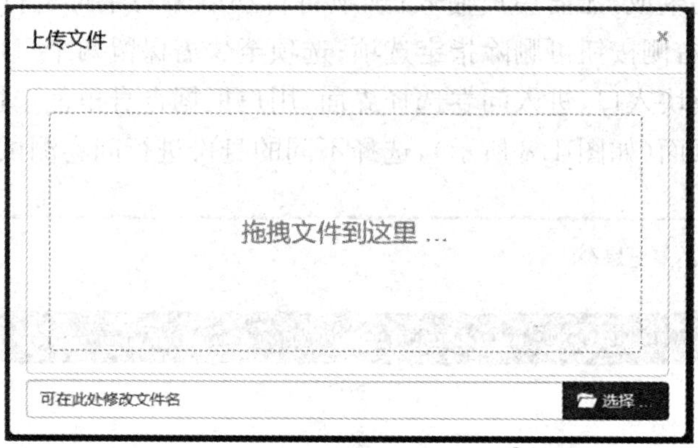

图 4.10 课程实录分析上传文件对话框

用户可点击“选择”按钮从文件选择窗口中选定需要上传的文件，或者直接将文件拖放到对话框中，然后点击“上传”按钮即可上传文件，如有需要，用户可在文件名输入框中修改文件名(如图 4.10 所示)。使用具有“课程实施报告下载”权限或“课程实施报告上传”权限的账户登录系统后，点击首页“课程实施报告”模块入口即可进入课程实施报告文件列表。与“课程实录分析”模块类似，用户需具有上传或下载权限才会显示相应的按钮。

(七) 经典案例模块的使用

登录系统后，点击首页“经典案例”模块入口即可进入经典案例文件列表。所有用户均可下载经典案例，但仍需具有“案例上传”权限才能上传文件，否则不显示相应提交按钮，上传文件与上一个过程相同。

(八) 问卷题库模块的使用

问卷题库模块能够提供问卷列表、创建问卷、编辑问卷以及发布问卷等功能。

(九) 未发表的列表说明

使用具有“问卷录入”权限的账户登录系统后，点击首页“问卷题库”模块入口，即可进入没有发布的问卷列表，如图 4.11 所示。

图 4.11　“未发布问卷列表”的呈现界面

第三节　基于数据反馈的中小学健康教育评价应用

处于信息技术蓬勃发展的新时期,学校健康教育的实施效果不再完全依赖健康教育实施主体的主观感受,而是需要利用学校多重的数据资源,对学校整体健康教育实施效果进行综合性的评价。本部分的研究还将基于国家、市级、区级和学校内部的学生健康大数据,综合反馈学校健康教育的日常改进。

一、依托国际、国家大数据评价反馈的健康教育评价应用

国家层面的评价数据与健康卫生主管部门定期公布的相关体质、体检数据可以作为学校开展和实施健康教育的重要评价依据,能够帮助学校改善健康教育的实际工作。

(一) 基于国际、国家评价层面的数据反馈

例如依据中国 PISA 2018 的数据和国际比较结果的分析,四省市(北京、上海、江苏、浙江)每周内的学生学习时间总长接近 32 小时,位居测试国家前列;形成鲜明对比的是学生在语文(阅读)、数学和科学三科的学习效率分别为 119.8 分/小时、118.0 分/小时、107.7 分/小时,国际排名均处于靠后的位置①,整体呈现出学生学习“时长效低”,“重学科知识,轻音体美”等综合素质培养的特点。学业过重、学业负担大的背后是低效的学习效率和学生学习时长的严重超时,对于体育、美术

① 辛涛,贾瑜等 PISA 2018 解读:全球视野与中国表现:基于中国四省 PISA 2018 数据的分析与国际比较[J]. 中小学管理,2020(1):5-9.

等传统观念中的非主要科目中的有效知识和技能关注较少。这些数据也在一定程度上提示学校可以通过提高课堂的教学效率、改变教学方式方法，增加对体育等与学生健康素养水平提升密切相关的学科教学的关注。

更加不可忽视的是学业活动作为学生一项重要的日常活动，负荷过高的学业任务必将造成学生参与体育活动和日常休闲活动时间的缩短，从而增加学生用眼过度的风险，导致视力损伤。近年来，中小学生群体普遍存在写作业时间超标的现象：54.6%的小学生和73.1%的初中生存在作业时间超时的现象，46.4%的小学生和38.1%的初中生会参加课外学习辅导班，77.6%的小学生和87.1%的初中生一学期至少新增一本教辅①。初中生周末学习压力问题更为突出，66.9%的学生周末每天需完成校内作业的时间在2小时以上，甚至部分学生可达到4小时以上，超过30%的学生周末会上与课业有关的辅导班，甚至有11.4%的学生周末校外作业完成时间达到了2小时以上②。学生能够自行支配的户外自主娱乐时间严重匮乏，随之带来的是大量青少年儿童睡眠不足(《2018年中小学生减负调查报告》指出29.26%的学生群体睡眠不足8小时)。这些负面因素也成为近年来学生视力不良人数持续上升的一个重要原因。同时，家长侧面的隐性压力也成了学生课外学习负担加重的一个重要驱动因素，新时期的家长群体更为了解教育的价值，重视子女的教育，对学生综合能力的要求过高，提供良好教育的期望值较高，过分依赖课外的辅导机构力量。

为应对这一现状，2021年7月，中共中央办公厅、国务院办公厅印发《关于进一步减轻义务教育阶段学生作业负担和校外培训负担的意见》，全面压减作业总量和时长，减轻学生过重作业负担，通过课堂教学的"增质提效"、学业作业高质量的设计以及课外培训机构的监管，让学生在学校学足学好，同时留给学生参与体育锻炼、户外活动以及睡眠充足的时间，最终提升学生整体的健康状况水平。本质上，数据的反馈折射出学生的真实健康需求，作为一线学校，聚焦"双减"背景下的学校健康教育发展，更应以学生为主体，关爱学生的身心发展，优化课后服务的课程设置，培养拥有健康体魄和良好心理素质的未来学习者。

(二) 依据学校环境卫生环境评价层面数据的反馈

健康的学习环境作为学生实施健康行为的重要条件，首先应该保障学生日常健康的学习环境，提供一定的物质基础。在国家2018年卫生计生委在全国随机监督抽查37531所小学教学环境卫生数据中，各项指标合格率的数据统计结果显示：

---

① 宋乃庆，杨欣. 中小学生课业负担过重的定量分析[J]. 教育研究，2014(3)：25-30.

② 薛海平，张媛. 我国初中生学业负担水平与差异分析：基于CEPS 2015数据的实证研究[J]. 首都师范大学学报(社会科学版)，2019(5)：147-166.

2018 年初中小学学校教学环境卫生总体合格率为 59.1%，而北京地区 2018 年学校教学环境卫生指标总体合格率仅为 27.93%，虽课桌椅配备合格率达到99.7%，但是黑板照度合格率仅为 38.7%，教室采光合格率为 67.9%，处于较低的合格水平范围，使得学生虽然在护眼的行为上有所改进，但是由于学生不具有改变学校环境的能力，学校在健康环境的建设和改进上仍存在极大的改善和提升空间，可以通过教室视觉环境达标工程以及"智慧照明"试点等项目，优化教室采光环境，进行学生视力不良的防控工作①。

2019 年 11 月，北京市出台了《北京市儿童青少年近视防控十条措施》(以下简称防近措施)，对学生读书写字视觉环境等要求提出了具体指导，包括：读书写字时要有充足的光线，窗户光线及台灯灯光要从左前方射来。不要在过亮、过暗的光线下读写，选择适宜的桌椅读书写字，书桌高度以到上腹部附近为宜。以往针对北京地区四年级学生视力水平的研究结果也表明提升教室照明条件，改善教室光环境将有利于延缓学生视力水平的下降，控制学生视力不良的发生②。由此可见，学校对相关国家公布的健康数据结果，不应停留在"看一看"的阶段，而是应该将这样一些数据反馈的评价指标与学校现有的健康教育环境设置、课程开发和学生不良健康行为干预等工作进行关联，深度挖掘学校可以实现的具体教学行为改善和物质环境建设，解决不同区域、不同学校所存在的共性问题。

由此可见，学校不仅可以依据学生每年的体检大数据，及时反馈学校、家长以及学生本人，关注学生群体的特殊需要，综合相应专业团体的力量，例如在视力不良的干预过程中，给予学生及所在家庭提供相应的视力报告解读，及时告知学生监护人其视力的发展阶段及可以采取何种干预措施和治疗。特别是对大数据反馈的重点区域和重点人群进行早期指导，并对潜在危险人群进行阶段干预，在一定程度上能够协调卫生系统和社会的短期和长期公共资源的统筹。同时，也可以通过社会整体资源的合理配置，优先通过教育主管、各级疾病预防控制以及卫生监督部门的相互合作，实施学校新建、改建、扩建项目等相应的策略，加强对环境因素的干预，从而预防不良因素，例如加强学校和校外培训机构教室的采光照明、课桌椅配备、电子产品等达标情况，开展严格的卫生评价和卫生监督。

二、依托市、区范围大数据评价反馈的健康教育评价应用

在上一个章节的研究案例中，学校可以依靠国际或国家层面的测试结果、体检

---

① 樊泽民，等. 中国综合防控儿童青少年近视行动方兴未艾[J]. 中国学校卫生，2019，40(12)：1767-1770.

② 陶然，等. 教室灯光改造对四年级小学生的视力影响研究[J]. 中国儿童保健杂志 2020，28(6)：668-671.

数据以及调查问卷了解学生健康现状、素养水平及对健康教育的现实需求，将问卷评价的结果应用到学校课程体系的构建和学校环境改善等层面。在下面的研究案例中，教育行政和主管部门所提供的市级、区级的体质和体检数据结果以及学生在体质方面的表现和身体健康的现状，同样可以作为学校健康教育制度落实的有效依据。以下章节将以"北京市中小学生健康信息管理系统"中2009—2018年学生视力体检数据和近年来学生体质、健康素养调查结果，具体说明如何应用市级或者区级范围的大数据，对北京市小学一年级至高三年级学生的视力不良数据进行动态的监控和分析，从而发现北京市学生视力不良的趋势变化，找出学生视力不良防控关口，指导学校利用这样一些数据，在基础教育阶段开展人为干预，为视力不良工作提供可借鉴的改进策略。

（一）学生视力不良数据评价反馈的应用

1. 数据来源

调研数据来源于2009—2018年北京市16个区小学一年级至高中三年级全体中小学学生视力体检数据，通过市级及区级大数据的评价反馈学校健康教育的具体措施的落实。

2. 研究方法

依据"北京市学校卫生防病工作技术规范(修订版2006—2010年)"，以"人"为单位计算视力不良率，将学生视力体检结果划分为正常(包括边缘视力状态)和视力不良两类。其中，裸眼视力≥5.0为正常，5.0为边缘视力状态。同时应用SPSS 23.0统计分析软件，对十年间的连续性变量进行区域性、性别间学生视力不良分布差异统计分析，显著检验均为双侧检验($p=0.05$)。

（二）通过大数据反馈北京地区学生视力不良变化的特征

1. 学生群体视力不良比率呈现区域分布和性别差异特点

通过数据分析，十年间北京城区和郊区学生的视力不良比率之间具有明显的区域性差异(2009—2018年，$p<0.05$)。虽综合多年均值比较(如图4.12所示)，郊区学生的视力不良比率显著低于城区学生的视力不良比率，但是不可忽视近五年来，郊区学生视力不良的整体变化同城区学生视力不良的发展趋势具有相似性，城区学生视力不良比率同2009年的统计数据相比，下降2.25%，而郊区中小学生视力不良比率却上升0.64%。此外，城区和郊区间视力不良比率之间的数值差异空间整体呈现递减趋势：2009年城区和郊区学生视力不良的数值差为10.79%；2018年城区和郊区学生视力不良的数值差为6.90%。北京市郊区中小学生的视

力防控应成为视力防控的重点区域，应予以进一步关注。

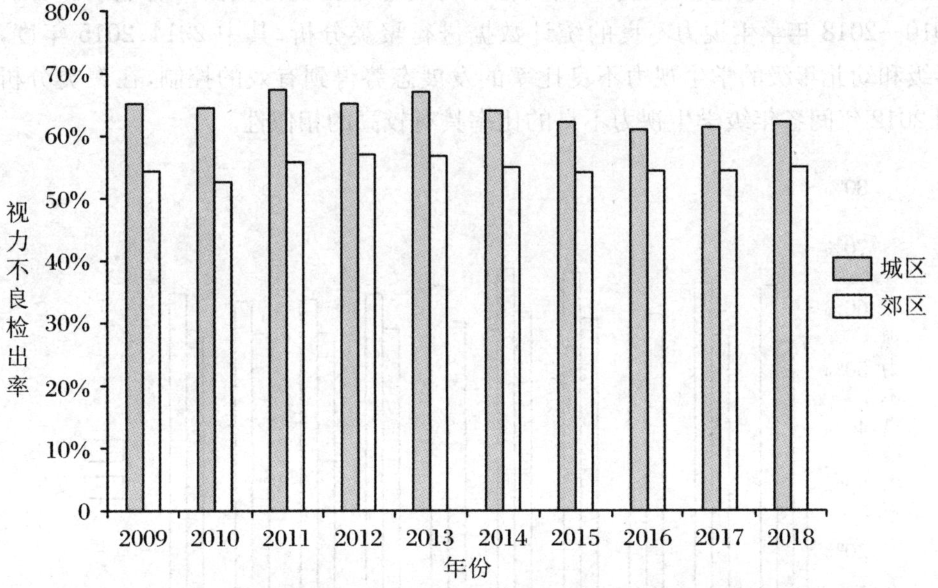

图 4.12 2009—2018 年北京中小学生视力不良比率在城区和郊区的差异

2. 学生群体视力不良比率呈现分阶段的增长态势

同时，依据近十年间北京地区学生视力不良数据的统计结果，学生视力不良的变化趋势与学生在不同阶段的学业晋升阶段具有一致性，并呈现出三阶段递增式发展趋势，分别为小学三年级及六年级，初一至初三以及高一至高三的三个阶段，整体呈现出断崖式的激增态势。此外，三个阶段的增长速率具有明显差异：以 2018 年学生视力不良比率的统计数据为例：学生视力不良的比率从一年级的 34% 上升到六年级的 68.5% 以及初三阶段的 83.2%，而在高一至高三阶段视力不良的比率发展趋于平稳，维持在 87.2% 至 90.7% 之间。这一数据结果同以往青少年视力发展的自然变化规律吻合：9 至 16 岁为青少年发育的高峰期，同时也是近视发生及发展较快的时期①，部分学生未养成良好的用眼习惯，其视力尚处于不稳定的发育时期。同时依据预测模型中的不同激增拐点，发现未来北京地区学生视力不良比率发展的整体趋势仍然是随着学生的学业年级增加而逐渐递增，虽在小学一至二年级阶段有所下降，但是三年级阶段仍然是防控的关键拐点，同时应密切关注初二至初三升学关键节点的视力防控工作。

从 2009—2018 年学生视力不良数据的聚类分析结果来看，仍可以通过相关的人为干预，有效抑制其变化的发展趋势。近十年间，学生视力不良在各年级分布特

① 石一宁，方严. 在校学生(7～18 岁)近视状态的流行病学研究[J]. 临床眼科杂志，14(1)：78-81.

征上表现为邻近年份更具有相似性。2009 年成为近十年间北京地区学生视力不良发展变化的一个重要分界点，同其他年份视力不良统计数据具有显著差异。以2010—2018 年学生视力不良的统计数据进行聚类分析，其中 2014、2015 年度，低年级和幼儿年级的学生视力不良比率的发展态势得到有效的控制，在聚类分析上同 2012 年间各年级学生视力不良的比率具有较高的相似性。

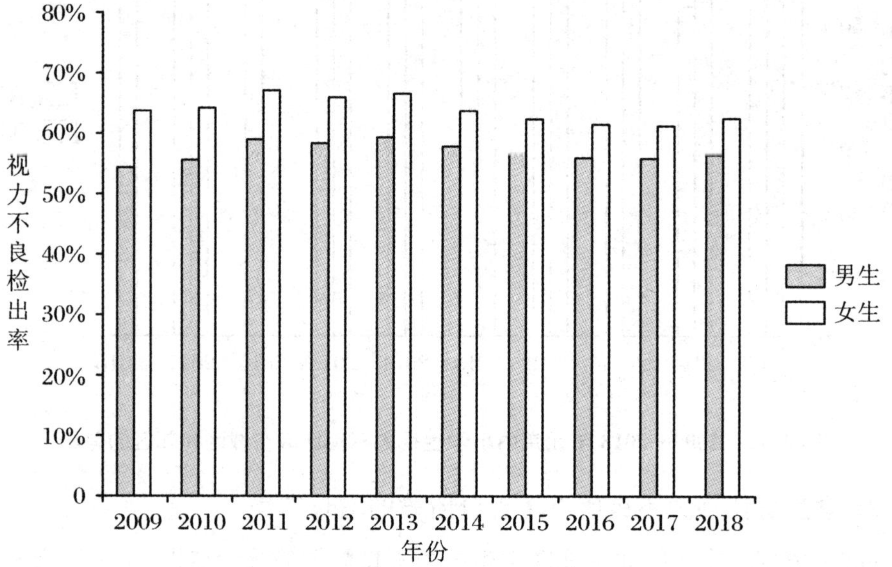

图 4.13　2009—2019 年北京中小学生视力不良比率在男女性别上的差异

北京地区学生的视力不良的发展趋势不仅具有地区分布的差异性，同时也具有明显的性别差异属性特征（如图 4.13 所示）。女生视力不良比率显著高于男生（2009—2018 年，$p<0.05$），相比于 2009 年，男生视力不良比率增长 1.85%，女生视力不良比率下降 1.24%，男女生之间的数值差呈现逐年递减的趋势，从 2009 年男女视力不良比率的 9.15%变为 2018 年的 6.06%。针对男生和女生不同的性别属性和性格特点，应更加重视和开展女生视力不良的防护工作。

3. 学生“边缘视力”比率随年级升高而发生阶段性变化

其中，在 2012—2018 学年间，北京地区学生视力正常群体中的“边缘视力”群体比率不容忽视（如图 4.14 所示）。其“边缘视力”学生比率呈现随年级升高而逐渐下降的趋势。七年间，北京地区小学一年级学生“边缘视力”的比率居高不下（平均为 85.2%），如不对这一类学生群体加以人为干预和正确引导，其中部分学生群体的视力状况极有可能在下一学年中转为视力不良。因此，建议学校应加强对这一类“边缘视力”学生群体的普遍关注，建立单独的视力档案，制定个性化的视力防控方案，人为干预这一类学生群体转变为视力不良的变化速率。

由此可见，十年间北京地区学生群体所表现出低、幼年龄的学生视力不良状况发展迅速，防控关口前移，女生视力不良比率显著高于男生，城区中小学生视力不良比率显著高于郊区的发展特征，也为中小学生的视力防控工作提出了新的要求。造成中小学生视力不良的主要原因在于：一方面，学生受到先天遗传、饮食习惯、居住地、早产等综合因素的影响，另一方面，近距离用眼时间和用眼习惯对儿童视力也具有一定的影响①。

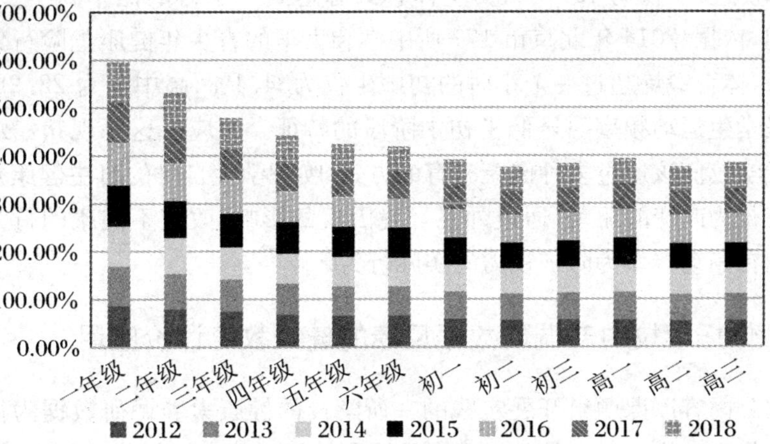

图 4.14　2012—2018 学年北京不同年级学生"边缘视力"比率的变化趋势

（二）学生其他体检、体质及健康素养调查数据的分析应用

同时，基于 2016—2017 年"北京市中小学生健康素养数据库"对北京市 9599 名中小学生健康素养水平及其影响因素的分析：学生群体中仅有 44.9%的小学生会从营养均衡的视角来进行饮食的选择，这一比率也会随着学生年级和自主行为支配能力的递增而持续下降，仅有 28.5%的初中生会从营养均衡的视角进行饮食的选择，更多的饮食选择则主要根据学生自身的喜好。这一现状也使得近五年来，虽然学生群体身高逐年递增，依据 2014—2018 年《北京市卫生与人群健康白皮书》的数据纵向比较，2014—2018 年北京地区男生身高从 175.03 cm 增至 176.15 cm，女生身高从 162.48 cm 增至 163.54 cm。学生贫血比率逐渐下降，其中男生学生群体的贫血率从 2.00%下降至 1.55%，女生群体的贫血率从 3.10%下降至2.77%，但是学生的肥胖率逐年增高，依据中国肥胖工作组（WGOC）2005 年制定的《中国学龄儿童青少年超重肥胖筛查 BMI 分类标准》，近五年来北京城区学生的肥胖率从 14.40%增加至 15.03%，郊区学生的肥胖率逐渐上升，且增长速度相

① 徐晔倩，黄毅. 闵行区学龄前儿童视力低常检出情况及影响因素分析[J]. 中国初级卫生保健，2018，32(2)：18-20.

比于城区更为显著,从2014年的17.40%增加至2018年的19.86%。饮食中过高的糖类和热量对学生的视力也存在潜在的危险,从侧面反映出高热量饮食结构对学生健康体质的影响,学生的肥胖率与学生视力不良比率呈现逐年递增的相同趋势。

依据《北京市2012年度卫生与人群健康白皮书》的统计数据,学生体育锻炼达到一小时的比率分别为:初中男生为47.6%,初中女生为34.8%,高中男生为34.7%,高中女生仅为19.1%,男生体育锻炼达到一小时的比率高于女生。随后的两年间,依据《2014年北京市177所中学和大学的青少年健康危险行为监测》的统计结果,体育锻炼超过一个小时的初中生仅为34.4%,高中生为22.2%,呈现出高中阶段学生运动频率明显低于初中阶段的特征。为应对这一现状,教育主管部门和一线学校应该通过多种健康教育的方式,唤醒学生自身的自主健康意识,自主提升内在行为改变的驱动,通过外在环境因素的影响,改变不健康的行为习惯,使学生从内在驱动转变为防护视力的实际行为。

三、依托学校内部调研数据反馈的健康教育评价应用

本部分内容以课题组开展实践的一所学校的健康素养调研数据为依据,向读者呈现了作为一线学校如何基于数据的调研结果反馈日常教学。这个案例特别关注学生在疫情居家学习期间及复学以后,在身体健康、心理健康以及社会适应能力等方面的变化情况。以此作为学校开展和实施健康教育的重要依据,反馈学校学生群体的健康素养水平和学校健康教育的现实问题。

(一)基地学校实施健康教育评价的研究背景

该研究采用课题组健康教育课程实施效果评价数据库的问卷评价系统,在2020年6月期间,针对这所学校高中阶段的学生在新冠疫情复学期间的健康素养及行为表现,开展了在线问卷调查。该调查问卷参考了国际上通用的《Global School-based Student Health Survey》调查问卷及项目组自主研发的学生健康素养现状调查问卷,设计了调查问卷,关注了学生在健康知识、技能水平和行为习惯等方面的具体表现。该问卷对高中阶段三个年级学生在疫情及复课期间的健康素养及健康行为表现进行了基本情况调研。本次调查共回收304份调查问卷,有效问卷为289份,有效率为95.07%,其中高一学生占比44.41%,高二学生占比36.18%,高三学生占比19.41%;男生占比48.36%,女生占比为51.64%,男女生性别比例接近1:1。该实践基地学校采用问卷统计系统的数据分析功能,对学生知识、技能和行为的数据进行统计分析。

依据前期文献调研的结果和分析,同时协助研究小组制定了该课题研究的基

本设计思路(具体如图 4.15 所示)。

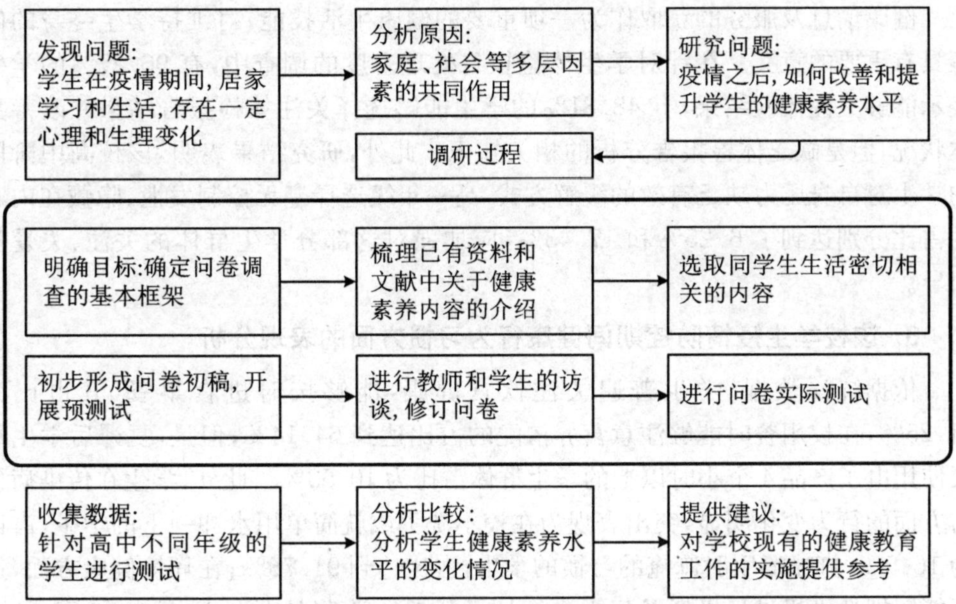

图 4.15　实践基地学校高中学生健康素养现状测试的具体流程

(二) 调研学校健康素养调查结果的具体分析

1. 该校高中学生疫后健康知识方面的表现分析

在针对世界卫生组织所规定的肥胖指数(BMI)的认知调查中,95.39%的学生知道或听说过该指数,但是仍有 52.30%的学生表示并不知道该指数如何进行计算。在该选项中选择不知道的学生群体分布中,其中高一学生占比 22.70%,高二学生占比 18.42%,高三学生占比 11.18%,呈现出随着年级的增加而逐渐递减的趋势,但是其改进空间仍然较大。

此外,针对学生对运动与身体健康状况影响关系的调研中,仅有 33.87%的高中生知晓直肠癌预防与运动之间的联系;仅有 63.16%的学生表示能够正确选择传染病的致病机理,可见学生虽然对于新型冠状病毒的认识及传播途径已经有所了解,但对传染病的传播机理的认识仍有不足,相对于高中阶段,其传播途径的知识内容在初二阶段已经有所涉及,但是在其具体情境的应用中,高中阶段的部分学生仍然不能准确回答这一问题,需增强学生从理论知识到实践的转化能力。此外,关于安全用药的调查中,仅有 27.63%的学生能够在服用药物之前遵循医嘱,注意药品的有效期限及不良反应介绍,自行根据病情提前服药和自行服药的现象仍然比较普遍,该调研数据结果同样值得关注。

2. 该校高中学生疫后健康技能方面的表现分析

健康信息及服务的获取作为一项重要的健康生活技能，对维持学生终身的健康具有重要的意义。在针对学生体检报告处理态度的调查中，有96.27%的学生表示能够关注体检结果，有48.81%的学生能够选择关注体检报告结果并改善身体状况，但是缺乏体检报告分析的相关知识。此外，研究结果表明，该校高中阶段的学生对自身压力缺乏有效的缓解方式，高一年级选择毫无控制发泄、隐藏在内心的占比分别达到了6.25%和17.43%，应加强对这部分学生群体的关注、关爱和引导。

3. 该校学生疫情防控期间健康行为习惯方面的表现分析

依据统计数据，学生普遍关注饮食健康，能够按时进食早餐，其占比为81.25%，在校用餐时能够注意营养搭配的占比达到64.14%；但是，复课后学生每天使用电子产品4个小时以上的学生群体占比为10.53%。此外，学生在传染病预防方面的行为变化明显，突出表现为在校不洗手或就简单用水冲一下的学生，占比为16.5%，打喷嚏用肘遮掩的习惯的学生，占比达到91.78%；在环境健康方面，选择能够把垃圾扔进垃圾桶及每天进行垃圾分类的学生占比为95.72%和77.3%，在外面回到家中时，有83.55%的学生选择用洗手液或肥皂等洗手。由此可见疫情防控期间的经常性健康与卫生宣传对学生健康行为的变化带来了一定的影响，但是，学校在学生健康技能及行为领域仍然存在较大的提升空间，特别是在学生视力防护方面，该校高中学生使用电子产品的时间仍然较长，不利于视力的保护，应采用一定的人为干预措施。

（三）课题研究小组依据调研结果对学校提出的改进建议

1. 根据学生实际需求，加强相关健康知识及技能的指导及运用

学校应该根据各年级学生的阶段发展特征及学生需求，开设一些相关课程，或活动课程内容应涉及学生对体检数据分析等健康信息的获取方式，特别是在体育课或其他课程中，嵌入相关的健康知识和内容的普及，并以多种多样的方式让学生理解或体验，并通过数学课程或体育课程进行该内容的学科渗透，将该部分的内容融入日常的教学活动，让更多的同学了解肥胖指数BMI的相关知识。在授课方式上，教师应采用多种体验式的方式，增强学生对健康知识的行为应用。例如，让学生通过辩论的方式讨论网络交友的问题，分析该行为是否安全，最终是否能够实现对该技能的反复演练，并对学生自身的健康进行自我的指导或管理。

2. 有效控制学生用眼时间，增加户外运动时间

学校应在环境的设计上，建设一些公共健康或放松区域，采用音乐和绿色植物区域搭建等方式，营造舒适的外在学习和生活环境，并通过主题班会或戏剧的形式，向学生传递缓解压力的方式和方法。特别是作为高三学生，深感学习的压力，很多学生没有主动的意愿去参与学校的体育运动，忽视视力保护，建议学校通过广播或音乐提醒的方式，制定学生视力监测表，发送给学生，在一定的用眼间隔期提醒学生定期适当的放松，进行远眺，同时在学校的固定区域放置视力保护的宣传提示手册，引导学生注意视力不良的预防。

3. 为学生提供支持终身发展的健康指导

在某些专业健康认知领域，建议学校通过校医室和外请领域专家相互结合的方式，邀请具有专业背景的家长走进学校的健康课堂等活动，通过家校共建的方式，普及体检报告及学校反馈结果的相关内容，提出针对健康问题的改善建议，帮助学生认识到健康的意义和价值，促进学生健康素养的整体提升和改进。同时，辅助开设健康服务室、心理咨询室等，让学生能够有效地获得健康支持，解决自己在健康过程中遇到的问题。

依据以上的研究案例，学校的教育工作者可以观察到，这所学校采用的并不是严格意义上的评价量表，是学校结合学校自身情况设计的个性化调查问卷，虽然并不完美，但是学校在进行问卷的设计过程中同样关注了学生在学习、生活中遇到的实际问题和困难，获得的数据同样对后期学校开设课程和改进现有学校的物质环境和健康服务支持提供了重要的参考依据，具有操作简单、时效性强等特点。在实际分析数据的过程中，学校课题研究团队也根据这次数据的反馈结果，对于问卷进行了改良设计，可见作为数据反馈工具的问卷设计同样需要进行“迭代升级”，才能满足学生日益动态变化的健康需求。

本章思考题

1. 在本章中，学习者是否能够应用评价标准确立的原则，对健康目标进行分解，并结合自身的教学实践，进行课程评价标准的设计？

2. 学习者是否能够结合具体的教学实践案例，依据评价的需求，设计一种类型的评价量表？

3. 学习者是否能够结合自身学校的实践案例，尝试运用案例中给出的国家或地方数据，结合学校现有的数据开展针对学生健康教育实施效果的反馈，作为学校改进健康教育的依据？

第五章　中小学健康教育的未来发展与展望

未来随着世界各国在健康促进学校和卫生教育领域的发展和变革，中小学健康促进学校及卫生教育将呈现突飞猛进的发展趋势。特别是新冠疫情之后，互联网媒体的介入，将原有的健康教育的形式从传统的纸媒转移到互联网的平台上，同时也成为未来我国健康促进学校和卫生教育发展的新机遇和新挑战。在这样的背景下，我们应该如何向世界传递中国健康促进学校与卫生教育行动的声音。

第一节　互联网背景下的学校健康教育

2021 年 1 月，教育部等五部门为进一步深入贯彻党的十九届四中、五中全会和全国教育大会精神，认真落实《中国教育现代化 2035》以及全国基础教育会议部署的要求，发布了《关于大力加强中小学线上教育教学资源建设与应用的意见》（以下简称《意见》），该文件强调要“高质量开发资源，坚持把德智体美劳全面发展育人理念贯穿到资源建设中，重点开发专题教育资源和课程教学资源”。特别是对当前中小学课程资源体系是否健全、课程教学资源是否充分地发挥了平台的功能和作用、服务学生自主学习，以及课程资源建设的背后是否具有了一支高水平的师资队伍等关键环节提出了新的要求。

其中，学生健康教育课程的线上资源建设作为学生健康素养提升的重要载体，发挥着不可替代的作用。2021 年 3 月 23 日，教育部办公厅发布了《关于开展 2021 年“师生健康　中国健康”主题健康教育活动的通知》，要求各地教育部门要采用线上线下结合、多地多校联动等形式，运用互联网等多媒体资源的形式开展多种多样的健康教育活动[①]。但是，以往的研究和教学实践表明，从家长群体到学校管理者

---

① 教育部办公厅关于开展 2021 年“师生健康　中国健康”主题健康教育活动的通知[EB/OL].(2021-03-23)[2021-04-29]. http://www.moe.gov.cn/srcsite/A17/moe_943/moe_946/202104/t20210406_524630.html.

仍然普遍关注学生学科教学资源的建设(例如:数学、语文、外语等学科)。特别是在疫情防控期间,为应对中小学生实际线上教育教学的需求,一批优质的课程资源"脱颖而出"。但是相比于学科线上教学资源的建设,与学生自身成长密切相关的生命、健康以及安全教育等方面的内容却占比较少。

一、学校健康教育课程资源建设的现实困境

2019年,在新冠疫情的影响下,网络媒体在健康教育领域中的作用和优势开始逐渐凸显,也促使教育领域开始关注网络媒体在健康教育领域宣传和引导过程中的重要价值。一些以互联网、微视频等为代表的新技术媒体的介入,使得健康教育信息的获取变得更加便捷,学生的学习过程更加个性化,同时,也在一定程度上将师生之间的交流与互动变得更为频繁和有效。其间,一些以健康教育为主题元素的微信公众号、慕课、微课等开始逐步进入中小学的课堂之中,同时也辐射到了中小学生所在的家庭成员,产生了巨大的影响。显而易见,健康教育开始以一种全新的形式走进更多人的社会和生活交往空间。同时应该引起学校关注的是,互联网在带来信息的快速传播和庞杂信息量的同时,也需要学校进一步开展学生获取科学信息资源的相关引导工作,帮助学生了解正确获取信息资源的途径和方法,提高师生的媒介素养,使学生具有一定的批判性思维,树立正确的、科学的、健康的价值观。

(一) 现有中小学线上教育教学资源体系不完备

一方面,以往学校在组织和设计线上教学资源的过程中,普遍存在"重学科、重知识,轻能力,薄健康"的特点,特别是在学生健康生活行为引导和实践层面,亟须补充生命与安全教育、心理健康教育、家庭教育等方面的相关内容。以辽宁省基础教育在线学习资源平台为例,学科知识教学与复习指导方面的内容占比高达83.3%,而与体育和美育等相关的内容却仅占比6.3%[①]。由此可见,线上教学资源的建设仍然存在"学科发展不均衡"的问题。

另一方面,从学生"德智体美劳"全面发展育人的视角来看,学校现有的线上资源也呈现出"粗放化"的发展特点,表现为教学资源的设计缺乏对学生如何获取健康信息的正确引导,在线教学资源建设在专业化、精品化、体系化层面的水平还有待提升。特别是健康教育线上教学资源的建设在整体统筹层面还缺乏对学生差异化学习特点、认知规律等方面的深度剖析。最终形成的线上课程也并未与学生当前的认知和发展水平相匹配,实现与学校现有线下课程间的有效连接,搭建"螺旋

① 孟宪彬,等.后疫情时代基础教育在线学习资源应用平台建设:现状与改进[J].现代教育管理,2021(4):99-105.

上升”的课程实践模式。

（二）教师缺乏线上课程供给、交流和共享的平台

从线上教学资源的研发团队来看，教师在育人过程中自身健康素养提升所需的支撑资源也明显供给不足，缺乏健康教育领域教师“学习共同体”的平台建设（缺乏此学科相关的系统化教研活动和培训项目），教师独立研发课程的难度加大。以2016—2017年针对北京市两千多名中学管理者和教师的问卷调查结果，近六成学校未建立有力的健康教育管理团队，造成健康教育资源支持严重匮乏，其中教师通过网络自主获取健康教育资源的比例高达80.8%①。

同时，由于教师自身健康知识的辨识能力的局限性，一部分非科学的知识，通过教师进一步传递给学生，造成了学生健康早期认知的“人为误区”。由此可见，教师作为学生日常健康信息获取和健康行为示范的重要影响因素，应为教师提供日常的健康教育教学资源，优先为教师的自我发展提供持续的学习资源和引导。因此，这种建设不仅应满足于教师的知识需求，还应包含对教师教学方式与方法的引导性建议，通过信息化平台的搭建，间接为教师的专业成长提供“终身学习”的可能性，助力教师研发相关的健康教育课程，实现资源共享。

（三）健康教育课程线上教学资源供给与师生需求不匹配

在数字与信息化爆炸的时代背景下，机器、软件以及信息化的数字资源充斥着学生的日常生活。学生们渴望获取与自身发展密切相关的健康知识和技能指导。但是，现有的线上资源的设置未能基于前期学生实际调研所反应的具体问题，对学生和社会上关注的热点问题也缺乏动态化更新，缺乏互动性；教师们也困惑于如何将自身学科知识、教学中常见的问题与线上教学资源进行有机地结合。而本质上，线上资源作为线下资源的拓展和延伸，应为学生提供大量课堂之外的资源补给，伴随学生顺利地度过青春期阶段，积极应对各阶段生理和心理的变化。一方面，如果一些健康教育相关的线上资源只是将书面知识搬运到了网络平台，那就失去了线上资源原本丰富、生动的属性特征，也会减少学生自主学习的兴趣；另一方面，教师也需要提供与教学相关的成功案例引导，如果在线教学资源能够为教师的日常教育提供一定的支持，也会在一定程度上促进线下教师健康教育课程资源的融合。因此，伴随着“后疫情时代”的到来，学生在线教学资源的建设也不应仅仅满足于学科领域的课程资源供给，更应着眼于学生在线教育资源建设的多元化、丰富化和层次化。

---

① 徐扬.近万份问卷调研结果显示：一线城市中小学生健康素养仍待提升[J].中小学管理，2020(4)：43-45.

二、虚拟与现实推动下的学校健康教育

学校可以依托自身的特色文化背景进行主题课程的设计和规划。以中国台湾地区的一所小学为例，一方面学校在资金紧张的情况下，通过同社会机构或图书出版公司的签约合作，建立以绘本馆为重要课程载体的健康教育基地，让学生通过自主阅读有益图书来获得自身健康素养的提升；另一方面，学校利用当地特色的地理环境，实践“创客教育”与健康教育课程的相互融合。每次台风过后，校园里都会积累大量损坏的散落树枝，学校就充分利用了这样的资源，将木材进行统一的收集和处理，以此成为学生制作相应创客教育的素材（手工制作木制钥匙链、电烙画等）。这种方式既节约了学校的经费开支，又通过课程中对作品的制作，促进了学生自身责任意识和环境健康理念的形成。同时，学校将健康教育的内容渗透在学校课程和环境建设的各个环节，实现人文文化同健康教育的完美融合，从全面育人的角度成就了个人与自然的和谐共处。

面对中小学健康教育课程线上教学资源建设存在的问题，学校应该如何建设具有自身特色、符合实际需求的线上教学资源？具体可采用“UDS”项目的混合推进模式（UDS 是大学、地方、学校的英文缩写）：阶段一，组建学校内部的教师线上教育教学资源研发队伍，借助高校专家团队的力量，对学校现有课程体系进行评价、设计和改进，实现在线课程开发的实践培训，形成学校内部的种子研发团队；阶段二，实现学生现有健康素养水平的测试工作，通过大数据统计结果，反馈学生现阶段亟须解决的重要问题，结合学校内部现有的线下教育教学资源，进行设计和整合，规划在线教学资源；阶段三，通过校际的资源平台，进行开发资源的筛选和提炼等工作，形成共享的优质资源，这些资源中既有来自学校内部的，又有来自不同学校间的；阶段四，通过教师与学生的实践反馈，对原有教学资源的整体规划和设计方案的修改，聚焦研发重点，反馈高校培训团队的培训计划。该模型从宏观和微观层面，提出了不同学校间以及学校内部应该如何开展线上教学资源建设的具体实践路径。

（一）搭建不同区域、校际间教学资源“协同互助”的平台

在线上教育教学资源建设的宏观层面，不同校际之间的教学资源往往零散地分布在教师日常的教学之中。常见的一种教学现象就是教师在进行独立授课的过程中，为支撑课程相应的内容会进行网络资源的整合和补充，但是这些资源本身的质量或者与教学目标的匹配度往往是缺乏监测和反馈的，甚至于某些内容是缺乏科学性的。这些矛盾的出现源于当前学校中鲜有专门从事健康教育的专任教师，很多是由班主任和校医进行承担的，前者教师自身缺乏学科背景，后者校医数量

少，课程辐射面低，一个学期往往只有一次公开的讲座，而健康教育课程，本身是一个多学科融合类的课程，其中包含了不同学科的内容，承担教学的教师很难从多个学科视角来审查网络教学案例的科学性。例如在一节观摩课中，教师选择了健康饮水的教育主题，教师随意在网络视频中找到了一位主播关于“为什么不能喝饮料”的视频。但是，相关视频中采用纸巾进行相关色素实验缺乏科学性，对学生获取健康信息的正确渠道以及科学性思维的形成缺乏正确引导。

基于以上需求，本研究团队基于4年来基地学校健康教育的实践研究，搭建了“健康教育课程实施效果评价数据库”系统软件，在某种意义上，实现了不同参与基地学校学生健康素养数据与学校课程建设的协同整合，该系统既可以实现某一所学校自身的数据分析，又可以实现同一套问卷下的不同协同学校间的数据分析和整理，将实践数据反馈基地学校，基于量化研究改进课程设计。此外，这一互动式的网络平台也实现了不同教师间的协同互作和校际资源的共享与整合，将优质案例通过平台进行推广和宣传，同时也实现了对优质案例科学性的审查。

（二）发展以学校为主体的“特色化”线上教学资源建设

在线上教学资源建设的微观层面，不同学校在线下课程体系方面具有差异性，使得与之匹配的线上教育教学资源也呈现出不同的需求。不少学校内部的课程体系是完备的，但是线上教学资源这所“没有围墙的学校”还没有搭建，未能实现教学从课堂内到课堂外的拓展。因此，学校应该如何发展与自身文化、课程特色相匹配的完整课程体系？

自2014年起，北京师范大学附属中学就组建了由生物、心理、语文、思政、体育等学科教师组成的跨学科团队，开发并实施了“太阳雨”健康教育课程。课程内容涵盖了青春期生理、心理、同伴交往、异性交往、亲子关系、自我保护、网络文明等学生成长过程中密切相关的内容，前期课程实施主要面向初一、初二的学生群体，后期逐渐延伸到高一、高二学段的学生群体。教师们围绕测试反馈初高中学生成长过程中的关心话题，采用知识简介、案例讨论、情景模拟等多种方式进行课程组织，深受学生喜爱①。

为进一步拓展和丰富学生在课堂教学中的实践活动，该校健康教育课程研发团队还开发和构建了校本青春期教育网络平台和在线教学资源。但是，如何让线上教学资源能够满足学生的实际需求，前期学校针对初高中135名学生的健康素养及课程需求进行了抽样问卷调查。结果显示，以青春期学生群体获取“性健康”教育的主体渠道为例，其中网络占比高达60.7%，显著高于学生从教师(53.3%)、同伴交流(38.5%)、电视和广播(13.3%)、图书、报纸和杂志(20.2%)、家庭教育

① 案例来源：课题实践基地学校——北京师范大学附属中学，况莉。

(23.7%)等方面的占比。但是,“00后”学生群体作为网络社会的原住民,面对网络信息的良莠不齐,缺乏一定的辨别力,容易受到不良诱惑而误入歧途。特别是自媒体的兴起,一时间似乎每个人都可以变成线上资源的创造者,这些资源不仅成为学生们获取教学素材的地方,有些也是老师们获取讲课素材的一个来源。但是这些资源并不是都是科学和适合的,有些甚至会具有误导和错误的引导性,甚至对学生的价值观和人生观以及健康观都会带来一定的错误认识。

因此,学校进一步结合学生的访谈调研结果,以北京师范大学附属中学健康教育研发团队的骨干教师们为核心团队,建设了“太阳雨”课程网站,并设置了不同的网络课程模块(具体如图5.1所示),形成了系列的网络教育匹配资源,未来将进一步将这些网络资源融入教师的日常教学之中。

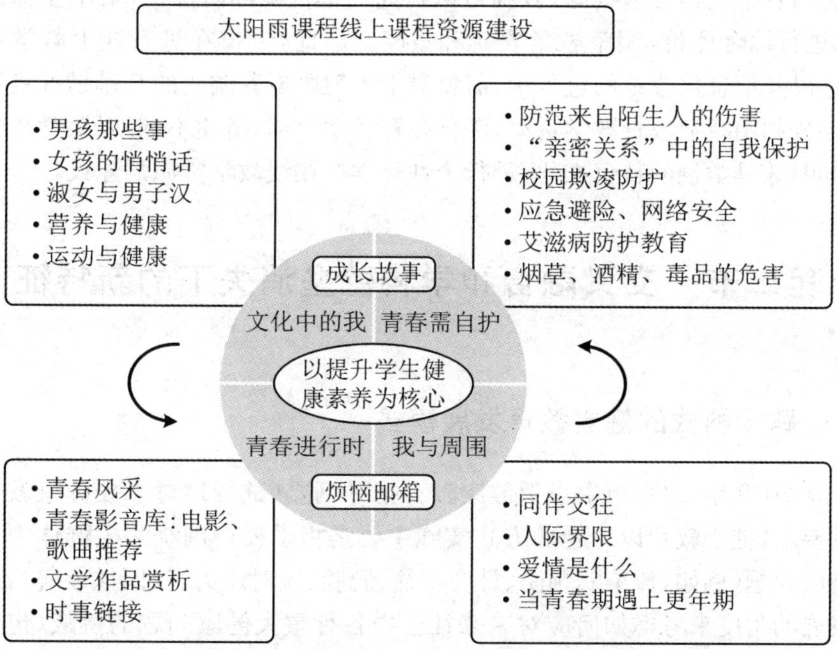

图5.1　北京师范大学附属中学健康教育在线教学资源课程体系

在学生健康素养的提升层面,未来此线上教学资源将实现以下三个层面的具体功能。其一,让网络平台成为线下课堂的有益补充和延伸。已经建立的网络资源涵盖了大量丰富的案例、视频和阅读材料,例如:某空姐乘滴滴打车遇害事件、某“PUA”精神控制男事件、最新禁毒宣传、识破“邮票”“奶茶”等新型毒品等。不仅可以作为课堂教学的素材,还可以作为学生日常自主学习的有效资源。其二,在线课程资源也可以作为线下课程组织的一种方式。例如,学校在进行青春期生理变化、性教育相关内容时,教师可以组织学生在计算机房使用计算机或PAD等多媒体的方式完成自主学习,把面对面的教学改为网络资源自主观看、阅读、讨论相结合的形式，避免了因学生害羞、尴尬等因素对教学效果的影响。其三，线上教学资源的有效利用能够引导健康的青少年网络文化。同时，利用网络互动性强的特点，建立线上“影音”资源库，推荐适宜青少年身心健康的影片、歌曲，特别是展示本校同学的青春健康形象（如校园好声音大赛、篮球赛足球赛、青年志愿者、朗读者的视频），建设健康向上的校园文化。网站上还设有留言板和联系信箱，便于任何有需要的同学随时寻求学校和老师的帮助。由此可见，线上教学不是线下教学的替代，而是一种“融合式”教学实践载体，让线上的教学资源成为学生学习和探究的外在延展。

当今，互联网已经成为学生学习的一种新型方式，并占有重要的比例分配。线上教学资源具有动态化特征，兼具增值评价的功能。其中既含有一部分依托于教师研发和整合的资源，同时一些学生学习的过程性学习结果也通过网络平台得以记录，充当着学生学习的资源，教师可以在同一单位实际阶段中，对学生课堂反馈的结果进行综合评价，调整教学安排和策略。因此，学校在进行线上教学资源建设、推进以及信息化改革的过程中，需要对学生健康素养调研的基础情况进行数据分析，充分利用线上教育教学资源，深化教育教学改革，搭建不同地域、学校之间的合作，同时兼具学校的特色文化，进行个性化学校在线教学资源的建设。

第二节　交叉融合和学科壁垒消失下的新特征

一、跨学科式的健康教育发展模式

依据2019年《北京市中小学健康教育指导纲要（试行）》对学校健康教育课程设置的要求，健康教育以专题的方式实施主要是指学校可围绕学生群体中备受关注的健康问题（例如，传染病预防、社会交往、肥胖、应对压力、校园欺凌等），或者从学生发展的角度来考虑如何应对未来社会中各种重大健康问题的挑战（包括艾滋病与性健康、滥用药物等问题）而进行的一种健康教育实施策略与方式。因此，学校健康教育专题教育的开展与实施要以提高中小学生群体的健康素养为宗旨，避免将健康教育仅仅作为健康知识的普及或健康教育理论的讲授，要注意教学内容对学生正确健康观念的引导，最大限度地预防学生发展过程中可能出现的健康问题和危险因素。而在具体的实践中，由于健康素养的形成往往涉及多个学科内容，需要基于同一个主题进行统摄，通过不同学科中的渗透式教学以及跨学科的教学模式得以实现（如图5.2所示）。

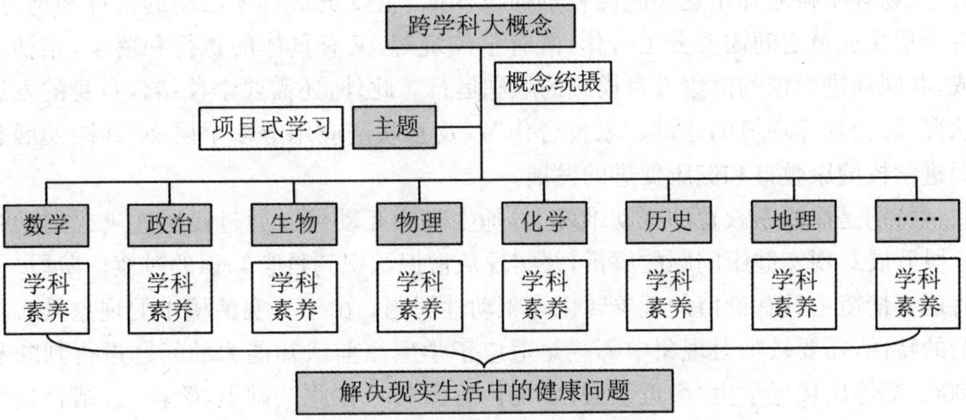

图 5.2　跨学科健康教育活动的具体实施路径

而所谓跨学科健康素养的教学模式是指学科发挥其所具有的一般教育功能和独特教育功能,促使学习者能够自主地建构完整的知识体系,形成持久的学习动力,并不断保持学习兴趣的一种教学模式。该模式适合一线学校和教师从学科融合的视角,来深入理解多学科内容整合的复杂性问题,最大限度地挖掘学科边界融合下的育人价值。因此,该模式强调了学生"跨学科能力"的形成实际上是一个"水到渠成"的过程,学生所面对的不再是单一学科维度下的问题,而是多个学科整合视角下的复杂问题。可将学科"整体育人"目标通过"跨学科能力",促进学生健康素养的形成、发展与升华。

二、教师互助式的健康教育发展趋势

在外在环境条件的支持上,教师作为学校日常活动的具体执行者,特别是任职于低年龄阶段的教师群体与学生日常的学习活动和未来健康行为习惯的养成有着十分密切的联系。因此,应将健康教育内容纳入教职员工入职和在职培训课程之中;建立健康教育及相关学科老师的遴选模式,选拔优秀合格的师资参与学校的健康教育及健康促进行动的具体实施和计划设计,成立学校视力提升的健康促进行动小组,使得具有健康专业素养的教师群体能够在课程中将健康的教学内容融入课堂教学、校园文化和学生日常行为规范。

在学校健康教育内部研修环境的构建上,还需要一支既具有统筹学校资源又兼具执行能力的专业健康教育管理团队。一般建议学校的健康教育团队可分为三个层次:第一层次,由学校校长或主管德育的副校长对学校整体的健康教育进行规划,整合学校可利用的各项资源;第二层次,通过学校的家委会和教代会促进学校健康教育工作的整体推进,同时通过人事、财务、教务、德育等部门拟定具体的实施计划,整体协调经费预算和人力资源等统筹工作;第三层次,由学校校医、心理、体育、生物等学科老师组建实施课程的研发团队，主要负责具体活动的设计和推进。各个层次成员之间需要分工合作，既有整体统筹，又有具体的执行和落实，相辅相成，共同促进学校的健康教育模式的顺利运行。此外，还需要学校结合自身的发展状况，综合物理环境的建设、“家校合作”以及互联网应用等多个层面，共同发展和促进学校健康教育和健康促进的发展。

特别是在健康教育的互动维度上，师生间的互动可以通过逐层递进式的学习阶段开展对现实健康问题的解析，并实现从常识认识到科学知识的过渡。阶段一，将现实情境中具有价值的现象转化为驱动性问题。由于真实情境中的现象具有复杂的特性，需要教师对现象中哪些是适应于学生当前认知能力的问题进行判断和剥离，提炼出接近学生“最近发展区”的内容素材。在此基础上，阶段二，结合教学目标和学生兴趣，将其转化为现实情境中的驱动性问题。其中教师的角色以及资源的采用总是随着学生需求的变化而发生改变（如图 5.3 所示）。阶段三，教师通过自身的专业优势开发和实践课程，并通过评价进行课程的优化和改进。

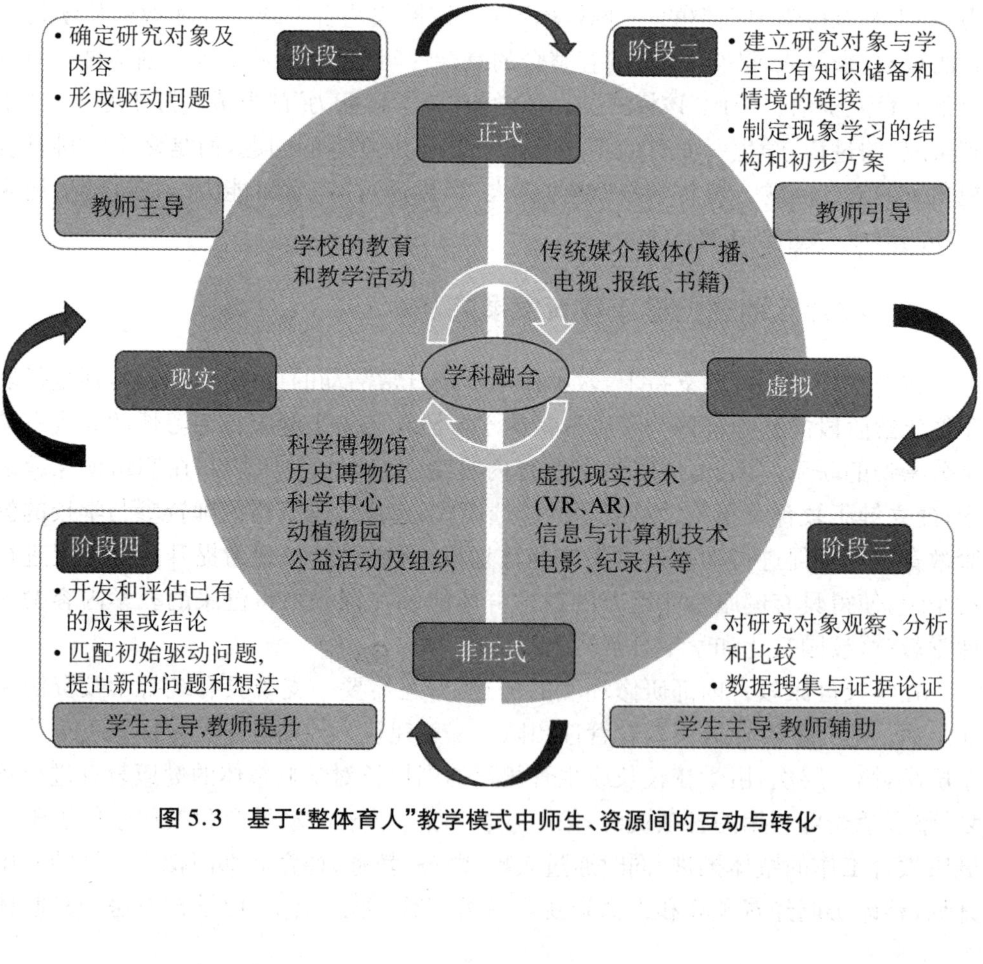

图 5.3 基于“整体育人”教学模式中师生、资源间的互动与转化

本章思考题

1. 当前互联网的迅速发展给学校健康教育带来了哪些机遇与挑战?

2. 学习者能够结合具体的教学实践案例,谈一谈在学校现有的资源条件下,如何结合互联网技术的优势,开发一些体验性更强的健康教育实践类课程。

3. 学习者能够结合自身学校的实践案例,分析跨学科教学与教师互助式开展健康教育实施的优势是什么,并举例说明。

附录　中小学健康教育常用实施工具

基础教育阶段开展健康教育往往需要在具体教学过程中得以有效的落实，一线教师需要在不同层面提供帮助，诸如纲要的引导、教学模板的设计以及具体学生行为的检测工具，在本部分提供大量的常用工具，希望能够为教师开展实践教学、日常学生健康行为评价起到一定的辅助功能。当然这类工具只是为学习者提供了一定的引领和示范效应，学校的管理者和教师还可以根据所在学校的实际情况进行工具的开发与应用，并在日常的教育实践中不断地得以更新和改善。

附录一　《北京市中小学健康教育指导纲要(试行)》解读①

相关政策：北京市教育委员会关于印发《北京市中小学健康教育指导纲要(试行)》的通知

2019 年 7 月 10 日，北京市教委印发了《北京市中小学健康教育指导纲要(试行)》(京教体艺〔2019〕19 号，以下简称《纲要》)，解读如下：

一、《纲要》出台的背景是什么

近年来，中小学生在成长过程中暴露出来的健康问题日益增多，特别是肥胖、视力障碍、不良情绪、性早熟、意外伤害、校园欺凌等社会现象的出现，间接反映出学生群体在生理、心理及道德方面存在诸多健康隐患，中小学生的健康问题面临巨大挑战。以往的大量研究及实证研究表明：健康教育能够为解决这些问题提供新的思路和策略，也是开展各类健康促进活动的适宜切入点。

因此，为应对这一现状，解决中小学健康教育中面临的实际问题和需求，在深

---

① 北京市教委.《北京市中小学健康教育指导纲要(试行)》解读[EB/OL].[2019-12-05]. http://jw.beijing.gov.cn/xxgk/zfxxgkml/zfgkzcwj/zcjd/201912/t20191205_867190.html.

入贯彻党的十九大、全国教育大会以及习近平总书记关于健康的系列重要讲话精神，实施健康中国战略，落实《"健康中国 2030"规划纲要》和《"健康北京 2030"规划纲要》对健康教育提出的工作要求——进一步加强中小学健康教育工作的背景下，提出了具有北京地区特色的《北京市中小学健康教育指导纲要(试行)》。该《纲要》在借鉴 2008 年发布的《中小学健康教育指导纲要》的基础上，凝聚了十多年间关于健康教育的理论和实践研究取得的动态进展和积累的丰富经验和成果，创新性地细化了原有国家层面《中小学健康教育指导纲要》的内容体系，突出了对社会发展的动态背景下，学生心理和生理发展过程中的新问题及应对策略。这些变化强调了对学生健康素养的培养要求、注重学生的技能培养和在真实情境中的实际应用，对学生健康教育课程的建设、课堂教学和健康教育师资力量的培养都提出了新的要求。

二、《纲要》的研制过程

该《纲要》的研制及论证始于 2016 年 9 月，依托北京教育学院北京市中小学健康教育研究中心的科研团队，历时近三年的时间，先后经历了四个重要阶段，分别为：

第一阶段：北京市中小学生健康指导纲要需求调研阶段。

2016 年 9 月研究团队召开了第一次专家论证会，对北京地区高校相关领域研究人员、一线教育工作者、卫生疾控及红十字会等相关部门的需求进行访谈和调研，一致认为：北京地区有必要研制《北京市中小学健康教育指导纲要》。从 2016 年 9 月，北京市中小学健康教育研究中心开始启动《北京市中小学健康教育指导纲要》的研制相关工作，并以此作为推动北京市中小学开展和实施健康教育依据。

第二阶段：北京市中小学生健康指导纲要整体框架的确立。

本《纲要》依据前期调研需求，同时参照《中小学健康教育指导纲要》《中小学德育指导纲要》《中国公民健康素养——基本知识和技能释义(2015 年)》《中国公民健康素养 66 条》《中小学心理健康教育指导纲要》《体育与健康课程标准》等相关纲要和学科课程标准，并依据国际上健康素养信念和健康促进模型，咨询了有关专家的建议，进行了核心领域的框架搭建。于 2017 年 3 月召开了第二次专家论证会。根据专家意见，最终确定了《中小学健康教育指导纲要》的框架。

第三阶段：北京市中小学生健康指导纲要内容研制。

北京市中小学健康教育研究中心按照各个团队成员的学科优势，分工研制北京市中小学健康教育具体内容。包括各年级学生应该掌握的相关技能水平要求和完善三级维度的框架体系内容，且每一个内容维度背后都确立了分年级的螺旋上升学段教育目标。

第四阶段：北京市中小学生健康指导纲要专家审核与修订。

2018年9月第三次专家论证会，专家针对《纲要》内容进行了审核并提出了建设性的意见，团队针对修改意见进行了完善，并按照正式文件的形式整体呈现了该纲要的初稿。2018年11月召开了第四次专家论证会，与会专家对纲要进行了整体审核，包括纲要的指导思想、纲要原则、纲要目标、纲要具体内容、实施建议等方面进行了核定。中小学健康教育研究中心团队，在广泛征求中小学学校管理者及教师意见的基础上，对《纲要》进行了最终的完善。2019年3月北京市中小学健康教育研究中心将修订后的终稿提交至北京市教委体卫艺处。

三、制定纲要的总体思路

《纲要》的制定旨在贯彻党的十九大报告提出的"健康中国战略"指导思想，按照科学发展观的要求，全面贯彻党的教育方针，全面推进健康北京建设，建设健康中国首善之区。强调落实"健康第一"的重要指导思想，把发展和提升学生的健康素养作为学校教育的基本目标之一，通过建立学校健康教育长期和有效的推进机制，促进学生健康成长。

同时，《纲要》的制定突出了以发展学生健康素养为宗旨，注重学生生活技能的养成，采用丰富的活动形式，促进学生自觉地采纳和保持有益于健康的行为和生活方式，减少或消除影响健康的危险因素，为学生的健康成长和幸福生活提供健康的生态环境保障。此外，《纲要》强调了健康教育"立德树人"的育人价值，重点关注了对学生社会责任的培养，从全面育人的角度培养学生适应社会和未来的能力，使之成为健康北京的促进者和实践者。

四、《纲要》主要从哪些方面推动长效机制的建设

一是关注学生的成长发展规律，全面培养适合未来社会的人才。《纲要》建议各学校和健康教育的实施主体能够依据学生生理和心理的发展水平，进行科学的健康教育。同时，《纲要》要求活动的开展要同学生的发展水平相适应，实施过程需考虑个体之间的差异。特别是在能力培养层面，《纲要》打破了以往以知识传递为单一传播的途径，强调了技能的培养，将学生个体置于真实的社会环境之中，让学生从实践应用和迁移的角度来思考自身应有的健康责任与社会责任，采纳有利于健康的行为方式和生活方式，最终推动社会范围内健康促进更好地发展。

二是细化学生在不同发展阶段的个体差异，具体落实于学校健康教育的多个层面。为推进学校在进行中小学健康教育的具体落实，《纲要》提供了健康教育的不同内容载体，主要内容包括：个人卫生习惯，生长发育与性健康，营养与健康，疾病预防，烟草，酒精与毒品，心理健康，运动与健康，安全应急与避险，共8个领域的

具体内容。在8个领域具体内容的学习过程中，掌握健康知识与技能、树立健康观念与意识、养成健康生活方式与行为并做出有利于健康的决策。循序渐进地将健康教育内容贯穿于中小学生在校学习的全部阶段。

五、下一步如何推进《纲要》的具体落实

（一）以学校为健康教育的主阵地，开展多种形式的健康教育

不同学校依据自身的资源差异属性，设计健康教育的课程体系，在不增加教师和学生负担的前提下，将日常教学计划同教师日常的教学内容和工作有机结合。同时，学校可通过开展的班团队活动、学生社团活动、社会实践活动等多种途径，让学生参与日常教学活动，并在活动中掌握健康生活技能，进行健康技能的具体实践。在健康教育过程中注重健康教育形式同信息化技术的结合，将网络媒体与传统的团体辅导、专题讲座等方式相结合，共同开展健康教育专题教育，向学生传授健康知识和技能。

（二）注重家庭和社区乃至全社会的共同参与，共建健康教育的生态体系

《纲要》指明了学生家长和社区成员在学生成长过程中的角色和发挥的作用，号召通过社会的群体氛围来影响学生健康素养的形成，尊重学生身心发育的特点及规律，开展各种有益于中小学生身心健康的教育活动，促进学校、家庭和社会密切合作，共同促进学生健康成长。

（三）以评价体系的构建促进健康教育工作的顺利推进

各级教育行政部门和学校管理者在“大健康”观念的引导下，根据学校已有的自身资源及特色，从教学活动、健康情境创设及学生服务的不同层面，为提升学生的健康素养进行全方位的支持。其具体实践过程应明确健康教育工作参与人员的主体责任，学校内部将监督评估工作同年度考核相结合，教育主管部门定期专项督导，通过从上至下的评价体系的构建以及对健康教育课程的安排，实现必要的资源配置、实施情况以及实际效果的反馈，调整学校健康教育工作具体落实的方式。

（四）以课程、教师队伍以及教学资源整合建设促进学生健康素养的提升

学校的健康教育课程、教师队伍以及教学资源的建设是顺利实施健康教育的三个重要因素。课程作为健康教育实施的重要载体，能否根据学生的身心发展特

点和新时代学生需求来设计符合学生的课程是健康教育高效落实的重要保障。课程不局限于教室内的课程，同时也可以是打破时间和空间界限的外延课程，《纲要》倡导课内和课外的结合，经常和集中宣传的结合，在课程的整体设计上建议避免主题内容的交叉，系统地安排和统筹教学内容，减轻教师和学生的负担。

而教师作为课程的主要实施者，其自身的健康素养往往决定了学生的健康素养水平层次。我们不仅要提升教师对健康知识和内容的理解，还应加强教师对如何以有效和合理的方式在健康教育日常教学中发挥“润物细无声”的实施效果的培训，综合提升教师健康教育学科的教学技能。

全社会的共同努力为提升学生的健康素养提供多方位的学习和教学资源，开发高质量的教材和读本，同时推进电子网络以及视频资源的共享平台的建设，为教师日常的教学提供大量的实例和资料，丰富日常的课堂教学素材，使得教师实施健康教育有依据，有科学性的支撑，减轻教师开发课程的负担，弥补教师专业背景的不足，最终使得学校、家庭和社会能够成为学生日常获取健康知识的重要途径和场所。

附录二　2018—2019年国家及地方儿童青少年视力防控的重要政策及行动简表

实施时间	相应政策及行动	主要内容
2018年8月	教育部等八部门联合印发关于《综合防控儿童青少年近视实施方案》	1. 明确了家庭、学校、医疗卫生机构、学生、政府相关部门应采取的防控措施。 2.《实施方案》明确了八个部门防控近视的职责和任务
2019年4月	“全国综合防控儿童青少年近视暨推进学校卫生与健康教育工作视频会议”	1. 全面加强和改进新时代学校卫生与健康教育工作。 2. 把儿童青少年近视防控作为工作的重中之重，进一步加强近视监测与评价工作，更有针对性地开展近视干预工作
2019年7月	《北京市中小学健康教育指导纲要（试行）》发布	旨在针对不同年级学生生理和心理的发展变化趋势和认知行为特征，提出具体可操作的针对学生视力保护等相关知识和技能要求
截至2019年10月	31个省区市和新疆生产建设兵团出台了省级近视防控方案	落实主体责任，凝聚防控合力，全国各省（区、市）扎实推进《实施方案》的落实
2019年11月	北京市十部门联合制定“近视防控十条”出台	提出从学校、家庭和社会三个层面具体防护儿童青少年视力的具体举措

附录三 “家校共建”日常视力防控成效反馈表

是否完成了以下行为？ （在完成的项目下涂“■”）	星期一	星期二	星期三	星期四	星期五	星期六	星期日
依据教育部《综合防控儿童青少年近视实施方案》	做好	做好	做好	做好	做好	做好	做好
1. 眼保健操（上下午各一次）	□	□	□	□	□		
2. 看书写字时每 30 分钟休息 10 分钟	□	□	□	□	□	□	□
3. 全天累计不宜超过 1 小时，使用电子产品学习 15 至 30 分钟后，应休息远眺放松 10 分钟	□	□	□	□	□	□	□
4. 每节课下课时间会到教室外面活动	□	□	□	□	□		
5. 放学后会在户外活动至少 30 分钟	□	□	□	□	□		
6. 每日总户外活动时间不少于 2 小时	□	□	□	□	□	□	□
7. 学生每日睡眠： 小学每天不少于 10 小时，初中 9 小时，高中 8 小时	□	□	□	□	□	□	□
分数统计							
家长签名							
教师签名							

注：1. 请粘贴在家庭联络手册上，每天监测是否做好。
2. 计分方式：学生每完成一项计 1 分，星期一至星期五，每天 7 分，星期六和星期日，每天 4 分，共计 43 分。
3. 总分 35 分（含）以上者，统计为完成此项目标。

附录四 健康教育课程涵盖的主题内容设计表

活动年级	活动内容											
	营养健康	生理健康	体育健康	疾病预防	烟酒、毒品与药品	智力健康	人格健康	情绪健康	人际交往	暴力与预防	环境与健康	应急与避险
1～2												
3～4												
5～6	例如：设计一份健康食谱	例如：检测食物中的纤维含量										
初中												
高中												

附录五 健康教育课程实施与评价设计案例模板

实施教学案例[①]：

教学基本信息			
课题	女生课堂——未成年少女的自我保护		
学段	初中	年级	二年级
相关领域	心理学、社会学、生涯教育		

① 案例来源：课题实践学校——北京育才中学初中部，张蕾。

续表

指导思想与理论依据
一、指导思想 研究性学习是综合实践活动课程的一种，是基于学生直接经验，体现经验和生活对学生发展价值的综合性、经验性和实践性课程。它强调学生从自身生活和社会生活中发现问题，学习运用问题解决的科学方法，经历多样化的活动方式和实践过程。 要想使研究性学习更有效地实施，要在有一个科学性、明确性和可操作性强的目标的前提下，合理开发和利用课程资源就显得尤为重要。课程资源是课程实施的背景和条件。而在整体的课程设计中，课程内容的整合性、目标性和实施过程的动态性必然需要丰富的课程资源作为载体和支撑。作为学校，最大的资源就是学生。以学生为中心，通过学生身边的有形与无形的资源，进行充分的开发和利用，才能使研究性学习在达到教学目标的前提下，对学生而言更有实际意义。 二、理论依据 依据女性心理学、生涯规划教育和性教育及自我保护等内容，进行了整体课程的设计。 1. 女性心理学 美国女性心理学家埃托奥认为，青春期的少女的心理有着自己的特征，不论是社会的发展还是教育环境的影响对于她们都有着决定性的意义。在青春期随着性别意识的增强，如何让青春期中的少女突破自我矛盾，建立自我同一性成了教育侧重点。 2. 性教育及自我保护 青少年的性教育是学校教育中的一个重要问题，不仅要让青少年在教育的层面上得到相应的知识，还要落实在观念层面上。一些父母由于自身缺乏性教育知识，对性教育采取躲避政策。可是越是没有接触过性教育的女孩子越容易好奇，好奇而又无知，就非常容易受伤害。心理学家认为，青少年尤其是少女是最需要接受性教育的，也需要知道如何避免性侵害，应学会自我保护。
主题活动的背景分析
一、题目来源 进入青春期的男孩和女孩通过课堂了解到自己身体的变化过程，成了她们了解青春期和解决青春期问题的主要途径。但是，在男女混班的教学中，青春期教育呈现的模式更加概括化和模式化。 其实，女孩进入青春期要比男孩早两年，在这两年内女孩的生理和心理都在发生着巨大的变化。这段时间里，她们的认知和心理比男孩发展得更快、更好。而认知能力在性别上的差异让女孩在学校学习中也会遇到一些问题。同样，女孩一旦进入青春期就容易比男孩出现心理问题。而女孩所受到的压力模式让她们更容易受到情绪问题的伤害，比如抑郁、焦虑等。而这些问题通常被标记为“内化问题”，比起男孩攻击、捣乱等一系列的“外化问题”，她们更容易被忽视。在发育中也存在着很大的个体差异，早熟与晚熟的女孩在自尊、社交等方面也有明显的差异与问题。 女孩遇到的这些问题在通过简单的青春期教育和传统的课程模式，已经得不到解决。因此以选修课的模式建立了女生课堂，以一系列综合实践课程的形式帮助她们利用自身的心理复原力，澄清有关自己生理、心理的谜题，再通过探究和体验的过程，自主探索解决自己在心理以及生理方面遇到的不解，最后达到主动规划自己未来，目标明确，努力发展自己的潜力。

续表

主题活动的背景分析
二、学生情况 由于青春期发育的特点，初中二年级的女生正处于青春期身体和心理发育的高峰期，在认同的形成、自尊、性别强化、友谊等方面都存在着困惑与不解。正因如此，利用选修课时间建立了女生课堂，以此为载体进行学习，学生通过志愿报名方式参与到女生课堂中，热情较高，态度认真，并且能够在课堂上积极参与课堂、提出问题，并且能够参与课堂的活动，来帮助学生更好地完善自我。 三、学校资源状况 学校里最多最大的资源就是学生。女生课堂在课程设计之初，本着充分利用学生自身与周围的资源进行设计。而在学生进行研究性学习的过程之中，把主动权还给学生，让她们去选择内容和课题，选择研究性学习的学习方法和呈现方式。 同样，我校硬件设备优越，能够利用多媒体设备帮助学生进行前期知识的学习，学生也能够通过图书馆、阅览室和计算机房查阅相关文献材料。学校的心理检测系统帮助学生进行正确的自我认识，同样使心理教师对学生心理状况有一定的了解。在学校所开展的连贯性心理健康教育课程的基础上，学校教师为学生的研究活动提供经验和指导，帮助学生一起进行研究性学习。 四、教学方式 自主、合作、探究的方式 五、教学手段 多媒体、信息技术、座谈、访谈、调查 六、技术准备 计算机、多媒体教学设备
对主题活动(研究课题)的描述
一、对活动主题的描述 对女性来说，青春期是至关重要的，它不仅仅是身体成熟的过程，更是心理健全的重要时刻。由于女孩进入青春期要比男孩早，她们似乎更早就接受青春期所带来的“暴风骤雨”，如何学会自我保护则变得至关重要。 首先，从身体发育的角度而言，月经初潮的到来和身体的变化对女孩而言是重大的事件。月经是一个被特殊化的词汇和时期，所以月经对青春期的女孩而言，带来的变化是从生理到心理上都必须经历的。同样体相问题也是困扰青春期少女的一大困惑，如何让她们真正接受自己的生理变化，也是活动的主题之一。 其次，从心理方面而言，从压力模式来看青春期的女孩更加脆弱。抑郁、焦虑等一些被忽视的内化问题，随着身体发育等方面所带来的压力，逐渐爆发。而早熟的女孩在心理上比晚熟的女孩问题更多，由于身体发育所带来的自卑、社交等问题即将伴随她们一生。从心理上得到帮助，让她们学会如何自助，提高心理复原力也是活动主题所要达到的目的。 最后，对于突发状况可以说是每一个女性都要面对的，在进入青春期就懂得如何进行更好的自我保护尤为重要，这将避免她们在无知的情况下遇到问题。 青春期少女的自我保护不仅仅局限于突发事件的应对，还有身体发育和心理方面的自我保护。而这些主题都源于学生自身对自己生活的寻找与挖掘。更重要的是，活动主题的实用价值让参与女生课堂的每一个学生都将得到自我保护的能力。

续表

对主题活动(研究课题)的描述
二、活动进展 课程已经进入实施阶段,已经进入阶段性活动主题"如何应对突发状况"的学习。 三、本次活动的主要内容 这节课是自我保护的教育内容,主要学习的是学生面对突发事件学会如何脱逃。脱逃是作为未成年人,尤其是未成年少女面对突发事件最好的方法之一,不仅仅是这种方式避免了与犯罪分子的正面冲突,同时也可以最大限度地保护自身安全。同时,帮助学生认识到脱逃是有策略的,而这节课就是让学生掌握这些策略。课堂上,主要是通过让学生自己设计脱逃策略,然后在小组交流讨论后,总结出正确有效的脱逃方式,并让学生能够对什么时候脱逃、从哪里脱逃和脱逃到哪里这三个主要方面谙熟于心。
教 学 目 标
一、主题活动目标 1. 通过参与综合实践活动课程,能够让学生拥有问题意识、良好的思维品质,初步学会访谈、问卷调查、查阅资料等各种自主探索学习形式;培养寻找解决自身问题的途径和方法的能力;通过自己主动积极地参与活动,学会与他人合作,养成关心他人、对他人负责的意识。 2. 掌握女性在青春期生理与心理发展的基本常识,学习应对突发状况相关知识与技能,并且能结合自身情况,实际应用来解决自己在青春期成长中遇到的困惑。 3. 通过课程的学习,让学生在自尊、认同、性别强化与友谊等方面得到正面强化,了解青春期女孩面对的环境与认知能力上的性别差异;并通过活动增强学生的心理复原力,并能够通过自身力量面对并解决生活中的问题。 二、本次课时活动目标 1. 知识与技能:掌握逃脱策略,即什么时候脱逃、从哪里脱逃和脱逃到哪里。 2. 过程与方法:让学生通过自己参与小组设计脱逃策略,以及评选过程,在实践和体验的过程中掌握脱逃的策略。 3. 情感、态度与价值观:以活泼的形式让学生知道脱逃策略的方式和方法,并且可以实际应用与掌握,能够树立自我保护的观念。同时也初步体验合作与交流在学习中的重要性;学习尊重他人想法;通过正确的方式、方法阐述小组成果。
活 动 过 程
一、完整主题活动过程 (一) 准备阶段 1. 知识储备 时间安排:3 个课时 设计意图:主要是对学生进行相关知识的储备,并通过这个过程与学生建立信任关系。在知识储备阶段,首先是针对初中二年级学生的实际情况进行相应青春期教育、自我保护和生涯规划相关知识的教育,如特有的身体变化:月经与胸部的发育、青春期少女的智力发育、生殖器官的介绍,同时让学生懂得如何保护自己的生命。 教师活动:帮助学生学习相关基本知识,了解课程特点与内容。 学生活动:在老师的引导下学习相关知识,还可以通过自己查阅资料或者阅读教师提供的资料来进行学习。此外,要自由结合成小组,为后面的活动做好准备。 2. 确定主题

续表

活动过程
时间安排:1 个课时 设计意图:以学生为中心,通过学生身边的有形与无形的资源,进行充分的开发和利用。经过知识储备期间的学习,经过学生讨论、调查、分析,确定女生课堂的主题。 教师活动:为学生创设相应情景,引导学生去发现自己身边有形与无形的资源,鼓励学生发现问题、提出问题,并帮助学生分析与总结,形成主题。 学生活动:在教师的引导下,学生根据自己身边有形与无形的资源,找出问题,并主动提出问题。感受主动发现问题的乐趣,并且积极参与确定主题的过程。 (二) 实施阶段 1. 选题阶段 时间安排:2 个课时 设计意图:在女生课堂研究主题确定的基础上,根据知识储备阶段所学习的知识,学生在女生课堂的主题“未成年少女的自我保护”这一大主题下寻找自己感兴趣、有意义的课题进行深入探究。但是如何充分利用资源来选择课题,学生并不清晰。这一阶段主要引导学生,如何利用自身和身边的各种资源,从中寻找到有意义的课题来研究,使自己的研究课题更实用。 教师活动:根据学生特点以及感兴趣的方向,帮助学生进行澄清,并引导学生选择自己的课题。 学生活动:要求学生从自己和身边的同学入手,逐渐了解未成年少女在自我保护方面真正需要什么。从中选择合适的研学题目,为下一步工作做准备。 2. 学生共同学习常用研究方法,开展调研 时间安排:3 个课时 设计意图:学生第一次接触研究性学习,只要求学生掌握问卷调查和访谈这两种研究方法,并自主安排研究的时间,以小组为单位进行实际应用。通过对常用研究方法的学习和调研的开展,培养学生自主探索的能力,并让学生亲身体验科学研究是什么样的,如何开展课题研究工作,还能够让学生自己感受研究性学习的魅力,并且从中感受和学习科学的研究方法和实用的科学知识。 教师活动:向学生讲解问卷调查和访谈的方法及注意事项,帮助学生自己进行问卷设计,指导学生进行访谈,帮助学生开展调研工作。 学生活动:学习常用的问卷调查和访谈的方法,通过运用知识储备阶段的知识,设计问卷或者进行访谈。帮助自己的调研活动顺利进行。 3. 中期成果展示 时间安排:2 个课时 设计意图:为学生提供展示自己初步研究性学习成果的平台,鼓励学生通过不同的方式来展示自己的初步成果。与此同时,检查学生调研工作的初步成果,针对学生的特点进行进一步指导,并督促学生按时保量地完成课题。 教师活动:帮助并鼓励学生展示自己的初步成果,并给出相应的修改意见,引导学生完成研究成果。 学生活动:充分展示自己初步的研究性学习成果,根据教师意见进行进一步的修改与完善。 4. 学生修改完善研究性学习成果 时间安排:2 个课时 设计意图:学生修改完善自己的研究性学习成果,鼓励学生以不同的形式来展示自身的研究性学习成果,并为结题做好准备。

续表

活动过程
教师活动:指导学生根据中期总结的情况修改完善自己的研究性学习成果。 学生活动:修改完善研究性学习成果,探索并确定一种适合的方式来进行成果展示。 (三) 总结交流阶段 时间安排:1个课时 设计意图:在总结交流阶段,主要是学生对自己的研究性学习成果进行展示。通过成果展示,带着学生感悟完整的课题研究过程是怎样的。要引导学生能够总结研究成果,并将自己的研究成果以恰当、合适的方式呈现出来,接受老师和同学的评审。培养学生对课题研究的认真态度和努力完成研究的信心,培养学生对研究的兴趣和自信心。 教师活动:指导学生总结研究成果,写结题报告,准备结题资料,组织学生开展结题论证。 学生活动:在教师的指导下,小组合作,整理课题研究材料,写结题报告,通过各种方式面向老师和同学展示课题成果。 (四) 拓展延伸阶段 时间安排:1个课时 设计意图:学生们根据自己的研究结果,在拓展延伸阶段,参与"以后的路应该怎么走"的活动,为自己的未来做规划,围绕如何让自己顺利度过青春期、如何更好地度过青春期,进行充分的讨论和自由发言。并且根据成果展示的内容制作展板,向全校学生展示未成年少女自我保护的内容以及女性的魅力所在,让学生的研究能有更大的价值。 教师活动:指导学生进行拓展活动的开展和组织展板设计与制作。 学生活动:结合小组研究成果,进行自己青春期的规划,并且参与展板设计与制作。 二、本节主题活动过程 本次活动为一节课时间,这节课是中期成果展示的一部分,主要呈现的就是学生在"如何应对突发状况"这个课题下,根据学生自己情况细化后,主要针对遇到性骚扰等这类突发状况的应对策略。为了更好地检验学生的实际调研成果、情境创设的方式,在教师的指导下进行展示和检验。具体分为以下几个环节完成: 环节一:回顾并引入新课 设计意图:通过短片引出这节课的主题——脱逃策略。 教师活动:向学生播放有关女学生面对性侵的法制案例视频,让学生分析视频中的女学生面对性侵的方法是否得当,进而思考和讨论面对性侵都有哪些策略,其中最适合未成年少女的又是什么,引导学生认识到脱逃策略是最适合未成年少女。 学生活动:学生观看视频,并且积极参与讨论。根据教师的引导,认识到脱逃策略是最适合未成年少女。 环节二:展开活动——我是女诸葛 设计意图:本设计环节主要是充分发挥学生自主探索能力,以及小组合作能力。根据教师给出的遇到拦路的色狼、遇到有人纠缠和在室内遇险这三个不同的环境下,未成年少女是如何设计进行的脱逃。通过设计的过程探索脱逃的要点以及方法。 教师活动:认识到最适合未成年少女面对色狼的方法之后,进行活动——我是女诸葛。活动要求由组长来抽取一个特定的情景,并在规定的时间内,通过小组讨论分析完成一个脱逃策略,策略包括脱逃的时机、方法、路线等,最后以短剧的方式呈现。三种情况分别是:放学后独自骑车回家的路上遇到拦路色狼、在商业区等朋友时遇到有人纠缠、周末在家碰到了一个入室犯罪的罪犯并意图不轨。教师主要充当引导,设计的主动权在学生。只是提出要求,让学生自主设计。在学生遇到困难时,进行适当的引导与帮助。 学生活动:每个小组团结合作,进行分工,设计出符合不同情景下的脱逃策略。

续表

活动过程
环节三:每个小组展示成果 设计意图:本环节通过学生以小品的形式展示,让学生实际进行演习,让脱逃策略深入学生思想。对于学生,让小组向大家以小品的形式展示成果,比较符合学生的年龄特点。这小组的成员能够在展示自己策略的同时,并且通过观看其他小组的作品,进行学习总结,将进一步有助于学生对脱逃策略的学习。 教师活动:根据环节二的要求,教师组织学生以小组为单位展示短剧。 学生活动:以小组为单位进行展示。 环节四:评价交流与教师总结 设计意图:通过教师的指导与总结让学生进一步了解脱逃策略,彻底地认识到脱逃策略要思考的三个问题:什么时候脱逃、从哪里脱逃和脱逃到哪里。并且结合自己的情况进行总结。每个小组之间互评,教师根据学生的总结进行评分。 师生活动:学生在教师的引导下,学习总结脱逃策略的要点,并思考三个问题:什么时候脱逃、从哪里脱逃和脱逃到哪里,进行自我总结和小组互评。
活动效果评价设计
整个主题活动评价方式:小组互评、师评结合 本次活动评价方式:小组成员互评

"女生课堂"调查表

1. 你认为你了解青春期生理知识的程度为(　　)。
A. 非常了解　　B 基本知道　　C. 模棱两可　　D. 不知道
2. 关于月经及其保健,你了解的程度为(　　)。
A. 非常了解　　B. 基本知道　　C. 模棱两可　　D. 不知道
3. 你希望了解青春期女性的生理卫生知识吗?(　　)
A. 非常希望　　B. 希望
C. 自己知道的已经足够了　　D. 不需要,不想知道
4. 你知道生命是如何诞生的吗?(　　)
A. 非常了解　　B. 基本知道　　C. 模棱两可　　D. 不知道
5. 你了解作为女性,尤其是未成年少女应该如何进行自我保护?(　　)
A. 非常了解　　B. 基本知道　　C. 模棱两可　　D. 不知道
6. 关于女生课堂的课程内容,你对哪块最感兴趣(　　)。
A. 你的身体发生了什么?　　B. 美丽的蜕变(女性的价值)
C. 爱,到底是什么　　D. 女性·成功
7. 你认为还应该增加什么内容?(　　)
A. 如何自我保护　　B. 对未成年少女问题的讨论
C. 生理知识　　D. 女性自尊自爱教育
E. 其他
8. 你最希望在女生课堂上学到什么知识?

9. 你对女生课堂的任教老师想说些什么?

续表

本次设计与以往或其他设计相比的特色
第一,本次设计充分凸显了综合实践活动课程的特点。本课时根据综合实践活动课程的模式,进行课程设计,以学生为主,通过活动引导学生进行思考探索,并得出相应的结论。整个过程学生通过活动的参与,主动学习相应的知识和道德要求,并且通过切身的实际感受,更有利于其成长与发展。而通过研究性学习的独特性,让学生不仅学到了知识,还学习到科学研究的过程,培养了学生严谨的思维与认真的态度。 第二,在课程设计上充分利用和开发学生这一学校内最充分的资源。从学生的角度整合有形与无形的资源。而学生资源的充分利用正好符合课程资源开发和利用的原则。让学生关注自己的生活,从自己身边挖掘问题,让他们能从实际出发,真正让所学的知识拥有更多实用性。本课课程设计从这一点出发,根据未成年少女年龄特点与性别特点针对性地进行教学设计与活动设计,而内容是根据学生实际遇到的困惑选择出来的,使整个活动活泼、生动,并且贴近学生生活。而通过小品展示这一环节,使所有的学生充分参与到小组活动之中,并且积极展示本组的设计策略。整个活动和展示环节目的明确,效果明显。 第三,本节课拓展了研究性学习成果展示形式。本节课能够鼓励学生以多种形式展示自身研究性学习成果,让研究性学习成果不仅仅体现在报告上,同样以活动和实践的方式来呈现。让研究性学习的成果更具有意义。 第四,从女性教育的角度,本课程设计是一次尝试与创新。女性教育是心理健康教育的重要组成部分,进行科学的女性教育,不仅对提高她们的整体素质有着特殊意义和现实意义,而且帮助学生从小树立正确的人生观,让她们以负责的态度走好自己的青春路,健康、安全地度过青春期。

后　记

在本书的写作过程中，我得到了研究团队以及家人的大力支持，特别是所在的北京教育学院数学与科学教育学院、北京市中小学健康教育研究中心以及学科创新团队为课题前期的实践提供了大量基地学校。团队成员工作态度认真、投入，特别是胡玉华教授严谨的治学态度一直是团队年轻成员学习的榜样。

健康教育很重要，但是很多学校的健康教育工作仍然处于边缘化的境地，研究课题的推进也经历了很多困难，相比于其他学科教学，很多参与课题研究的一线教师能够不求回报地全力参与和付出，他们做这件事情的初衷就是希望学生们可以健康、快乐地成长。学校健康教育未来要走的道路还很长，但是回顾这5年来的努力与付出，我们帮助一些学校在健康的思想观念上有所转变，让一些真实的数据反馈能够在学校健康教育课程构建的过程中发挥作用，这些努力和付出的成效还在学校的实际场景中持续发挥着作用。因此，课题的结束似乎又是一个新的开始。

在此，向参与课题研究的各位成员、基地学校的各位校长、教师表示感谢。由于篇幅的限制，很多研究案例未能在书中体现，后期我们将发挥本书的作用与功能，系统化地利用书中梳理的数据和案例开展公益的健康教育教师培训工作，开发与此书匹配的系统化教师培训课程，让课题产生更大的社会公益效应，服务更多的学校、教师和学生群体。同时向本研究课题所参考和征引的文献资料的作者致以深深的谢意。

最后，还要感谢我的父母对我的支持，他们在身体不好的情况下，为了不影响我工作，总是尽可能自己解决问题；感谢我的孩子和爱人的理解，他们一直以来在我遇到困难的时候又给予我关心和鼓励，让我能够继续坚持下去。还要感谢刘良华教授、马迎华教授和李佑发教授等对课题研究的指导,以及刘启迪、徐华楠和白锐琼编辑在撰写过程中给予的帮助。

这本书是一个结束,也是一个新的开始。最后,我希望健康教育这项有价值的工作能够为更多孩子的健康成长保驾护航。

徐　扬

2023 年 8 月